"十二五"职业教育国家规划教材
经全国职业教育教材审定委员会审定

（第二版）

采购与供应管理实务

CAIGOU YU GONGYING GUANLI SHIWU

赵艳俐 主　编

韩燕玲　周任重
王　启　李永荣　副主编

（附光盘)

人民交通出版社
China Communications Press

内 容 提 要

本教材包含两部分,第一部分是采购与供应管理的基础知识,第二部分是采购与供应管理的实操。具体内容包括:走进采购与供应管理、如何制订采购与供应管理战略、如何编制采购计划、如何选择报价与制定供应价格、如何进行库存控制、如何进行供应商管理、如何进行采购谈判、如何拟定采购合同、如何进行生产过程中的物料控制和如何实施采购控制技术。

本教材作为高等职业技术院校物流管理专业的教材,也可作为物流管理人员、技术人员的重要参考书。

图书在版编目(CIP)数据

采购与供应管理实务 / 赵艳俐主编. — 2版. — 北京 : 人民交通出版社,2014.5
ISBN 978-7-114-11334-5

Ⅰ.①采… Ⅱ.①赵… Ⅲ.①采购—物资管理②物资供应—物资管理 Ⅳ.①F252

中国版本图书馆 CIP 数据核字(2014)第 064550 号

"十二五"职业教育国家规划教材
经全国职业教育教材审定委员会审定

书　　名:	采购与供应管理实务(第二版)
著 作 者:	赵艳俐
责任编辑:	赵瑞琴
出版发行:	人民交通出版社股份有限公司
地　　址:	(100011) 北京市朝阳区安定门外外馆斜街 3 号
网　　址:	http://www.ccpress.com.cn
销售电话:	(010) 59757973
总 经 销:	人民交通出版社股份有限公司发行部
经　　销:	各地新华书店
印　　刷:	北京市密东印刷有限公司
开　　本:	787×1092　1/16
印　　张:	16.25
字　　数:	370 千
版　　次:	2009 年 2 月　第 1 版　2014 年 7 月　第 2 版
印　　次:	2017 年 7 月　第 2 次印刷　累计第 5 次印刷
书　　号:	ISBN 978-7-114-11334-5
印　　数:	11001—13000 册
定　　价:	35.00 元

(有印刷、装订质量问题的图书由本社负责调换)

第二版 编委会

编委会主任: 胡延华

编委会副主任: 牟彤华　陈代芬

编委会委员: 姜　洪　石　滨　赵艳俐　沐　潮
　　　　　　　齐海燕　周任重　孟军齐　许笑平

第一版 编委会

主　编　俞仲文

副主编　秦同瞬　陈代芬

编　委　牟惟仲　徐天亮　王耀球　吴志恒

　　　　　何明珂　李　川　窦志铭　宋朝斌

　　　　　邱瑞亨　高文清　王文杰　欧阳文霞

　　　　　姜　宏　白世贞　杨承新

前 言
（第二版）

根据《教育部关于"十二五"职业教育教材建设的若干意见》（教职成〔2012〕9号）和《关于开展"十二五"职业教育国家规划教材选题立项工作的通知》（教职成司函〔2012〕237号）要求，经出版单位申报，专家会议评审立项，组织编写（修订）和专家会议审定，本教材第二版入选第一批"十二五"职业教育国家规划教材。

本教材第二版的编写既考虑了高职教育教学改革的要求，同时也结合了物流领域的最新发展；既根据行业企业职业岗位实际，依据职业岗位所需要的知识、能力、素质要求，对接职业资格证书，选取教学内容，同时又考虑学生的可持续发展需要。具体修订情况如下：

（1）体现"工学结合"教材特色。在本教材的修订过程中，深入工厂企业了解采购人员的工作内容，为准确定位采购人员的工作任务及所需的知识提供了依据，使得本教材的知识能较好地体现采购人员工作的实际需求，许多案例来自企业，许多思考的问题是企业面临的实际问题。

（2）在体例上，每章开始由"引例"（通常是失败的案例）进行课程导入，在每章结尾都会有成功的案例进行头尾呼应；每章结束增设了"实训项目"栏目，有助于学生学习后进行知识的运用。

（3）对内容进行了完善。在第三章增加了"第四节 物料获取方式的选择"、在第八章增加了"第四节 采购合同的履行的管理"、在第九章增加了"第一节 PMC的内涵"等内容，修改后全书的内容更加完善。

（4）在每章开始设有"引例"栏目之后，增加了"学习本章知识可以帮助同学在哪些方面的应用"，将学习目标落实到具体的应用，更有助于提高学生学习本章知识的积极性和兴趣。

（5）对案例进行了较多的补充、完善和更新。对绝大部分案例进行了更新替换，尽量强化案例与知识之间、案例与案例之间的有机联系，强调案例要形成整体，呈现出"体系性"的特点。

本书第一版的编写者：深圳职业技术学院赵艳俐、周任重、王启。本次修订由深圳职业技术学院赵艳俐统筹，新疆生产建设兵团兴新职业技术学院韩燕玲全面负责具体的内容修订工作,重庆交通职业学院李永荣负责增加章节和部分案例的编写工作,诸多企业采购人员为本教材的修订提供了大量的素材资料。

由于时间仓促,编者水平有限,本书中难免存在不当和疏漏之处,敬请专家和读者批评指正。

编 者
2014 年 7 月

目 录

第一章　走进采购与供应管理 ··· 1
　第一节　对采购活动的认识 ··· 2
　第二节　采购组织的设计 ··· 6
　第三节　采购的分类 ·· 10
　第四节　采购的基本业务工作 ·· 13
　第五节　采购与供应管理的环境 ·· 16
　思考与练习题 ·· 21
　案例分析 ·· 22

第二章　如何制订采购与供应管理战略 ·· 24
　第一节　采购战略概述 ·· 25
　第二节　供应环境分析 ·· 26
　第三节　定位采购类别 ·· 30
　第四节　不同供应品项的采购供应战略 ······································ 36
　思考与练习题 ·· 42
　案例分析 ·· 43

第三章　如何编制采购计划 ·· 46
　第一节　采购计划表及采购表单 ·· 46
　第二节　采购需求的描述 ·· 51
　第三节　采购数量的确定和采购订单的制订 ·································· 56
　第四节　物料获取方式的选择 ·· 64
　案例分析 ·· 66

第四章　如何选择报价与制定供应价格 ·· 68

第一节　获取与选择报价 ································· 70
　　第二节　采购成本 ····································· 75
　　第三节　供应价格 ····································· 79
　　思考与练习题 ··· 84
　　案例分析 ··· 85
第五章　如何进行库存控制 ································· 87
　　第一节　库存管理的概述 ······························· 87
　　第二节　库存水平及库存合理化 ························· 93
　　第三节　传统库存控制技术——订货点采购技术 ··········· 95
　　第四节　相关需求量的库存控制——MRP 采购 ············· 101
　　第五节　JIT 采购 ····································· 105
　　思考与练习题 ··· 108
　　案例分析 ··· 108
第六章　如何进行供应商管理 ······························· 110
　　第一节　供应商管理的具体做法 ························· 111
　　第二节　确定供应商评估的标准 ························· 115
　　第三节　供应商的开发 ································· 123
　　第四节　供应商评价与选择 ····························· 129
　　第五节　供应商激励与控制 ····························· 132
　　案例分析 ··· 134
第七章　如何进行采购谈判 ································· 137
　　第一节　理解谈判 ····································· 138
　　第二节　谈判前的准备 ································· 143
　　第三节　谈判的过程及策略 ····························· 156
　　思考与练习题 ··· 164
　　案例分析 ··· 165
第八章　如何拟定采购合同 ································· 168
　　第一节　采购合同的概述 ······························· 169
　　第二节　拟定采购合同 ································· 171
　　第三节　采购合同的订立 ······························· 194
　　第四节　采购合同的履行管理 ··························· 198
　　案例分析 ··· 201
第九章　如何进行生产过程中的物料控制 ····················· 204

第一节　PMC 的内涵 …………………………………………………………… 204
  第二节　生产作业计划与作业排序 ……………………………………………… 205
  第三节　生产物料控制 …………………………………………………………… 210
  第四节　物资储备定额与供应计划 ……………………………………………… 214
  第五节　物资消耗定额与限额发料 ……………………………………………… 216
  附　录　某企业物资消耗定额管理制度 ………………………………………… 221
  思考与练习题 ………………………………………………………………………… 222
第十章　如何实施采购控制技术 …………………………………………………… 224
  第一节　采购风险控制 …………………………………………………………… 225
  第二节　交货期管理 ……………………………………………………………… 226
  第三节　采购进货管理 …………………………………………………………… 229
  第四节　采购控制与监督 ………………………………………………………… 231
  第五节　采购绩效评估 …………………………………………………………… 236
  第六节　采购制度 ………………………………………………………………… 239
  思考与练习题 ………………………………………………………………………… 247
  案例分析 ……………………………………………………………………………… 247
参考文献 ………………………………………………………………………………… 249

第一章 走进采购与供应管理

引例

某企业在开年度经营会议,针对本行业利润率不断下降的态势,企业决定通过努力使利润增加2.7个单位。企业分析了产品成本的构成:直接原料53元、直接人工12元、制造费用11元、营销费用16元。目前企业利润为8个单位。首先,该企业老总将目光投向了营销部经理,营销部经理心领神会,但面露难色,并分析说:利润要增加2.7个单位,意味着我得由现有的16元压缩至13.3元,下降的幅度为16.9%左右,这么大幅度的压缩,面对产品现在异常激烈的市场竞争,意味着本产品在市场上的宣传力度将降低,这势必影响企业销售目标。老总又把目光投向了生产部经理,生产部经理也是一肚子苦水:为了节约成本,员工已经很久没加工资了,现在物价不断上涨,工人生活压力已经非常大了,在目前一天三班轮轴转的情况下,制造费用已无法压缩了,最现实的方式就是降低工人劳动报酬,这将大大影响人员的稳定和劳动的积极性,最现实的方式会成为最不可行的方式!最后,老总将目光投向了采购部经理……

面对激烈的市场竞争和瞬息万变的市场,消费者多样化、个性化的需求,采购工作不仅已成为实现企业战略的重要手段,而且也是企业的重要利润源。学习本章内容,可以帮助我们(但不仅仅局限于)在以下知识和技能方面得以提高:

◆建立对采购活动的认识;
◆了解采购与供应的组织环境和市场环境;
◆掌握采购的一般业务流程和进行供应市场分析的基本思路和方法;
◆针对影响采购工作的基本环境因素进行分析,掌握基本的分析技能。

第一节 对采购活动的认识

一、采购的概念

狭义：以购买的方式，由买方支付对等的价格，从卖方手中换取所需物品的行为，即企业根据需求，以较低的成本，在适当的时间、地点，以适当的质和量获取物品和服务的过程。其行为特点表现为"一手交钱，一手交货"，因此买方要具备相应的支付能力。

广义：国际上指的是 Procurement，指除以购买的方式占有物品外，还可通过包括租赁、借贷、交换（以物易物）、征收、自制、外包、转移及赠与等方式取得物品的使用权。另外，采购期满即由政府回收的 BOT（建设—经营—转让）也是一种特殊的采购形式。

概括言之，采购是指可以通过各种不同的途径取得物品和劳务的使用权或所有权以满足己方使用需求的一种活动。采购的实质是从资源市场获取资源的过程。

采购供应，包含所有为确保企业以合理的成本从外部购买各种必需的产品和服务，而进行的各种管理与运作活动，所有这些管理与运作过程的总和就称为采购供应职能。

对一般企业而言，尽管在企业的成本中外购产品或服务所占的比重很大，但是，大部分公司并非都认识到采购供应职能对于提高公司竞争力与获利能力具有关键性的作用。

二、采购在企业生产及供应链中的重要地位

企业的采购是非常重要的，主要因为：

第一，采购成本是企业成本控制中的主体和核心部分。对于典型的制造型企业来说，采购成本（包括原材料和零部件）要占产品总成本的 60%。例如，汽车行业的采购成本约占一辆车成本的 80%。若采购价格过高，则产品成本也高，影响到产品的销售和利润；若采购价格过低，则采购的物料品质可能很差，影响到产品的品质，从而使产品不具备市场竞争力。可见采购成本直接影响着企业最终产品的定价和企业的利润，良好的采购将直接增加企业的利润和价值，有利于企业在市场竞争中赢得优势。

第二，合理采购对提高企业竞争能力、降低经营风险也具有极其重要的作用。一方面，合理采购能保证经营资金的合理使用和控制，可提高资金的使用效率；合理的采购数量与适当的采购时机，既能避免销售和其他用料的延期交货，又能降低物料库存，减少资金积压。另一方面，采购部门在搜集市场情况时，可以了解市场变化趋势，提供新的物料以替代旧物料，可达到提高品质、降低成本的目的。

第三，在采购工作中，供应商的选择决定了企业的合作伙伴。供应商要保证物料的顺畅，使本企业不会因待料而停工；要保证物料品质的稳定，使生产成品品质优良。要保证交货数量的符合，使公司生产数量准确；要保证交期的准确，保障公司出货期的准确。各项工作的协调、良好的配合，使双方的工作进展顺利。由此看来，选择优秀的供应商是非常重要的。

第四，有利于提高供应链的竞争力。随着经济全球化和信息网络技术的高速发展，全球经济运行方式和流通方式产生了巨大变化，企业采购模式也随之不断发展。供应链中，各制造商

通过外购、外包等采购方式,从众多供应商中获取生产原料和生产信息,采购已经从单个企业的采购发展到了供应链上的采购。在供应链中,采购使供应链各节点间的联系和依赖性进一步增强,这对于降低供应链运作成本,提高供应链竞争力起着越来越重要的作用。

三、采购与供应管理对利润的杠杆效应

采购的利润杠杆作用是指当采购成本降低一个百分点时,企业的利润率将会上升更高的比例。这是因为采购成本在企业的总成本中占据着较大的比重,一般在50%以上,而这个比例远远高于税前利润率。例如,某公司的销售收入为5000万元,假设其税前利润率为4%,采购成本为销售收入的50%,那么采购成本减少1%,就将带来25万元的成本节约,也就是利润上升到了25万元,利润率提高了12.5%。可见,利润杠杆效应十分显著。

四、企业采购供应管理的原则和目标

采购作为企业经营的一个核心环节,是获取利润的重要来源,在企业的产品开发、质量保证、供应链管理及经营管理等方面,起着极其重要的作用。因此,对采购进行管理必不可少。所谓采购管理,是指采购计划下达、采购单生成、采购单执行、到货接收、检验入库、采购发票的收集到采购结算的采购活动的全过程,对采购过程中物流运动的各个环节状态进行严密的跟踪、监督,实现对企业采购活动执行过程的科学管理。

指导采购供应管理的原则可以归纳为"5R"原则,即适时原则、适价原则、适质原则、适量原则和适地原则。

适时原则是指采购时需要准确把握采购时间,尽量实现采购与需求在时间上的无缝对接。采购时间的确定需要考虑采购前置期、采购方式、采购环境及供应商关系等方面的因素的影响。

适价原则是指采购时应注重价格商谈,市场行情、质量状况、供应商的服务水平以及期望与供应商的关系等因素均会影响价格商谈。

适质原则是指采购的物料必须满足需求的性能和技术要求。供应商的选择对质量的影响至关重要,选择了不同的供应商,就选择了该供应商提供的物料和服务的质量。

适量原则是指采购量必须满足需求在数量上的要求。采购量的大小与库存、成本管理有关,需要协调好生产销售顺畅度与资金库存调度之间的关系。

适地原则是指将需要供应的物料送达要求的地点,以满足经营或消费需求。

采购与供应总体目标可以更具体地表述如下:

(1)提供不间断的物料流,以便使整个组织正常地运转;
(2)使存货投资和损失保持最小;
(3)保持和提高质量;
(4)发展有竞争力的供应商;
(5)当条件允许的时候,将所购物料标准化;
(6)以最低的总成本获得所需要的物资和服务;
(7)提高公司的竞争地位;
(8)在企业或公司内部与其他职能部门建立和谐而富有生产效率的工作关系;

(9)以可能的最低水平的管理费用来完成采购目标。

五、采购要素

采购主要有5大要素,即供应商、时间、价格、数量和品质。

(1)在供应商的选择方面,采购人员必须考虑供应商的规模,平衡潜在供应商的供货能力、价格及配合度,尽量开发可靠的替代性供应源,拓展供货渠道,解决资源稀缺性问题,同时做好供应商管理,提高采购绩效。

(2)在时间方面,采购人员应注意平衡内部使用单位的需求时间与供应商交货的时间。在变幻莫测的市场背景下,为提高对客户的响应能力,需要努力缩短供应商的前置时间或交货前置期,确保生产线得以顺利运转。

(3)在价格方面,采购人员需要在符合质量要求的前提下,结合采购目的,以合适的价格获取所需要的物品或服务。低价至上不是现代采购所奉行的原则。

(4)在数量方面,采购人员需要考虑什么样的采购量既能保证生产正常运转,又能减少不必要的库存持有成本,减少积压、在库存品的损坏,提高采购作业的效率,确保采购总成本最低。

(5)在品质方面,采购人员应尽量保证采购品项的品质符合所需要的品质水平,减少不必要的品质要求,取得价格与品质的平衡。同时,为维持制品的质量一致性,对每次采购品项的品质还需要尽量保持一致性,不同采购批次之间不能有明显的差异。

在这五方面中,决定所需购买的东西与服务的规范(品质及数量等)、选择最适合的供货商、准备及执行与供货商议价以建立协议、下订单给选定的供货商、监视及管控(跟催)订单、追踪及评估(处理诉怨,维持产品及供货商档案更新,供货商评分与供货商评价等)是采购人员需要关注的焦点。

六、采购与供应管理涉及的内容

采购与供应管理涉及以下内容:
(1)采购战略管理;
(2)采购管理组织;
(3)需求分析;
(4)资源市场分析(评估、选择供应商);
(5)制订采购计划;
(6)实施采购计划;
(7)物料控制与供应;
(8)采购与供应的评价与控制;
(9)采购与供应信息管理。

七、采购的决策权

为达到上述目标,采购、供应部门需要以公司政策的形式在以下领域拥有决策权:
(1)选择供应商。采购/供应管理部门在了解和判断谁最有能力生产企业所需物资和如何分析供应商的可靠程度方面,应该成为专家。

(2) 使用任何一种合适的定价方法。这包括确定采购的总成本以便制订最有利的价格和协议条款。这是采购职能的一个主要的专业领域。为了取得最低的价格和采购总成本,采购部门必须有回旋的余地。

(3) 对采购物资的规格提出质疑。采购部门通常能提供与目前所使用的物资功能相当的替代品,而且它也有责任提醒使用者和申请采购者关注这些替代品。当然,是否接受这些替代品要由使用者最终作出决定。

(4) 监督与潜在供应商的联系。如果使用者直接和供应商联系,而采购部门又对此一无所知的话,这将会产生所谓的"后门销售",即一个潜在的供应商将通过影响使用者对物资规格方面的要求而成为唯一的供应商;或者申请采购者将私自给供应商一些许诺,从而使采购部门不能以较低的最终价格签订理想的合同。

八、采购与其他部门之间的关系

采购部门与其他部门相互独立、分离,影响作业流程的协调性。传统的采购部门与其他部门相互独立,保持着明显的界限。但在业务流程中,各部门都是重要的组成部分,部门之间的分离导致了业务流程的协调性较差。

随着采购工作在企业经营中战略地位的加强,企业所进行的采购工作不再仅仅是采购部门一个部门的工作,也不能由采购部门单独来完成,采购部门和企业中其他部门之间的联系越来越紧密。只有理解了采购部门与其他部门间的关系,才能更积极地推动采购团队的组建和各部门之间的信息交换,才能更好地提升采购部门的绩效。

首先,采购部门和销售部门就存在一个互为补充、互相依赖的关系。企业采购部门的采购计划,虽然来源于生产部门的生产计划,但最终还要落实到销售部门的销售预测上。另一方面,采购部门在采购市场上获取的信息也可以为销售部门所用。同时,由于采购与销售是相对的两个部门,彼此之间都有丰富的工作经验,他们之间的合作交流有助于提升双方的经营业绩。例如,采购部门在准备一项重大的采购活动时,可以和销售部门开展模拟采购活动等,这样采购活动就会更有效率。

其次,采购部门与其他部门还可以信息互动,采购部门由于直接接触市场,因而对日常信息感觉非常敏锐,可以作为其他部门的信息源;另一方面,其他部门又具有采购部门所不具备的专业知识,这也可以为采购部门的工作提供参考。

最后,采购部门和财务部门在应付账款、计划和预算方面相互作用。采购部门提供给财务部门的信息是其进行公司发展和管理预算以及确定现金需要量的基础。采购部门提供的有助于财务部门进行计划的信息还有:物料和运输成本及其发展趋势,以及为应付需求突然变大造成的供应短缺或其他可以预测的原因造成的供应中断,而进行远期采购的计划。同时,采购部门运作的有效性也可以作为衡量财务工作好坏的依据,会计体系不够精细,就不能发现由于采购决策失误造成的效率低下。而财务部门的合理预算又会对采购部门产生一定的监督作用,抑制一些腐败和浪费行为的发生。

第一章 走进采购与供应管理

第二节 采购组织的设计

一、采购组织设计需考虑的因素

对于集中采购,在设计采购组织时需考虑以下因素:
(1)各工厂的地理分布/距离远近;
(2)将集中的采购量转化成价格上的优势;
(3)"上情足以下达",提高采购的透明度;
(4)减少各子公司的工作量,提高效率。

二、集中采购的组织体系设计

图1-1为某一集中采购组织体系示例。

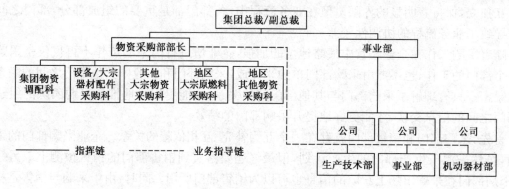

图1-1 集中采购组织体系示例

采购组织体系设计的说明:
①下级采购部门直接对所属的经营单位负责人汇报,接受指令;
②上级采购部门从方法、内容和时间等方面对下级采购部门进行指导;
③集团的物资采购部应担负起采购程序与制度的维护、更新与修改的工作。
在图1-1中,包含了采购管理组织的一些基本类型。

(一)采购管理组织基本类型

1. 直线制

直线制是由一个上级直接命令指挥多个下级的一种组织结构形式,如图1-2所示。

图1-2 直线制

这种组织结构不仅是一种最简单、最基本的组织结构形式,而且也是各种管理组织结构形式的基本单元。该结构的优越性的基础就在于"直接命令"。
它可以做到:
(1)加强管理控制的强度;
(2)加强管理责任的强度;

(3)实现交流,使管理更贴近现实;
(4)实现个性化管理。

总的效果是可以最直接有效地提高管理效率。但管理的效果受管理者个人因素影响大,一般适合于管理范围不大、不太复杂的情况。

2. 直线职能制

直线职能制,就是在直线制的基础上,再加上职能制,如图 1-3 所示。

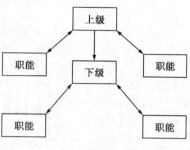

图 1-3　直线职能制

这种组织结构形式与直线制的组织形式相比,只是多了一些职能机构帮助上级来管理下级。

直线职能制是在直线制的基础上加上职能制,相当于直线制能力的扩大,能克服原来直线制管理者受个人能力限制而管理不宽、不大、不深入的缺点。

3. 事业部制

事业部制,就是以某项事业为核心组成的一个从决策到执行的管理全过程都齐全、精悍、便捷、高效运行的管理系统。事业部制的基本特点是以事业为核心、管理决策程序小而全,因而运行效率高。在事业部里面又可以根据事业部的具体情况采用直线制、直线职能制等机构进行管理。这由事业部部长全权处理,报公司批准即可。

(二)采购组织的模式

1. 隶属于生产部的采购组织模式(图 1-4)

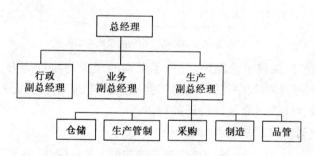

图 1-4　隶属于生产部的采购组织模式

图 1-4 显示采购部门隶属于生产部(或称制造部)副总经理,其主要职责是协助生产顺利进行,采购的重点是提供足够数量的物料以满足生产上的需求,至于议价的功能,则退居次要地位。

该类组织设计比较适合"生产导向"的企业,其采购功能比较单纯,且物料价格也比较稳定的情况。

2. 隶属行政部的采购组织模式(图 1-5)

图 1-5 显示采购部门隶属于行政部(或称管理部)副总经理,采购部门的主要功能是获得较佳的价格与付款方式,以达到财务上的目标。

该组织设计比较适合于生产规模大,物料种类繁多,价格需要经常调整,采购工作必须兼顾整体企业产销利益的均衡时的情况。

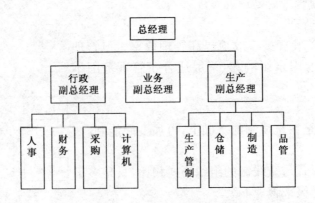

图 1-5　隶属行政部的采购组织模式

3. 隶属于高阶管理阶层的采购组织模式(图 1-6)

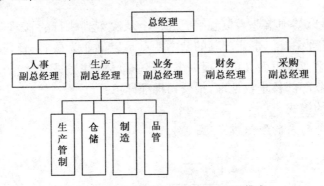

图 1-6　隶属于高阶管理阶层的采购组织模式

图 1-6 显示采购部门隶属于总经理,提升了采购的地位与执行能力。此时采购部门的主要功能,在于发挥降低成本的效率,使采购部门变成为公司创造利润的另一种来源。

该采购组织的设立体现了直线制管理的特点。

4. 隶属于资材部的采购组织模式(图 1-7)

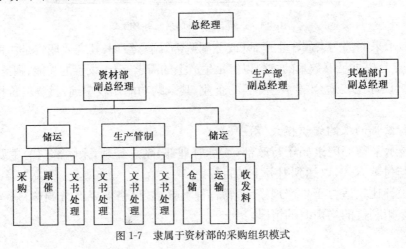

图 1-7　隶属于资材部的采购组织模式

图1-7显示采购部门向资材部(或物料管理部)副总经理负责,其主要的功能在于配合生产制造和仓储部门,达成物料整体的补给作业。该模式无法特别凸显采购的角色与职责,甚至可能降低为附属地位。但隶属于资材部的采购部门,比较适合物料需求管制不易,需要采购部门经常与其他相关部门沟通、协调的企业。

在上述四种采购组织模式中,有资料显示:公司的规模越小,采购部门由最高阶层(总经理)直接管辖的机会越大;反之,则交由副总经理管辖的机会越大。采购部门有与生产、仓储乃至销售部门整合的趋势,采购部门直接由总经理管辖的机会很高,显示出采购部门的角色与地位越来越重要。

5. 按物品类别设立的采购组织模式(图1-8)

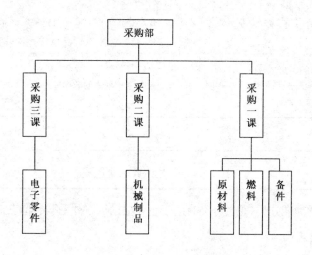

图1-8 按物品类别设立的采购组织模式

图1-8显示的采购组织模式可使采购人员对其经办的项目专精,比较能够发挥"熟能生巧"及"触类旁通"的效果。

这种采购组织模式是最常用的,对于物品种类繁多的企业与机构最适合。

6. 按采购地区设立的采购组织模式(图1-9)

图1-9显示国内采购与国外采购的手续及交易对象有显著的差异,因而对采购人员的要求不相同。由于外购部门和内购部门之间缺乏有效的沟通,容易产生国内采购与国外采购无法比较成本、品质等的不足。

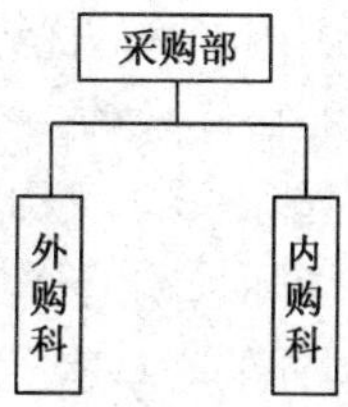

图1-9 按采购地区设立的采购组织模式

三、岗位职责的定义

集中采购的组织层级一般可分为:集团物资采购部、地区事业部物资采购处和工厂采购部门,各层级的采购类别和职权有所不同(表1-1)。

集中采购层级表　　　　　　　　　　　表 1-1

组织单位	负责的采购类别	职　权
集团物资采购部	(1)生产设备； (2)大宗器材配件； (3)水电等； (4)车辆、高档办公用品等	(1)为集团内所有子公司统一组织所负责采购类别的战略采购，确定供应商名单； (2)与挑选出来的供应商签订供货的框架协议，明确采购价格； (3)指导、监督下属采购部门的战略采购工作； (4)维护并更新各公司设备及大宗备品配件信息库，协调各工厂间的物资调配； (5)维护、更新和修改采购程序与制度
地区事业部物资采购处	(1)大宗原材料燃料； (2)办公用品、部分专业服务等	(1)为该地区所有工厂统一组织所负责采购类别的战略采购，确定供应商名单； (2)与挑选出来的供应商签订供货的框架协议，明确采购价格； (3)指导、监督下属采购部门的战略采购工作
工厂采购部门	(1)小额采购的原材料； (2)与地域关系较强的专业服务、非标加工件等	(1)负责所属物资类别的采购； (2)记录与维护采购的数据库； (3)与供应商日常联系，安排送货事宜，并记录供应商的业绩表现

第三节　采购的分类

采购可以按不同的标准分类，通过分类有助于企业根据每一种采购的特点，合理选择采购方式。

一、按采购的范围分类

按照采购的范围，可分为国内采购和国际采购。

1. 国内采购

所谓国内采购，是指企业以本币向国内供应商采购所需物资的一种行为。国内采购又分为本地市场采购和外地市场采购两种。通常情况下，采购人员应该先考虑在本地市场采购，这样可以减少运输费用，节省采购成本，缩短采购的前置期。

国内采购的优势是：商业沟通容易；采购前置期相对国际采购短；面临的不确定性和风险较小。

2. 国际采购

国际采购，又称国外采购或全球采购，主要是指国内企业直接向国外厂商采购所需要物资的行为。

国际采购的优势是：扩大了供应商的范围，增加了选择余地，因而有可能获得高质量的产品；国外的一些有竞争力的供应商可以提供具有更低价格的产品；参与国际采购可以锻炼企业适应经济全球化的能力，有利于企业的长远发展；通过国际采购还可以获取一些在国内无法得到的商品。

国际采购的不足是：流程麻烦、风险较高。

二、按采购合作的时间长短分类

按照采购合作的时间长短，可分为长期合同采购和短期合同采购。

1. 长期合同采购

长期合同采购是指采购合同期一般在一年以上的采购。在合同期内,采购方承诺在供应方采购其所需要的产品,供应方承诺保证采购方数量、品种、规格、型号等方面的需要。

长期合同采购的优势是:供需关系稳定;有利于降低双方的价格洽谈费用。

长期合同采购的不足是:价格调整比较困难,存在价格变动的风险;若合同对采购数量作了规定,则要进行采购数量的调整比较困难;若找到更好的供应商,由于有合同的限制,不方便随意调整。

长期合同采购一般适合于连续需求且采购需求量大的情况。

2. 短期合同采购

短期合同采购是指采购商和供应商通过合同,实现一次交易,以满足生产经营活动的需要。

短期合同采购的优势是:采购的数量、价格可以灵活地进行调整。

短期合同采购的不足是:每次采购都需要进行价格和服务方面的洽谈,采购效率较低。

短期合同采购,一般适合于非经常消耗物品、价格波动较大物品和质量不稳定的物品的采购。

三、按采购的组织形式分类

按照采购的组织形式,可分为集中采购、分散采购和混合采购。

1. 集中采购

集中采购,就是设立专门的采购机构,统一组织本部门、本系统采购活动。

集中采购的优势是:设立专门的采购部门,有利于提高采购工作的专业化水平,精简人力,提高采购绩效,降低采购成本;可综合利用各种信息,形成信息优势;企业可以在采购总量一定的情况下,通过将各部门的采购量汇总起来一起采购,使采购的批量增加,提高与卖方的谈判地位,获得较多优惠的采购条件。

集中采购的不足是:采购流程过长,时效性差,难以适应紧急情况采购;采购与需求分开,若不能准确了解内部需求,采购绩效反而会降低。

集中采购主要适用于企业规模不大,采购量均匀,信息交流方便,无需因地制宜进行采购的情况。

2. 分散采购

分散采购是各预算单位自设采购组织,自行组织采购工作。

分散采购的优势是:企业下属各单位享有自主采购的权利,可以使采购与生产经营需要结合得更加紧密,采购工作对生产需求的反应更敏捷,具有较好的时效性。

分散采购的不足是:企业下属各单位自设采购组织,会增加整体采购组织的人员数量;下属单位都具有采购自主权,企业采购管理的难度就会加大,特别是资金控制的难度会加大;各下属单位甚至为了争夺资源,会竞相压价,损害公司的整体利益。

3. 混合采购

对于一些大的公司,各分公司可能会存在对同种零部件产生需求,也可能存在地域性需求,这样,单独采用集中采购或分散采购都不太合适,需要采取集中采购与分散采购相结合的采购模式。一般将需求的共性很强,采购额较大,重要度与风险性较高的项目选择集中采购;而将个性需求、小额需求、紧急的临时需求等采购授权给各分公司,选择分散采购的方式。这样,既充分利用了集中采购与分散采购的优点又规避了两种采购的不足,因此,混合采购是一种灵活性很高的采购管理方式。

四、按采购的科学化程度分类

按照采购的科学化程度,可分为传统采购和科学采购。

1. 传统采购

在传统采购模式中,采购的目的很简单,就是为了补充库存,即为库存而采购。它一方面满足商品生产得以大批量进行,并且规模经济作用日益凸现;另一方面,是为了能够及时交货。因为只出于这两个目的,所以,采购部门并不关心企业的生产过程,不了解生产的进度和产品需求的变化。因此采购过程缺乏主动性,采购部门制订的采购计划很难适应制造需求的变化。

传统采购的具体方法有订货点采购。订货点采购是根据需求的变化和订货提前期的大小,精确确定订货点、订货批量或订货周期、最高库存水准等,建立起连续的订货启动、操作机制和库存控制机制,达到既满足需求又使库存总成本最小的目的。但是,由于市场的随机因素多,该方法同样具有库存量大、市场响应不灵敏的缺陷。

2. 科学采购

科学采购可分为下面几种:

(1) MRP 采购。MRP 采购主要应用于生产企业。它是生产企业根据主生产计划和主产品的结构以及库存情况,逐步推导出生产主产品所需要的零部件、原材料等的生产计划和采购计划的过程。这个采购计划规定了采购的品种、数量、采购时间,计划比较精细、严格。它也是以需求分析为依据、以满足库存为目的。它的市场响应灵敏度及库存水平比订货点采购这一方法有所改善。

(2) JIT 采购。JIT 采购也叫准时化采购,是一种完全以满足需求为依据的采购方法。要求供应商恰好在用户需要的时候、将合适的品种、数量送到用户需求的地点。它以需求为依据,改造采购过程和采购方式,使它们完全适合于需求的品种、时间和数量,做到既灵敏响应需求,又使库存趋近于零库存,这是一种比较科学、理想的采购模式。

(3) 供应链采购。它是一种供应链机制下的采购模式。在供应链机制下,采购不再由采购者操作,而是由供应商操作。采购者把自己的需求信息及库存信息向供应商连续及时地传递,供应商则根据自己产品的消耗情况不断及时小批量补充库存,既满足采购者需要,又使总库存量最小。供应链采购对信息系统、供应商操作要求比较高。

(4) 电子商务采购。电子商务采购也就是网上采购,是在电子商务环境下的采购模式。其基本特点是在网上寻找供应商、品种,网上洽谈贸易,网上订货甚至网上支付货款;送货、进货等实体物流活动则必须在网下进行。该模式的好处是:提供了一个全天候超时空的采购环境,扩大了采购市场的范围,缩短了供需距离,简化了采购手续,减少了采购时间,减少了采购成本,降低了企业库存,提高了工作效率,是一种很有前途的采购模式。但这一采购模式的实施需要依赖电子商务的发展和物流配送水平的提高,而这两者几乎取决于整个国民经济发展水平和科技进步的水平。

五、按支出与风险分类

按照采购支出水平和风险水平的高低大小,可分为日常型采购品项、杠杆型采购品项、瓶颈型采购品项和关键型采购品项。

1. 日常型采购品项

日常型采购品项,具有采购总支出很少、风险级别低的特点,拥有大量供应源。比如:办公文具、清洁服务,或者一般生产投入等,对于该类品项的采购主要考虑供应商能否帮助企业降低管理成本。

2. 杠杆型采购品项

杠杆型采购品项具有风险级别低但支出水平高的特点。该类商品一般为标准化产品且拥有大量供应源,对于该类品项的采购主要将降低价格和其他交货成本作为采购者的主要目标。

3. 瓶颈型采购品项

瓶颈型采购品项具有风险级别高但支出水平低的特点。市场上表现为专业化程度高的产品供应商少或者供应短缺,支出水平低,对供应商没有特别的吸引力,无法对其施加影响或控制,可能会给企业带来很大风险。对于该类品项的采购主要将获取资源作为采购者的主要目标。

4. 关键型采购品项

关键型采购品项具有风险级别高,但支出水平也高的特点。市场上表现为供应商少,风险大,但因为采购量大,对供应的影响能力较强,是产品差异化和成本优势的基础,对企业的盈利性贡献最大。对于该类品项的采购主要将以较低的价格获取资源作为采购者的主要目标。

第四节 采购的基本业务工作

采购的一般业务工作流程如图 1-10 所示。

明确需求 → 制订采购计划表 → 选择供应商 → 洽谈磋商 → 安排采购订单 → 跟踪订单 → 货物接收与检验 → 货款结算 → 购后工作

图 1-10 采购的一般业务流程

采购作业基本步骤如下。

1. 明确需求

即在采购之前,应先确定买哪些物料、买多少、何时买、由谁决定等。对需求的细节(如品质、包装、售后服务、运输及检验方式等),均须加以明确说明,以便选择来源及谈判价格等作业能顺利进行。

2. 制订采购计划表

制单按序发放到采购人员手中,采购人员要及时制订采购计划表,确定适宜的采购时间,按时完成采购计划。

3. 选择供应商

即根据需求说明从原有供应厂商中,选择实绩良好厂商,通知其报价。对供应商进行考察和评估,建立供应商档案,确定合作的供应商。

4. 洽谈磋商

即决定可能的供应商后,进行价格、交期、运输方式及费用、交货地点、保险等的谈判,签订采购合同。

5. 安排采购订单

根据生产需求,向供应商下达采购订单。

6. 跟踪订单

在下单之后,及时与供货商沟通,确认是否达到交货日期,不能达到者及时协调,以确定一个合适的交货期。如确定无法供货时,采购员应及时采取相应的措施对策:

(1) 与供货商协调,得到确定的供货时间;

(2) 将此情况及时反映给采购经理,并用 E-mail 的形式告知营业部经理;

(3) 检查仓库是否有可以替代的辅料;

(4) 从其他供应商处采购。

7. 货物接收与检验

货物运输到仓库,由仓库收发员清点数量,并与采购员一起验收品质,收发员在规定时间内通知采购员货物数量是否与制单有差异,以及货物品质等方面的问题。凡厂商所交货品与合约规定不符而验收不合格者,应依据合约规定退货,并立即办理重购,予以结案。

8. 货款结算

按照目前国内货物结算的情况来看,大多数采购合同采用银行结算方式。即当事人双方按照合同规定的开户银行、账户名称和账号进行结算。

9. 购后工作

购后工作主要包括结案、记录与档案维护等。即凡验收合格付款,或验收不合格退货,均须办理结案手续,清查各项书面资料有无缺失,评价采购绩效等,签报高阶层管理或权责部门核阅批示。

凡经结案批示后的采购,应列入档案登记编号分类,予以保管,以备参阅,或事后发生问题时查考(档案都有一定保管期限规定)。

采购的流程模式如图1-11所示。

采购基本流程示例如图1-12所示。

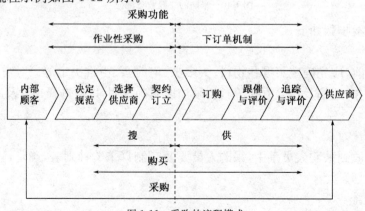

图1-11 采购的流程模式

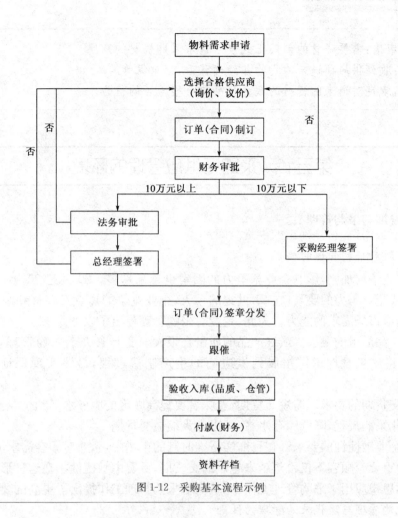

图1-12 采购基本流程示例

知识链接：用语定义

(1) 资材：是生产产品所用的原辅材料的总称，指直接组成产品的材料和直接或间接用于生产活动的物品，并可作如下区分：

①原材料：最能体现产品的核心组成因素，在产品中起最重要的功能。

②辅材料：除原材料外，亦属于产品的直接组成因素的零件。

③包装材料：为了保护产品外形，安全、方便地储藏或运输而使用的物品。

④设备：用于产品的生产活动的机械装置或构造物。

⑤备用材料：指为维修和保养设备使用的机械装置或构造物的零件和维修、消耗品。

(2) 替代材料：目前使用的材料中，可替代的材料。

(3) 一般内材：从国内的供应商处简单采购的材料。

(4) 外发加工品：免费提供原材料、设备和模具给国内的供应商，并利用其劳动力加工并交付使用的材料。

(5) 合作公司：向本公司提供所需材料、设备和劳动力的全部供应商。

(6)采购申请:需要资材的部门正式表示请求采购资材的意愿。
(7)入库:收到供应商送来的货物并经确认后,记录保管。
(8)验收:审定对送来的资材的数量及品质合格与否的行为。

第五节 采购与供应管理的环境

一、企业发展与采购管理

1. 企业发展对采购管理的要求

随着市场竞争的加剧,影响企业竞争力的因素也越来越多。20世纪90年代,除成本、质量外,交货期成了竞争力的要素;在21世纪的今天,企业竞争的焦点又转移到敏捷性上,即以最快的速度响应市场需求的能力。为此,企业对采购管理提出了以下要求。

(1)保证产品质量的要求。最终产品的质量在很大程度上取决于采购管理,通过采购管理工作,才能将质量管理工作拓展到供应商的生产制造过程,最终实现保证产品质量的目的。

(2)缩短交货期的要求。缩短交货期,意味着要提高顾客的服务水平和企业竞争力。加强供应管理,简化采购流程,降低库存水平,可以大大缩短交货期。

(3)提高企业敏捷性的要求。在目前实行准时制的市场中,企业对顾客需求的短时间反应能力显得尤为重要。顾客不仅希望越来越短的交货期,更看中敏捷性。在这种形势下,需要将供应链管理的思想应用于采购管理工作中,从而对采购管理工作提出了更高的要求。

2. 传统采购管理与现代采购管理的区别

传统采购模式的主要特点表现在如下几个方面:

(1)传统采购过程是典型的非信息对称博弈过程。在采购过程中,采购方为了能够从多个竞争性的供应商中选择一个最佳的供应商,往往会保留私有信息。而供应商也在和其他供应商的竞争中隐瞒自己的信息。这样,采购与供应双方都不进行有效的信息沟通,形成了非信息对称的博弈过程。

(2)采购质量控制难度大。质量与交货期是采购方要考虑的另外两个重要因素,但是,在传统的采购模式下,由于采购方与供应方相互的工作是不透明和缺乏合作的质量控制,导致采购部门对采购物品质量控制的难度增加。

(3)供需关系缺乏稳定的基础。在传统采购中,竞争多于合作。供应与需求之间缺乏合作增加了许多生产的不确定性,供需关系难以稳定。

(4)对用户需求的反应迟钝。由于供应与采购双方在信息的沟通方面缺乏及时的信息反馈,供应商很难针对采购商生产变化的情况加以调整,缺乏应付需求变化的能力。

传统采购管理与现代采购管理的主要区别如表1-2所示。

表1-2 传统采购管理与现代采购管理的主要区别

比较因素	传统采购管理	现代采购管理
供应商/买方关系	相互对立	合作伙伴
合作关系	可变的	长期的
合同期限	短	长
采购数量	大批量	小批量
运输策略	单一品种整车发送	多品种整车发送
质量问题	检验/再检验	无需入库检验
与供应商的信息沟通	传统媒介	网络
信息沟通频率	离散的	连续的
对库存的认识	资产	祸害
供应商数量	多,越多越好	少,甚至一个
设计流程	先设计产品后询价	供应商参与产品设计
产量	大量	少量
交货安排	每月	每周或每天
供应商地理分布	很广的区域	尽可能靠近
仓库	大	小

二、供应链思想对采购的影响

迈克尔·波特提出的价值链(图1-13)概念,推动着人们对采购供应职能的重新认识。

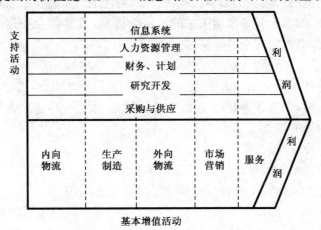

图1-13 波特的价值链

这一概念的提出,使得供应链管理的范围更加广泛,涵盖从最上游的原料选取、直到最下游满足终端客户的需求,甚至还包括使用寿命结束后的处置过程。供应链管理要求公司内、外部所有活动都应以最终消费者为源头及终结点,在向消费者提供最终产品或服务时做到"五适",即适当的质量、适当的数量、适当的价格、适当的时间和适当的地点,以此来提高供应链的竞争力。

由图 1-13 可知,采购与供应活动被看成公司供应链管理中一个组成部分。但采购与供应活动不能单独地工作,必须与相关的团队共同合作,而这些团队的工作往往要跨越公司内部传统的组织职能,包括市场营销、研究开发、质量管理、工艺设计与生产等。

在此背景下,人们对采购供应的认识不断演进,管理理念越来越趋向于组织功能的整合以及供应链内部更加紧密的衔接。采购由看作是仅与实物配送相对应的物料管理的一部分的传统做法,演变成为将其与集成物流相连接,最终与供应链管理相连接。

三、供应市场的发展

需求与供给是任何市场中的两个关键因素,两者缺少任何一个,市场都不再称为市场。需求与供给两者间的相互作用影响了市场的竞争状况、价格以及竞争程度。

(一)需求和供给

1. 需求

需求水平受到下述各因素的影响。

(1)价格。商品价格越高,其需求可能越低。

(2)可支配收入。购买者可支配收入提高时,对商品的需求一般会增强。

(3)替代品的价格。替代品的价格上升时,对商品的需求会增强。例如,棉布价格提高时,对化纤的需求会增强。

(4)互补品的价格。互补品价格提高时,对商品的需求会减弱。例如,当汽油的价格提高时,对汽车的需求会下降。

(5)购买者偏好。当购买者偏好发生变化时,需求也会发生变化。偏好受心理因素影响,但也受气候等其他因素的影响。例如,对冷饮的需求将随着气温的升高而增加。

(6)购买者预期。如果购买者预期未来的价格会提高,或气候会变化,或者其财务状况会有所改善,这些预期都会影响其今日的需求。

(7)购买者的数量。随着购买者数量的增加,需求也会增加。

商品需求数量随价格变化而发生变化。对于绝大多数商品而言,当价格下降时,需求数量会上升。而价格不变时,购买者偏好的变化(由不喜欢或不了解到喜欢或了解)或者其收入的增加均会导致需求数量的增加。

2. 供给

供给水平也会受到某些因素的影响,这些因素包括:

(1)价格。商品价格越高,供给者提供的商品数量就会越多。

(2)投入资源的价格。如果供应商使用的投入资源(如原材料和劳动力等)的价格提高,而使公司利润下降甚至亏损,公司可能会停产,进而减少供给。

(3)技术。技术的改进通常会使成本降低。其结果是刺激供给的增长;技术创新也会对市场竞争水平发生长期影响。例如,某一供应商可能已经对新的发明申报了专利,这使得其他供应商不再具有竞争力并退出市场,随着供应商数量的减少,价格将在长期内上升。

(4)供应商的预期。供应商对未来市场价格、气候条件以及其自身经营前景等的预期都将对供给水平发生影响。

(5)销售者数量。随着销售者数量的增加,供给数量也会增加。

商品供给数量随价格变化而发生变化。当价格下降时,供应商生产动力受到影响,供应数量也会呈现下降趋势。尽管价格保持不变,由于技术的改进或供应商数量的增加会导致供给数量的增加。

3.供需平衡

即需求数量与供给数量相同。供需平衡是动态的,当诸如价格等因素一旦发生变化,供需平衡便被打破,从而出现供大于求或供小于求的现象。

需求的价格弹性是指衡量一种物品的价格发生变动时,该物品需求量变动的大小。以系数 E_p=需求变动(%)÷价格变动(%)的绝对值来表示。

需求的价格弹性的结果有 3 种情况:

(1)价格弹性(E_p)大于 1 时,说明该产品的需求价格弹性比较大,如果价格有比较小的变化,其需求数量就会发生比较大的变化,一般把这种情况下的产品称为有弹性产品。

(2)当价格弹性(E_p)小于 1 时,说明该产品的需求价格弹性比较小,即使价格发生很大的变化,其需求数量的变化也不会很大,一般我们把这种情况称为该产品的需求对价格无弹性,把这种产品称为无弹性产品。

(3)当价格弹性(E_p)等于 1 时,说明该产品的需求价格弹性与其需求数量的变化相同,这种情况称为该产品的需求价格弹性等于1。

对于需求对价格有弹性的产品,价格是调整需求数量的主要因素,在适当的时候,可以采取降价的方法增加需求数量,也可以提高产品的价格以减少市场对产品的需求。这类产品主要是指非人民生活必需品,例如服装。对于需求对价格无弹性的产品,由于市场对这类产品的需求数量不决定于产品价格的高低,企业可以采取提高价格的方法增加企业的利润。这类产品主要是指人民生活必需品,例如粮食。对于需求对价格的弹性等于 1 的产品,因其价格变化与数量变化同步,在制订价格政策时,一般不会采取什么措施。

影响弹性大小的因素主要有:

(1)必需程度:奢侈品的弹性大;必需品的弹性小。

(2)被替代的难易程度:易被替代的物品其弹性大。

(3)消费者调整的时间:调整时间越长其弹性越大(汽油的短期弹性小、长期弹性大)。

了解需求价格弹性有利于帮助采购人员正确评价这些变化对公司所需产品的供应状况的影响,以便正确地作出采购决策。

(二)市场竞争分析

波特的"五力模型"表明,市场的竞争状况主要由 5 种力量决定,即供应商间的竞争、新供应商进入市场的可能性、替代产品或服务的可获得性、上游供应商的议价能力、购买者的议价能力。利用波特(Porter)的"五种力量分析法"从以下角度对各采购类别的采购市场进行分析,帮助你更好地了解你公司在供应市场中所处的位置,弄清特定供应商的竞争力有多强,你公司的竞争力就有多强。

1.供应商间的竞争

供应商之间竞争的激烈程度取决于市场中各供应商的数量、规模和经营政策等因素。市场中供应商间竞争的激烈程度可以通过回答下列问题来进行评价。

(1)是否少数公司占主导地位?

(2)供应商是否要比购买者更集中?
(3)供应增长速度是否较慢?
(4)各主要供应商是否已充分利用了其生产能力?
(5)供应商是否未实现产品的差异化?

如果对上述所有或绝大多数问题回答"是",供应商间的竞争程度就可能比较低。

2. 新供应商进入市场的可能性

新供应商进入市场有助于促进竞争,并增强购买者的市场地位。知道新供应商进入市场的可能性是很有益处的,该信息将有助于你制订采购战略或谈判策略。

通过回答下列问题有助于你对新供应商进入市场的可能性的评价:
(1)近期是否只有少数或根本没有新的供应商进入市场?
(2)新供应商进入市场是否对资本投资的要求高?
(3)进入市场是否需要专有技术知识?
(4)是否退出的门槛/转换的成本高?
(5)供应商是否使用稀缺材料或由少数供应商控制的原材料?
(6)新供应商进入市场是否需要特殊的协议或授权?
(7)是否存在规模经济效益/不依赖于规模的成本优势大小?

如果对上述所有或绝大多数问题回答"是",新供应商进入市场进而增强供应市场竞争程度的可能性便比较小。

3. 替代产品或服务的可获得性

替代产品或服务能提高采购的可获得性和采购方的谈判议价能力。是否能得到替代产品或服务可通过回答下列问题得到评价:
(1)替代产品的相对价值/价格比是不是低?
(2)是否不存在可以带来同样产品或服务的替代技术?
(3)转向替代者的更换成本是不是很高?

如果对上述所有问题回答"是",便不容易得到提高竞争程度所需要的替代产品或服务。

4. 上游供应商的议价能力

市场中的供应商本身又是其上游供应商的用户。对供应商的议价能力,有助于确定你的供应商的盈利水平、最终产品价格以及其他条件。可以通过回答下列问题来评价你的供应商的议价能力:
(1)是否只具有有限的上游供应商?
(2)这里的供应市场对于这些上游供应商是否只是一个很小的市场?
(3)是否难于从其他市场得到投入品?
(4)转向其他上游供应商是否会导致转换成本?

如果对上述所有或绝大多数问题回答"是",供应商相对于其上游供应商的议价力量便会很低,进而进一步减弱竞争程度。

5. 购买者的议价能力

购买者的议价能力是指其他购买者的采购竞争力。因此,在评价时首先需确认谁是竞争购买者,即那些会与你向同一家供应商购货的购买者。在评价时,需要对比你的议价能力和你竞争购买者的议价能力。

通过回答下列问题可以帮助你了解你的竞争购买者的议价能力：

(1)市场中是否拥有大量的用户？

(2)更换供应商是否需要很大的转换成本？

(3)在本市场中,用户对供应商是否有很高的忠诚度？

(4)是否难于在任何替代供应市场进行采购？或这种采购成本很高？

如果对上述所有或绝大多数问题回答"是",购买者相对于供应商的议价能力就会很低。

通过回答下列问题有助于了解你的议价能力：

(1)本公司是否为市场中一家相对较小的购买者？

(2)本公司在市场中总采购量中的份额是否在下降？

(3)对于市场中的供应商,本公司是否具有特殊的吸引力？

(4)对供应商而言,本公司是否是有问题或难于对付的用户？

如果对上述所有或绝大多数问题回答"是",相对于其他购买者,本公司的竞争力量便比较弱。

四、采购管理的发展趋势

(1)协同采购。协同采购主要是指企业和供应商在共享库存、需求等方面信息的基础上,企业根据供应链运行情况,动态地调整自己的计划和执行交付过程,通过合并共同采购实现采购优势。

(2)采购的整合。要求采购与生产计划、库存控制、质量检查和采购之间紧密合作,在前期就将采购与生产计划结合起来,并有意识地吸引供应商参与进来。采购不能够只遵循自身的原则,为了确保不同的相关领域的有效整合,采购正被逐渐纳入供应链管理中。

(3)采购管理集中化。采购管理集中化可以集中全公司和集团的采购力,对整个供应市场产生影响,使采购处于有利地位；同时,采购的集中也有利于公司对供应商的管理,便于公司主体资源的优化；采购管理的集中可以增强企业的核心竞争力,从而推动企业的发展。

(4)采购管理职能化。采购部门从生产部门或其他部门独立出来,发挥着越来越大的作用；采购职能也从原来被动的花钱,开始有了节省资金、满足供应、降低库存等一系列目标。

(5)采购管理专业化。采购人员的素质要求不断加强,不仅要了解产品的原理、性能要求,还要了解市场行情、价格走势和供应商的实力、供应商报价的合理性,同时还需要有极强的谈判能力和计划能力。在国际采购中,还需要有很好的英语表达和沟通能力、计算机网络运用能力。而资深采购专家需要具有项目管理、财务管理、供应链管理等方面的专业技能。

思考与练习题

1. 某公司是一家生产汽车风窗玻璃的公司,由于原料采购不利导致公司经常无法如期完成客户订单,致使客户流失,原材料采购成本居高不下,企业业绩下滑。

请你为该公司提供一些采购建议,并谈谈你对采购工作重要性的认识。

2. 中国某汽车集团公司采购部是集团公司的采购管理职能部门,负责集团公司采购政策、采购标准的制订及监督；负责集团公司采购系统的系统管理,同时负责集团公司成本中心的零部件、原材料、设备、设备备件的采购工作。当时采购部的工作状况如下：

采购资源分散，不能形成集团公司整体优势。采购管理分散，采购政策和标准不统一。采购行为不规范，造成物资资源"散、乱、差"的局面。没有统一的计算机辅助采购监控管理系统，无法实现高层次的集中采购。计算机网络硬件落后，满足不了物资采购系统集中管理发展的需求。部分人员的管理素质及使用计算机能力还有待进一步提高。

请思考该采购部应如何进行采购工作？

[案例分析]

1. 某俱乐部的集中采购

背景资料：某俱乐部是一家健身俱乐部，在北京有数十家连锁健身中心，总部在北京市海淀区。俱乐部为私人所有，大约有15年的历史。

(1) 俱乐部原有的采购体系

为了维持各健身中心的运作，该俱乐部需要许多不同的物品，包括机器和设备的部件，如自行车配件和磨砂灯泡以及办公用品和卫生用品。该中心下属的每一家健身中心负责自己的采购事项，采用随需随买的方式。在总部设有一个兼职人员来负责总部的采购和库存控制工作，对其他健身中心的物品采购，仅仅做记录。

(2) 采购体系改革

经过调查分析，俱乐部采购管理人员认为，以前所使用的以各健身中心为主的随需随买的采购体系问题很大，应该采用集中化采购体系。集中化采购体系确实可以为俱乐部节省一大笔开支。例如可找到一家供应商，俱乐部向其批量购买卫生用品，这家供应商可以把价格降低一半左右。于是，采购人员开始寻找更多的提供不同物品的供应商，并制订出了集中化采购体系的实施细节。

这个集中化采购体系，基本上把所有的采购都集中到总部，各连锁俱乐部的经理们不能再像以前那样各自购买所需的物品。如果有需求，他们要填一份请购单，然后传真到总部。这一工作的最后期限是每星期五的下午5点。在下个星期一，各健身中心所需的物品就可以到位。采购管理人员如发现各中心所请购的物品不合适时，有权加以否定或者减少采购量。不过，每一中心有1000元人民币的现金用于应付可能发生的紧急需求。

(3) 实施中的困难

新计划实施的一个月中受到了一些挫折。有几家健身中心的经理联合起来拒绝接受新的采购体系。而且，原计划一个星期的采购周转期限在实际当中也不是都能达到。

请讨论：你作为采购主管，请分析实施中产生困难可能的原因，并提出如何解决在实施中的困难？

2. 某电器连锁销售企业的采购管理

某电器连锁作为中国的最大一家连锁型家电销售企业，在全国280多个城市拥有直营门店1200多家，但随着公司的急剧扩张发展，其采购系统也来越来复杂，采购品种五花八门，采购主体分散，重复采购普遍。供应商数量过多，分布不均匀。再加上旗下拥有好几家全国性和区域性家电零售品牌，采购没有统一和采购重复严重。该电器连锁销售企业针对存在的问题，根据家电行业的发展特性进行重新整合、优化和提高，实施集中统一采购，创建自己的供销模式，实现ERP管理，建立物流信息系统，并在此基础上，重新梳理采购流程，建立规范化、标准化的业务流程，以此为依据开发电子采购管理系统，进行电子采购。通过集中采购和统一采购的批量优势,降低采购成本;通过规范采购业务流程、缩短采购工作环节,提高采购工作效率;通过高效的采购管理,降低人力资源成本和管理费用;通过实施 ERP 系统后加强与供应商的合作,从而为企业提升长期竞争优势。建立物流信息系统,从而降低采购中的物流成本,提升采购速度和反应速度,降低库存和保持低价优势。创建自己的供销模式,摆脱中间商环节,直接与生产商贸易,把市场营销主动权控制在自己手中,把厂家的价格优惠转化为自身销售商的优势,以较低价格占领市场,实现其"薄利多销、服务争先"的经营策略,确保品牌形象和较高的顾客忠诚度。

(资料来源:http://wenku.baidu.com)

请讨论:1. 该企业的快速发展带来了哪些问题?
   2. 该企业是如何实现其"薄利多销、服务争先"的经营策略的?
   3. 集中统一采购可以给企业带来什么?

实训项目:

请以小组为单位,选择一个热点方面的问题,如油价、进口汽车、房价等商品,对影响供应、价格的各因素进行市场分析,撰写分析报告。

第二章 如何制订采购与供应管理战略

引例

A公司是一家从事电子产品的公司,在控制成本方面被认为拥有绝活,在收购美国某品牌商品后的美国市场上,却撞上了一时难以逾越的障碍。A公司计划在全球设三个供货中心,即中国、美国和日本。遗憾的是,先前美国某品牌商品没有在美国留下什么现成的制造基地可供选择,因而要另起炉灶。虽然北卡罗来纳州愿意提供一块享受政府补贴的土地,这虽然便宜,但一个农业大州却无法建立消费电子产业群落和有竞争力的供应商群落。其竞争对手B公司的核心供应商均在其生产基地旁建厂,A公司却需要在全球内进行采购,这导致在中国以外的A公司客户下订单需要8天才能到达生产地点,而B公司仅仅需要1小时,B公司敏捷供应链是A公司无法望其项背的。数据显示,并购后,供应链成本占A公司总成本的6%左右,而并购前A公司只有1%多一点。面对成本增长的压力,A公司决心压缩成本。A公司知道压缩采购价格,莫过于将供应商的备件市场变成竞争市场,不断进行招标,每次选择价格最低的合作伙伴。持续招标采购,使得供应关系无法稳定,很难给供货商建立合作伙伴的观念,同时可能打乱供应商的全盘市场计划。一旦供货吃紧,供应商首先剔除A公司这种利润微薄的客户就在所难免。A公司的产品线深度细分,对信息分享提出了很高的要求。一旦做不到产品线之间信息共享、经验共享、设计共享以及零部件共享,就会导致零部件需求复杂化和紊乱,这导致库存管理成本提高,单品采购规模降低,采购价格上升,久经考验的设计不能共享,新推出的系统稳定性和其他性能降低,最终导致不仅质量下降,而且成本上升。

作为企业活动的起点,以及大多数组织资源配置决策的一个主要方面,采购战略无疑在制订总体战略中起到非常重要的作用。学习本章内容,可以帮助我们(但不仅仅局限于)在以下知识和技能方面得以提高:

◆ 了解企业在制订采购供应战略时应考虑的因素、分析方法;

◆掌握 SWOT 分析模型和 SPM 模型；
◆能运用 SWOT 分析模型进行分析；
◆能根据 SPM 模型对采购品项进行划分并实施不同的采购战略。

第一节 采购战略概述

一、采购战略的内涵

所谓采购战略，是指采购部门在采购理念的指导下，为实现企业的战略目标，提供供应环境分析，对采购管理工作进行长远的谋划和决策。采购战略属于企业的职能战略，为企业总体战略提供支持和保障。

二、采购战略的分类

采购战略从供应物品的不同特点与供应商管理两个角度综合考虑，可分为四种战略，即市场交易战略、短期项目合作战略、功能联盟战略和创新联盟战略。

市场交易战略是指企业主要通过市场上的合同买卖来取得所需要的供应产品。在供大于求的买方市场时，所需产品的生产技术相对成熟或技术含量低，对提升企业的核心竞争力作用甚微，采购方不需要与供应商建立长期稳定的合作关系就能通过市场竞争及时获得质量合适、价格低廉的产品时，一般会采用市场交易战略。

短期项目合作战略是指企业与供应商基于一定的项目进行合作。在为满足变化很灵活的客户需求，面对具有较高适应性、对企业最终产品的设计和生产等有关键的影响作用、局部或者潜在的可能对企业的核心竞争力有一定影响的品项采购，企业与供应商往往会采用短期项目合作战略，与供应商建立短期的合作关系，该项目一旦完成，企业与供应商的合作即告结束。

功能联盟战略是指企业利用供应商的规模经济不断降低自身的供应成本，与供应商结成联盟。这种战略通常是面对供应产品对企业极为重要、需求量也大，供应产品本身生产技术成熟、替代品供应成本也较高，供应商的生产产生的规模效益能够不断降低供应产品的价格时采用。

创新联盟战略是指企业对一种新的产品从概念的提出就开始与供应商进行合作，到产品的设计和生产，都显现出供应商的技术和创新能力对最终产品的本质上的影响，是企业为追求一种长期的竞争优势和双赢的结果而采取的合作方式。

以上四种类型的采购战略中，从供应管理在战略上的不同倾向的角度看，市场交易战略和功能联盟战略侧重于降低供应成本，而短期项目合作和创新联盟战略侧重于产品创新；从与供应商关系中所追求不同目标的角度看，市场交易战略和短期项目合作战略重视短期利益，功能联盟战略和创新联盟战略则重视长远利益。

采购活动既受到宏观环境和供应市场的制约，也受到企业与供应商之间力量的左右。所以，在制订采购战略时，进行环境分析和 SWOT 分析是必不可少的。

第二节 供应环境分析

一、供应环境分析内涵

供应环境分析就是为供应战略决策提供客观依据,对供应环境所涉及的各个方面进行全面系统的分析。所谓供应环境,是指与企业的供应活动有关的宏观环境因素、供应商所处的行业环境因素和企业内部微观因素。供应环境分析,一方面需要考虑供应商自身的因素,如供应商的组织结构、财务状况、产品开发能力、生产能力、工艺水平、质量体系、交货周期及准时率、成本结构域价格等;另一方面,要考虑供应商所处的行业环境因素,包括该行业的供求状况、行业效率、行业增长率、行业生产与库存量、行业集中度、供应商的数量与分布等。而宏观环境则会对企业发展和产业结构调整构成影响和带来新的发展机遇。

二、PEST 分析法

PEST 分析是一种宏观环境分析方法,旨在确认并评估可能对企业产生影响的各相关因素,以便为企业制订适当的策略,减少因可能的风险给企业带来的影响,充分发掘和利用可能的机会以实现企业的目标。PEST 分析,一般是从政治环境(Politcal)、经济环境(Economic)、社会文化环境(Social)和技术科学环境(Technological)这四大类影响企业的主要外部环境因素进行分析。

政治环境主要是从国际关系、国家方针政策、政治干预、政治局势以及国体与政体等方面进行分析。

经济环境主要是从宏观经济政策、消费结构、经济发展水平、储蓄与信贷、城市化水平、收入水平、人口变化、国家经济形势等方面进行分析。

社会文化环境主要是从科学技术的发展、自然地理等方面进行分析。

技术科学环境主要是从语言文学、教育水平、价值观念、审美观念、风俗习惯和宗教信仰等方面进行分析。

三、SWOT 分析模型

SWOT 是一种分析方法,用来确定企业本身的竞争优势(Strength)、竞争劣势(Weakness)、机会(Opportunity)和威胁(Threat)。通过这一分析,使你的公司明确:

(1)供应商能给公司带来好处的方面和让公司担心的因素;

(2)与这些供应商建立合作关系会对公司产生何种威胁或带来何种机会;

(3)可据此将选定的供应商划分成不同的、与公司未来采购决策相关的大类;

(4)确定为进一步发展与这些供应商的关系或激发出供应商更大的积极性所应该努力的方向。

1. SWOT 分析模型含义

优劣势分析,主要是着眼于企业自身的实力及其与竞争对手的比较;而机会和威胁分析将注意力放在外部环境的变化及对企业的可能影响上。在分析时,应把所有的内部因素(即优劣势)集中在一起,然后用外部的力量来对这些因素进行评估。

(1)竞争优势(S)

竞争优势可以是以下几个方面：

①技术技能优势。包括独特的生产技术、低成本生产方法、领先的革新能力、雄厚的技术实力、完善的质量控制体系、丰富的营销经验、上乘的客户服务、卓越的大规模采购技能等。

②有形资产优势。包括先进的生产流水线、现代化车间和设备、拥有丰富的自然资源储存、吸引人的不动产地点、充足的资金、完备的资料信息等。

③无形资产优势。包括优秀的品牌形象、良好的商业信用、积极进取的公司文化等。

④人力资源优势。包括关键领域拥有专长的职员、积极上进的职员、职员具有很强的组织学习能力和丰富的经验等。

⑤组织体系优势。包括高质量的控制体系、完善的信息管理系统、忠诚的客户群、强大的融资能力等。

⑥竞争能力优势。包括产品开发周期短、拥有强大的经销商网络、与供应商建立了良好的伙伴关系、对市场环境变化的灵敏反应、市场份额的领导地位等。

(2)竞争劣势(W)

竞争劣势(W)是指某种公司缺少或做得不好的东西,或指某种会使公司处于劣势的条件。

可能导致内部弱势的因素有：

①缺乏具有竞争意义的技能技术；

②缺乏有竞争力的有形资产、无形资产、人力资源、组织资产；

③关键领域里的竞争能力正在丧失。

(3)公司面临的潜在机会(O)

市场机会是影响公司战略的重大因素。公司管理者应当确认每一个机会,评价每一个机会的成长和利润前景,选取那些可与公司财务和组织资源匹配、使公司获得的竞争优势的潜力最大的最佳机会。

潜在的发展机会可能是：

①客户群的扩大趋势或产品细分市场；

②技能技术向新产品新业务转移,为更大客户群服务；

③前向或后向整合；

④市场进入壁垒降低；

⑤获得并购竞争对手的能力；

⑥市场需求增长强劲,可快速扩张；

⑦出现向其他地理区域扩张、扩大市场份额的机会。

(4)危及公司的外部威胁(T)

在公司的外部环境中,总是存在某些对公司的盈利能力和市场地位构成威胁的因素。公司管理者应当及时确认危及公司未来利益的威胁,做出评价并采取相应的战略行动来抵消或减轻它们所产生的影响。

公司的外部威胁可能是：

①出现将进入市场的强大的新竞争对手；

②替代品抢占公司销售额；
③主要产品市场增长率下降；
④汇率和外贸政策的不利变动；
⑤人口特征、社会消费方式的不利变动；
⑥客户或供应商的谈判能力提高；
⑦市场需求减少；
⑧容易受到经济萧条和业务周期的冲击。

由于企业的整体性和竞争优势来源的广泛性,在做优劣势分析时,必须从整个价值链的每个环节上,将企业与竞争对手做详细的对比。如产品是否新颖,制造工艺是否复杂,销售渠道是否畅通,价格是否具有竞争性等。

如果一个企业在某一方面或几个方面的优势正是该行业企业应具备的关键成功因素;那么,该企业的综合竞争优势也许就强一些。需要指出的是,衡量一个企业及其产品是否具有竞争优势,只能站在现有潜在用户角度上,而不是站在企业的角度上。

企业在维持竞争优势过程中,必须深刻认识自身的资源和能力,采取适当的措施。因为一个企业一旦在某一方面具有了竞争优势,势必会吸引到竞争对手的注意。一般地说,企业经过一段时期的努力,建立起某种竞争优势后往往就处于维持这种竞争优势的态势;而竞争对手则开始逐渐做出反应,采取直接进攻企业的优势或其他更为有力的策略,来削弱竞争对手所建立的优势。所以,企业应努力保证其资源的持久竞争优势。

资源的持久竞争优势受到两方面因素的影响:企业资源的竞争性价值和竞争优势的持续时间。

评价企业资源的竞争性价值必须进行以下四项测试:
①这项资源是否容易被复制? 一项资源的模仿成本和难度越大,它的潜在竞争价值就越大。
②这项资源能够持续多久? 资源持续的时间越长,其价值越大。
③这项资源是否能够真正在竞争中保持上乘价值? 在竞争中,一项资源应该能为公司创造竞争优势。
④这项资源是否会被竞争对手的其他资源或能力所抵消?

影响企业竞争优势持续时间的主要因素有三点:
①建立这种优势要多长时间?
②能够获得的优势有多大?
③竞争对手做出有力反应需要多长时间?

如果企业分析清楚了这三个因素,就可以明确自己在建立和维持竞争优势中的地位。

SWOT 分析法不是仅仅列出四项清单,最重要的是通过评价公司的强势、弱势、机会、威胁,最终得出以下结论:
①在公司现有的内外部环境下,如何最优的运用自己的资源;
②如何建立公司的未来资源。

2. SWOT 分析的步骤
(1)确认当前的战略是什么?
(2)罗列企业的优势和劣势,可能的机会与威胁(表 2-1)。

SWOT 分 析 表   表 2-1

潜在资源力量	潜在资源弱点	公司潜在机会	外部潜在威胁
(1)有力的战略；	(1)没有明确的战略导向；	(1)服务独特的客户群体；	(1)强势竞争者的进入；
(2)有利的金融环境；	(2)陈旧的设备；	(2)新的地理区域的扩张；	(2)替代品引起的销售下降；
(3)有利的产品形象和美誉；	(3)超额负债与恐怖的资产负债表；	(3)产品组合的扩张；	(3)市场增长的减缓；
(4)被广泛认可的市场领导地位；	(4)超越竞争对手的高额成本	(4)核心技能向产品组合的转化；	(4)贸易政策的不利转换；
(5)专利技术；	(5)缺少关键技能和资格能力；	(5)垂直整合的战略形式；	(5)新规则引起的成本增加；
(6)成本优势；	(6)利润的损失；	(6)分享竞争对手的市场资源；	(6)商业周期的影响；
(7)强势广告；	(7)内在的运作困境；	(7)竞争对手的支持；	(7)客户与供应商的杠杆作用的加强；
(8)产品创新能力；	(8)落后的研发和设计能力；	(8)战略联盟与并购带来的超额覆盖；	(8)消费者购买需求的下降；
(9)优质客户服务；	(9)过分狭窄的产品组合；	(9)新技术开发通道；	(9)人口与环境的变化
(10)优质产品质量；	(10)市场规划能力的缺乏	(10)品牌形象拓展的通道	
(11)战略联盟与并购			

(3)按照通用矩阵或类似的方式打分评价。

把识别出的所有优势分成两组，分的时候以两个原则为基础：它们是与行业中潜在的机会有关，还是与潜在的威胁有关。用同样的办法把所有的劣势分成两组，一组与机会有关，另一组与威胁有关。

(4)将结果在 SWOT 分析图上定位，形成 SO、ST、WO、WT 策略(图 2-1、图 2-2)。

或者用 SWOT 分析表，将优势和劣势按机会和威胁分别填入表格(表 2-1)。

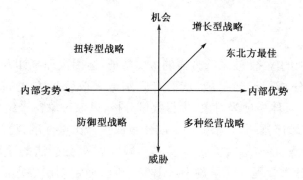

图 2-1 SO、ST、WO、WT 策略图

图 2-2　SWOT 分析

3. 战略分析

图 2-3 是对某采购商进行分析的一个例子。

S	W
企业： 是供应商在新市场中的第一个客户 规模小但业务发展前景好 供应商： 是国内市场的领先者 同时在原材料和产品市场进行经营 获取市场信息的能力较强 技术支持能力强	企业： 采购量相对较小 缺乏谈判技巧 缺乏所在市场的经营检验 供应商： 超额生产能力 产品缺乏差异性
O	**T**
有长期合同保证供应 供应商可以为企业的产品设计人员提供培训 存在回购企业产品的可能性	供应商可能会强迫企业签订单一供应源合约，以限制企业从其他供应商处进行采购 供应商可能与企业的竞争者进行合作，如果与企业的合作不成功，他们可能会从企业所在的市场中退出 供应商可能会在第一份合同结束后抬高价格

图 2-3　某采购商 SWOT 分析图

第三节　定位采购类别

对采购类别的定位，有助于确定不同类型采购类别的管理策略。

一、ABC 分析法

1. ABC 分析法的概念

它是根据采购品项的经济、技术等方面的主要特征，运用数理统计方法，进行统计、排列和分析，抓住主要矛盾，分清重点与一般，从而有区别地采取管理方式的一种定量管理方法。ABC 分析法，它以某一具体事项为对象，进行数量分析，以该对象各个组成部分与总体的比重为依据，按比重大小的顺序排列，并根据一定的比重或累计比重标准，将各组成部分分为 ABC 三类，A 类是管理的重点，B 类是次重点，C 类是一般。ABC 分析法的原理是按帕累托曲线所示意的主次关系进行分类管理。在采购中，ABC 分析法通常用于确定需要采购何种产品、供应商数量、库存水平及其他指标，ABC 分析法也被称作 80/20 法则，即 20% 的产品或服务采购占用了 80% 的采购支出，图 2-4 为帕累托分析图。

2. ABC 分析法的主要程序

(1)收集数据,列出相关元素统计表;

(2)统计汇总和整理;

(3)进行分类,编制 ABC 分析表;

(4)绘制 ABC 分析图;

(5)根据分类,确定分类管理方式,并组织实施。

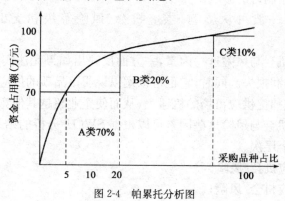

图 2-4 帕累托分析图

3. ABC 分析法的主要措施

ABC 分析法的主要措施见表 2-2。

ABC 分析法的主要措施　　　　　　　　表 2-2

物料种类	管理核心
A 类	(1)尽可能使用料预测得准确,即使预测本身有一定成本; (2)尽可能采取保守策略,即与其库存,不如适当缺料; (3)尽量采用物料需求规划(MRP)方式,使库存为零; (4)强化催料作业,缩短前置时间; (5)原则上每个月盘点一次,确保料账正确无误
B 类	(1)采取安全存量管理方式; (2)正常控制,强制良好的料账管理即可; (3)每半年按照惯例进行实地盘点,最短 3 个月盘点一次; (4)采取经济批量订购,允许一段时间(1~3 个月)库存
C 类	(1)原则上采取复仓法进行管理; (2)允许的情况下,可以交由生产现场保管; (3)简化出入库手续,可采取大批量采购

二、采购品项的定位

1. 采购定位模型——SPM 模型

采购定位模型就是 SPM 模型,使用采购定位模型有两个主要目的:

(1) 指导企业确定每项工作的优先级别

企业没有必要对每个采购物料(采购品项)都予以同样的重视程度。采购品项对企业的重要程度取决于该采购物料的支出水平、对企业的影响程度以及它的供应市场状况。

(2) 指导企业制订供应战略

明确不同采购品项的特征,有助于更好地描述各种采购品项在企业心目中的重要性和地位,以及他们对供应战略制订的影响。

采购类别的定位,一般可从影响、供应机会、风险等级和支出水平这几个因素来进行。

采购品项的影响、机会与风险这一因素,一方面反映出如果无法实现某品项的供应目标,企业将会蒙受多大的利润损失。同时,它也可以用以说明该品项的供应市场状况,提示企业采购人员需要把精力放在捕捉供应市场的机遇上,从而使企业超越其他竞争者。

采购品项的影响、机会与风险这些因素可以根据SWOT分析的结果分为高(H)、中(M)、低(L)和可忽略(N)四个层次。

H——高影响/供应机会/风险;

M——中影响/供应机会/风险;

L——低影响/供应机会/风险;

N——可忽略的影响/供应机会/风险。

支出水平可以分为高与低两类。通过帕累托分析,将品项占整个品项数的80%,而支出价值占整个支出的20%的品项定为低支出水平;将品项占整个品项数的20%,而支出价值占整个支出的80%的品项定为高支出水平。

以影响、机会与风险为纵坐标,以支出水平为横坐标,建立一个直角坐标系,将影响、机会与风险和支出水平分为高低两部分,将直角坐标系分为四个象限,分别对应于日常型采购品项、杠杆型采购品项、瓶颈型采购品项和关键型采购品项这四大类采购品项,这样就可以作出如图2-5所示采购定位模型。

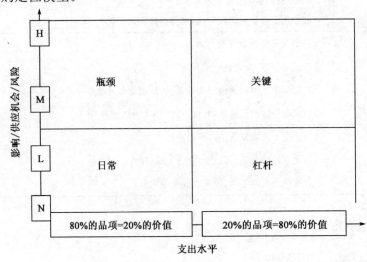

图2-5 采购定位模型

2. 采购定位模型的应用示例

以下是某公司定位采购类别的过程。

(1)利用采购定位模型,建立战略框架(图2-6)。

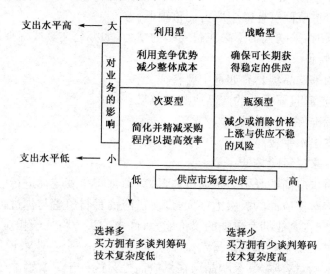

图 2-6 某公司战略框架

(2)利用上述分析框架,对各采购类别先进行一个初步的采购战略定位(图2-7)。

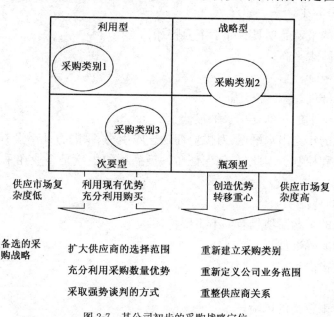

图 2-7 某公司初步的采购战略定位

3. 处于不同象限的采购品项的特征

(1)日常象限的特征

处于这一象限的采购品项具有如下主要特征:

①存在许多供应商,且要采购的产品或服务容易获得;

②采购品项为标准件；
③该品项的年支出水平低；
④该品项对企业来说风险较低；
⑤采购额在单个供应商营业额中所占比重很低。

在采购这些品项时，采购人员不必花费太多的精力，如办公文具或标准的生产耗材。

(2) 杠杆象限的特征

处于这一象限的采购品项具有如下主要特征：
①存在许多供应商，且要采购的产品或服务容易获得；
②采购品项为标准件，专业性极强；
③该品项的年支出水平较高；
④该品项对企业来说风险较低；
⑤企业的采购对供应商的吸引力很大，许多供应商都将争着与你进行业务往来。

由于企业的采购对供应商的吸引力很大，许多供应商都将争着与你进行业务往来，当企业希望尽可能压低价格时，企业拥有较强的议价能力，许多购买方将处于相对有利的谈判地位。

一个采购品项对某个企业来说是日常型品项，而对于另一个企业来说可能会成为杠杆型品项。如一个企业采购量有限，其采购品项在供应商处只能处于日常型品项地位，而改由配送企业来配送，则配送企业就可利用"集小为大"这一运作，使企业所采购的品项在供应商处处于杠杆型品项地位，从而提高议价水平，达到降低采购价格的目的。

(3) 瓶颈象限的特征

处于这一象限的采购品项具有如下主要特征：
①该品项的风险水平高；
②供应商数量极少；
③品项为非标准件，专业性极强；
④企业在该品项上的年度支出水平很低。

由于采购品项的年支出水平低，对供应商缺乏吸引力，采购方几乎没有能力对该类品项的供应施加任何影响和控制。因此，如何保证瓶颈型品项的供应是企业在采购时需要考虑的一个重要内容。

(4) 关键象限的特征

处于这一象限的采购品项具有如下主要特征：
①采购品项为非标准件；
②供应商数量极少；
③不存在替代品；
④会给企业带来较高的风险；
⑤年度支出水平高。

关键型品项通常表现为企业的最终产品所必需的某些零部件，或者某个品项所需的非常复杂的或定制的品项，或者有时是基于新技术的并且是为企业专门定制的一些行业的关键设备。

关键型品项是使企业产品形成特色或者取得成本优势的基础，因而会对企业的赢利能力起到关键性的作用。

4. 改善企业供应品项的位置

从上述对处于不同象限采购品项的特征分析可知,当企业采购品项处于杠杆象限时,采购方拥有较强的议价能力,同时许多相互竞争的供应商也有兴趣同企业进行业务往来,从而使企业能够在不冒什么风险的情况下采购到企业所需要的产品或服务。因此,如何将采购品项向杠杆象限靠近就成为企业需要思考的问题。

实现这一目标有两个途径:一是降低风险;二是增加支出。

(1) 降低风险的途径

①采购人员同产品设计、使用人员积极沟通,尽量使用标准件,或者使用其他可获得性高的替代产品或替代设计方案。为此,可以运用 AV/AE 分析法来寻求改进途径。

②通过实行采购品项的内部标准化来避免出现过度的采购多样化和分散化。

③发掘和培养潜在的供应商,如对供应市场作一次深入的分析,发现其他供应源;与那些目前尚未提供此种产品或服务的商家合作,并开发他们提供此种产品或服务的能力。

(2) 增加采购支出的途径

①通过内部标准化减少产品或服务的一些不必要的规格型号。

②选择能够满足企业采购需求品项多的供应商,这样一来,企业便可通过采购品项的归总组合,增加对该供应商的采购量。

③将发生在多个地点或者多个用户共同的需求品项进行打包,放在一起作为一个单一的订单进行采购。

④与其他企业合作形成采购联盟,以此来提高对供应商的影响能力,这种方法尤其适用于中小企业。

课堂练习:

1. 请填写表 2-3 未填写的内容。

供应定位模型典型象限特征一览表　　　　表 2-3

品项 因素	日　常	杠　杆	瓶　颈	关　键
带给公司的影响、供应机会和风险				
采购项目为标准件或非标准件				
供应商的数量				
公司的年度支出水平				
你的业务对供应商的吸引程度				

2. 就下面每个类型写出两个例子。
日常型采购项目：
杠杆型采购项目：
瓶颈型采购项目：
关键型采购项目：
3. 不同采购品项如何向杠杆象限移动？

第四节　不同供应品项的采购供应战略

在研究不同供应品项的采购供应战略时，我们假定各采购品项的类型是"典型"的。如，日常采购品项是指那些在供应定位模型中的位置非常靠近左下角的品项。

一、制订采购战略需要的基本框架

每种采购品项的供应战略制订，一般都需要考虑如下内容：
(1) 使用供应商的数量；
(2) 目标供应商关系类型；
(3) 采用的合同类型；
(4) 理想供应商的类型。

二、供应商关系和合同类型

图 2-8 能较直观地反映供应方与采购方之间可能建立的关系或签订的合同类型。

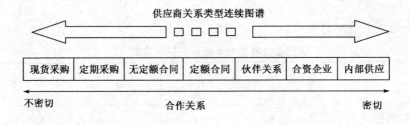

图 2-8　与供应商建立的关系图

1. 现货采购

在现货采购的过程中，企业将同任何一个能在采购时提供最好的整笔交易条件的供应商成交。但一旦供应商得到订单，企业则只能寄希望于供应商能够按约定的要求完成订单，采购方与供应商的合作仅建立在"诚实守信"的基础上，通常表现为较为疏远的"交易"关系，他们之间的合作往往表现为一种短期行为。

现货采购具有如下特点：
(1) 选择最好的提供整笔买卖条件的供应商成交；
(2) 关注价格；

(3)无买卖双方个人交情；

(4)只能指望供应商低的优先权和低的积极性；

(5)使用过多的不同供应商将会增加成本；

(6)适合于一次性交易需求和标准产品、低的转换成本以及当年度支出足够大时。

2. 定期采购

定期采购是在一段时间内从一个或多个供应商处进行多次现货采购。

定期采购具有如下特点：

(1)重复地现货采购；

(2)需要确认那些保持竞争优势的供应商；

(3)频繁地与供应商交往将使双方变得熟悉；

(4)能给公司高的优先权的供应商，将成为"首选供应商"；

(5)适合于公司很难提前预知需求并且每次需求是不同的情况。

3. 无定额合同

无定额合同也称"框架协议"、"总括合同"或"持续性订单"。这种方式是指企业同供应商达成一种协议，这个协议将在一段时间内（一年或更长）对双方间的买卖都有效。

无定额合同这一供应商关系类型具有以下特点：

(1)供应商同意以需求为基础，在约定的时间段内以约定价格提供一定范围内的产品或服务；

(2)能节约你的时间和精力，并能让最终用户按照合同要求直接提出其需求；

(3)适合于频繁地采购产品和服务，并且很难事先预测其采购量的情况；

(4)构建该合同执行情况有益于供应商绩效考核。

4. 定额合同

定额合同与无定额合同相似，但在定额合同中需要规定采购的数量。

定额合同这一关系类型具有如下特点：

(1)你公司需承诺在合同期内采购一定数量和价值的货物；

(2)这类合同更吸引供应商，并且能得到更优惠的条件；

(3)适合于频繁地需求且采购量能事先预测的情况。

5. 伙伴关系

伙伴关系也称作联盟，是在高度信任的基础上形成的一种长期合作关系。在供应链采购环境条件下，建立此种供应商关系是获得成功的一个重要途径。

成功的伙伴关系具有如下特点：

(1)相互依存；

(2)高度信任感；

(3)高度互动以及共享信息；

(4)关注成本而非价格；

(5)协同工作；

(6)投资于关系；

(7)适合关键和瓶颈型采购项目，并且关注长期的产品研发；

(8)相对于公司自己单干而言,这种形式能让公司取得更好的结果;
(9)伙伴关系的建立需要时间和努力,所以其基本原则是选择合适的伙伴。

6. 合资企业

合资企业是由两个或多个母公司设立并拥有的独立实体。建立合资企业这种供应关系具有如下特点:
(1)比伙伴关系具有更多指导性影响力;
(2)设立和管理成本也更高;
(3)适合于对公司具有相当竞争优势的产品或服务情况。

7. 内部供应

这种方式是指由企业自己提供某些产品或服务,而不是从供应市场上采购,即企业自己制造而非购买。

这是一种最密切的供应关系,具有如下特点:
(1)具有最大限度的供应控制权并且能减少供应风险;
(2)可能达不到有效的生产规模程度、开发或者获得供给能力可能代价高昂;
(3)公司的固定成本将会增加。

三、日常型采购品项的采购供应战略

1. 使用供应商数量的选择

对于日常型采购品项的采购工作,应尽量减少采购人员不必要的时间和精力的花费,故应选择一个供应商为宜。不选择多家供应商有如下理由。

(1)由于不同的供应商可能存在着不同的行为模式,这些不同的行为模式增加了采购流程的复杂性和变化性。如果使用多家供应商,企业采购人员在采购同一品项时势必要面对多个不同的流程,使采购人员花费太多的时间和精力去适应合作的过程,导致低效。

(2)每换一个供应商时,都需要重新进行诸如价格、付款方式等的谈判,反复地变化供应商会带来管理成本的增加。

(3)选择多家供应商会使采购量分散,使得供应商的兴趣下降,在出现供应问题时,供应商的响应可能会非常迟钝。

同时也需要认识到,只使用一个供应商也有可能因为把所有的这方面业务交给对方,也可能会出现供应商响应迟钝和缺乏竞争力。因此,选择一个供应商应该是一个过程和努力的方向。

2. 供应商关系的选择

由于日常型品项具有低优先级和标准化的性质,企业需要在解决问题方面响应迅速的供应商,只有这样才能使需要交涉的(干预)次数最小化。但发展合作性的供应商关系也不需要,因为这种关系需要花费太多的管理精力,同时供应商也不大可能愿意为如此小额的业务同企业结成伙伴关系。故选择使用比"交易"关系更紧密的单一"优先"供应商关系比较符合企业的需要。

3. 合同类型

应选择签订定期合同,该合同应尽量包括所有的日常型品项,这样选择有利于在日常型品

项采购中的精力降低到最低,以及将变换供应商所产生的转换成本最小化。

签订定期合同需要考虑价格的变动因素,可考虑在合同中加入针对价格变动的保护条款,一旦企业认为供应商的价格不再具有竞争优势,该条款能帮助企业较容易地解除合同。

4. 理想供应商的类型

该供应商应具有如下特征:

(1)供应商应具有尽可能多的涵盖需求方的采购品项;
(2)供应商能够并且愿意为企业长期不间断地提供资源供应;
(3)供应商拥有简单的、长期一贯的和可靠的业务流程,可防止未经授权的交易;
(4)供应商有迅速为客户解决问题的愿望;
(5)必要时,供应商愿意委派一名专职人员来处理企业的相关事务。

将上述内容进行汇总,形成的日常型采购品项的总体采购供应战略见表2-4。

日常型采购品项的采购供应战略 表2-4

选择供应商数量	一个
关系性质	最小干预
合同类型	长期合同
供应商类型	能够尽可能多地满足企业的需要; 响应积极,需要交涉的次数最小化; 能够长期、持续地供应企业所需的产品或服务

四、杠杆型采购品项的采购供应战略

在制订杠杆型采购品项的采购供应战略时,由于项目的高价值、低风险和市场价格的变化会极大地影响你公司,因此你将更加关注价格;同时由于项目的价值高,一定程度的转换成本是可以容忍的。

杠杆型采购品项的采购供应战略的选择主要取决于下列因素:

(1)供应市场的易变性(价格变化的快慢);
(2)对供应市场的了解程度;
(3)价格在不同供应商之间变化的幅度;
(4)"转换成本"的大小。

转换成本是变换供应商时发生的成本,产生转换成本可能出自以下几方面:

(1)谈判成本;
(2)重新培训员工的成本;
(3)在流程和设计上的改变;
(4)旧库存的改变;
(5)终止以前签订合同的处罚;
(6)启动新采购程序时的无效率等。

针对价格变化和转换成本这两个重要因素的影响,杠杆型采购品项可选择不同的采购供应战略,见表2-5。

连续需求的杠杆型项目的采购供应战略 表2-5

战略的要素	情况1：非常高的转换成本	情况2：价格变化小，转换成本可忽略	情况3：价格变化小，转换成本相对较高	情况4：价格变化大，转换成本低	情况5：价格变化大，转换成本相对较高
选择供应商数量	1个	许多	1个	许多	两个或三个
合同类型	阶段性合同，一般为长期	现货采购	阶段性合同	现货采购	阶段性（总括）合同，一般为中期
供应商类型	合同期限内成本最低	当前成本最低	合同期限内成本最低	当前成本最低	合同期限内成本最低
关系的性质	合作型（一旦"锁定"合作关系，采购的强势就不再滥用）	交易型	交易型（买方强势）	交易型	合作型

五、瓶颈型采购品项的采购供应战略

1. 对该类采购品项的采购供应战略的选择过程需做的工作

(1) 关注降低风险而不是价格和成本，价格和成本只是第二重要的；
(2) 如果可能的话，增加从一个供应商处购买的量；
(3) 如果需要，使用两个供应商以便当问题出现时作为备份选择；
(4) 与供应商发展一种紧密的长期的关系；
(5) 为降低风险，与供应商谈判一个可以保证的数量（例如每月采购量），并签署一份长期合同；
(6) 做一个"好顾客"。

2. 期望的瓶颈型项目供应商的特征

(1) 供应商应该是可靠的，并且不会以机会主义的方式做事，或者滥用其强势的议价地位；
(2) 供应商应该能长期供应需要的特定采购项目；
(3) 如果风险是来自于供应链中的上游，供应商应该具有足够的能力和很好的策略来应对它的上游供应商。

3. 瓶颈型采购品项的总体采购供应战略

瓶颈型采购品项的总体采购供应战略见表2-6。

瓶颈型采购品项的采购供应战略 表2-6

选择供应商数量	一个或两个
关系性质	做一个"好顾客"
合同类型	定期合同（合同有效期可能很长）
供应商类型	必须在企业面临最高风险的领域具有特别强的生产能力；不会滥用其有利的议价地位；将在长期内持续供应企业所需产品

六、关键型采购品项的采购供应战略

虽然关键型品项的支出水平与杠杆型品项的支出水平相似,但由于杠杆型品项拥有多个供应源而关键型品项一般是特殊物品且只能由相当少的供应商提供。因此,杠杆型品项的采购战略一般不适合关键型品项的采购战略。为降低风险和成本,采购企业需尽可能提高影响供应商的能力。在许多情况下,选择伙伴关系作为供应关系类型对于提高影响供应商的能力是非常有帮助的,但企业可能仅能同一个供应商形成伙伴关系,这是因为:

(1)伙伴关系需要投入大量的时间和精力,并且是基于信任基础上的;
(2)公司需要乐于与供应商一起紧密合作,共同分享信息;
(3)选择一个能同公司一起来发展竞争优势的合作伙伴;
(4)签订合同时,需要更多地表达长期合作承诺并且是陈述基本原则。

1. 期望的关键型项目供应商的特征

(1)具有财务上的稳定性和能持续维持的市场地位;
(2)理解并接受合作伙伴关系的含义;
(3)不伺机利用各种情景盘剥购买方;
(4)没有与公司的竞争者建立类似于关系的联系;
(5)有能力在中期或长期成为最低成本的提供者和技术领导者;
(6)具有一个与公司业务战略一致的业务战略;
(7)能够受益于与公司的合作关系;
(8)如果可能,能够降低任何上游供应风险。

2. 关键型采购品项的总体采购供应战略

关键型采购品项的总体采购供应战略见表2-7。

关键型采购品项的采购供应战略　　　　　　　　　　　表2-7

选择供应商数量	一个
关系性质	伙伴关系
合同类型	长期"伙伴关系"合同
供应商类型	在对企业来说属于高风险的领域必须具有特殊能力; 必须有能力在中期或长期成为最低成本提供者或技术领导者; 企业所需要的产品或服务必须是该供应商的核心业务; 供应商的商业战略必须与企业的商业战略保持很好的一致; 具有财务上的稳定性和能够长期保持的市场地位; 没有同企业的竞争者建立更进一步的关系; 不会滥用其优势地位对企业进行盘剥

七、采购供应战略示例

图2-9是某公司设计的采购供应战略。

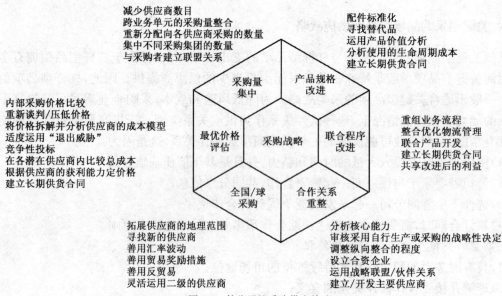

图 2-9　某公司的采购供应战略

思考与练习题

1. 由于当地的水果歉收，某软饮料有限公司面临着原料短缺的困难，公司库存不足，产品严重脱销，原料的品质也难以保证。

如果你负责公司的采购工作，你将如何解决公司当前遇到的问题？请给出你对采购工作的建议。

2. 某公司是一家化工产品制造商。从20世纪90年代开始，在亚洲地区的扩展不断加速。目前原料的采购日益不能满足需求，公司在最近和新客户进行的一项长期合同的谈判中，虽已进行了几个月，但仍未能达成一致意见，陷入僵局。

请给该公司提供一些目前解决困境的好建议。

3. 随着某政府采购制度不断深入，采购项目不断扩展，原各部门自行采购的项目，逐步纳入政府采购。教室用挂壁式搪瓷书写绿板就是其中具有代表性的一例，每年更新的绿板数量非常可观。政府根据此情况，决定改革原有的采购模式，实施集中采购。

试分析政府实施集中采购会带来哪些改变？

[案例分析]

1. A公司如何应对大客户的合作建议

背景资料：位于东海岸的印刷线路板制造商 A 公司董事长 Bill Jones 收到了一份来自 B 电子公司西南分部采购部门的合伙建议书。书中提到：B 公司刚刚与军方签订了一项为期三年的金额达到数亿美元的武器装备电子系统改造供应合同，希望我们之间的供应链关系能够进一步加强，在供应效率和成本方面做得更好。如果能这样的话，在今后的五年中 B 公司约有 9000 万美元的需求将交给 A 公司来完成。

A 公司凭借其高质量、快速交付、具有吸引力的价格，几年来的年增长率都在 20%。B 公司是A公司的第一个百万美元级的客户。在A公司目前4000万美元的销售额中，B公司西南分部占700万美元，B公司的其他分部占600万美元。

Bill Jones 及其下属都不太了解合作伙伴究竟是什么含义，也不知该如何答复。但 Bill Jones 知道，要想满足西南分部增长后的需求量，自己必须新建工厂，而且负责西南分部的全部供货将意味着自己要面临大量小批量专用线路板的生产需求，而A公司现有的规模是大中型。Bill Jones 很想知道，与B公司的供应链关系都有哪些形式？如果拒绝这个建议，是否会失去与西南分部或B电子公司其他分部的业务。

另一方面，如果接受，从自身利益出发，未来最好的合作方式是什么？他又将面临什么样的风险？他需要签订什么样的合同？合作伙伴关系对公司会造成什么样的影响？

请你提出应对B公司的合作建议。

2. 联合采购使A公司重获优势

A公司是一家家电零售商。但A公司近年来曾经非常头疼于自己的家电销售。由于要营造商业中心，其最大竞争对手B公司的店址被安排在了A公司的背后！两者间的距离仅十几米。

由于是新建，B公司有充分的余地来设计自己的环境。更为重要的是，它在门前建设了宽阔的停车场。这让A公司的优势立刻下降。这几年发展很快，汽车拥有量大幅度上升，特别是百货店的目标顾客群里，有相当数量的人是驾车购物的。而家电购物更需要大停车场的支持。当然，也由于是新建，B公司在一些经营细节上还稍逊于A公司。因此，同样是将家电部设在四层以上，但B公司销售一直赶不上A公司。B公司最后走出了非常明智的一步：将家电部从高层搬至一楼，在那里开辟了一块专业店形式的卖场。此举加上它的停车位，使得B公司家电销售直线上升。

A公司也想在最近的一次改扩建时在门前清出一块停车场，以吸引大件消费者，为保证卖场和仓库面积，必然要求楼体向后扩，但消防局通知：那样的话楼后的通道宽度将无法达标。因此，相对于传统零售业态的常规动作，A公司在管理方面的举措更加超前：它干脆将家电部分离出去，单独开展非独立核算的家电连锁专业经营。由于A公司是当地老店，加上资金方面有保障，因此其家电连锁方面的投资发展迅速，并得到稳定的顾客群——它事实上抄了竞争对手的后路，将大量家电消费者截断在该市中心商业区之外。

不过，仅靠A公司自己的实力，其采购量还达不到理想水平，于是A公司家电连锁开始与威海各区县、乡镇独立家电零售商沟通，结成联盟，一起向厂家进货。但由于观念的不同，独立零售商有的不愿意接受"联盟"的概念，于是A公司"变通方式"，提供了优惠的条件，向这些独立零售商以平进平出的价格供应家电产品，终于吸引了十几家结成同盟。同时它尽力发展自己在当地的批发业务，占据当地家电渠道主流，也保证了A公司拿到最优惠的价格。

试分析：(1)A公司是如何获得采购优势的？
(2)请根据该案例谈谈联合采购的优势。

3. A公司的可采购性设计策略

目前，电视制造行业面临两大难题：一个难题是LCD屏的供货资源十分不确定，而且LCD屏尺寸标准不统一，为了满足不同的市场需要，电视制造企业需要同时开发设计多套方案，为设计部门和采购部门带来了困难；另一个难题是电视行业技术变化更新快，如果电视制造企业的产品开发进度控制不当，很容易导致采购失误。为了解决这些难题，A公司加强了与供应商的协调和沟通，并结合企业自身的产品发展策略，采购部门、研发部门与供应商制订了可行的设计方案和采购计划。在执行可采购性设计策略的过程中，A公司设计部门、采购部门以及供应商都遵守"共同参与、定期协调、责任捆绑"的原则,保证了早期产品开发的进度和质量。可采购性设计策略使A公司与战略合作供应商建立了更紧密的联系,获得了更多的上游资源。但A公司仍存在诸多难题需要解决,如在早期的产品开发中,如何避免采购资源变更和采购价格浮动而使得整机利润和产品策略受到影响。

(资料来源:http://wenku.baidu.com/view/b994d78602d276a200292eab.html)

试分析:(1)标准化可以给企业带来哪些好处?

(2)如何实施供应商早期参与?

4. B公司的采购策略

B公司在世界范围内拥有120000家供应商,其中的20000家供应商被指定为第一选择,他们的数据被存储到B公司内部的电子信息系统中。为了确定采购活动的中心,B公司依据以下两个方面对这些供应商进行了分类:

供应风险。这是按照供应商的技术复杂性和实用性来衡量B公司对该供应商的依赖程度的标准。它要求询问:"如果这家供应商不能达到性能标准,那对B公司意味着什么?"对这一个特定供应商的供应风险的衡量标准包括如下因素:供应部有多大程度的非标准性?如果更换供应商,需要花费哪些成本?如果自行生产该部件,困难程度有多大?该部件的供应源的缺乏程度有多大?

获利能力或采购价值。影响B公司的供应商关系的底线的衡量标准是与该项目相关的采购支出的多少。

根据这两个方面的因素,B公司将采购品项分为以下四种类型,并确定了不同的采购策略。

(1)高科技含量的高价值产品。采用技术合作型的采购策略。其特点是:与供应商保持紧密关系,包括技术支持和共同负担研发经费;签订长期合同;共同努力实现标准化和技术诀窍的转让;加强质量管理和控制;建立电子信息交换平台,实现最优化的信息交流;在供应商技术瓶颈方面给予可能的支持。

(2)用量很大的标准化产品。采用储蓄潜能最优化的采购策略。其特点是:全球寻找供应源;开发一个采购的国际信息系统;在全世界寻求相应的合格供应商;任命受过国际化培训的最有经验并且最称职的采购人员负责该项目采购。

(3)高技术含量的低价值产品。采用保证有效率的采购作为采购策略。其特点是:质量审查和专用的仓储设施;保有存货和编制建有预警系统的安全库存计划;战略性存货;在供应商处寄售存货;特别强调与供应商保持良好的关系。

(4)低价值的标准化产品。采购策略是有效的加工处理,其特点是:通过电子系统减少采购加工成本;向那些接管部分通常的物流工作的经销商或供应商外购产品,如仓储,编制必备需量的计划、报告等;增加对数据处理和自动订单设置系统运用;即时制生产,运送到仓库,运送到生产线的手续;努力减少供应商和条款的数目。

在第四种分类中,B公司把首选供应商的地位授予了从80家经销商中选出的3家。这一安排规定了经销商将负责提供仓库、预测和保管存货、向B公司报告存货和用货量。

除完成采购职能的一般任务之外,B公司还有一个专设的团队进行采购营销。他们的一项主要职能就是使B公司成为潜在供应商的一个更有吸引力的客户。他们会以这种身份涉足市场研究,找出新的供应商并进行评估,还会与现有的供应商研究新的合作领域,这样做对双方的利益都有好处,例如,依照最节省成本的生产批量对订单要求的数量加以排列将会使双方获益。另外,供应商可能会应邀对B公司的产品设计和生产方法进行技术考察,目的是减少特殊部件的数量,同时增加标准件的数量,因为标准件更易于仓储和生产。通过这种方式,供应商提高了效率并且将通过提高效率带来的这部分利益传递给 B 公司,使它能够在自己的市场上进行有力的竞争。

(资料来源:http://wenku.baidu.com/view/b994d78602d276a200292eab.html)

试分析:(1)B 公司对采购物料是如何划分的?

(2)增加标准件采购可以给该公司带来哪些好处?

实训项目:

在你认为自己获得了"很好质量"的采购中,想出两个例子。是什么使你对这些采购的质量很满意?

第三章 如何编制采购计划

引例

小文买了一套新房,决定好好装修一下,他需要加装一个防盗门,于是请了做防盗门的师傅上门来量身定做。师傅认真测量完相关尺寸和门页开的方向后,便问了小文一个专业术语:是外开还是内开? 小文并不懂这一专业术语,想当然地认为这是问安装什么样的锁,便回答道:内开,还解释说,里面不需要钥匙就可以直接开,外面进门必须要用钥匙才能开。在房内装修已经结束时,防盗门如期而至。但令小文没有想到的是,门页是向房间里面的方向开的,这样的防盗门装上去根本就无法开门,这与小文之前理所当然认为的门页应该向外拉开的方式是完全不吻合的,而此时房间里面全部已经装修完毕,要么已经包好的门套必须拆了重新装修,要么门就得重新制作。无论采用哪种方式,小文都面临着损失。

明确需求是采购计划制订的关键。学习本章内容,可以帮助我们(但不仅仅局限于)在以下知识和技能方面得以提高:

◆了解采购计划编制的基本作业流程;
◆掌握制订采购计划表需要明确的哪些方面的问题以及如何明确;
◆掌握采购数量的确定方法;
◆能进行采购计划的制订工作。

第一节 采购计划表及采购表单

采购计划是指企业管理人员在了解市场供求情况,认识企业生产经营活动过程和掌握物料消耗规律的基础上,对计划期内物料采购管理活动所作的预见性的安排和部署。它包括两方面的内容:一是采购计划的制订;二是采购订单的制订。

一、采购计划表

一般的采购计划表,如表3-1所示。

采 购 计 划 表　　　制表日期：　　　　　表 3-1

料号	品名规格	适用产品	上　　旬		中　　旬		下　　旬		库存量	订购量
			生产单号	用量	生产单号	用量	生产单号	用量		

通过采购计划表可以明确以下内容：

(1)品名规格,即需要什么。

(2)适用产品和生产单号,即什么地方需要,有什么功能要求。

(3)用量,即需要的数量。

(4)库存量,即目前企业已拥有的资源情况。

(5)订购量,即企业还需要的资源数量。

通常来说,订购量的多少可以用如下公式来描述：

某资源订购量＝该资源需求量－(该资源库存量＋在订购期内预计可到达的资源量－已分配使用量－安全库存量)

编制采购计划的基本作业流程为：

营业部于每年年度开始时,提供主管单位有关各机型的季度、月度的承接订单或销售预测。销售预测必须在经营会议通过,并配合实际库存量、生产需要量和现实情况,由生产管理单位编制每月的采购计划。

生产管理单位将编制的采购计划副本送至采购中心,据此编制采购预算,经经营会议审核通过后,再将副本送交管理部财务单位编制每月的资金预算。

营业部门变更销售计划或有临时决策(如紧急订单),应与生产单位、采购中心协商,以排定生产日程,并且修改采购计划及采购预算。

二、请购单(Purchase Requisition)

1. 请购单证

请购单证为采购作业的起点,通常由使用单位、生产管制单位或扩建专案小组等签发。其内容主要载述所需申购物料的名称及规格、料号、请购数量、需要日期、用途等,并涵盖请购、采购、验收三种签核流程。此种一单多功能的请购单,通称为"物料管制单",请购单(1)、请购单(2)见表 3-2、表 3-3。

请 购 单(1)　　　　　　　　　　　　　　　　　　　　　　　表 3-2

请购单编号
填日期　　年　　月　　日
需用日期　　年　　月　　日

请购内容	品　名	材料编号	规　格	单　位	数　量	交货地点	分批交货方式

参考资料	通知单号码		说明事项			
	预估(库存)单价	本通知单需用量		厂　长	主　管	请购人
	库存量	可用日数				
	请购未到量	可用日数				

	厂商	1	2	3	采购拟办		使用单位意见
	总价		总经理				采购
	附注						

验收记录	交货日期	验收编号	交货量	剔退及短缺量	实收合格量	单价	总价	实收累计量	检验人	经收人

请 购 单(2)　　　　　　　　　　　　　　　　　　　　　　　表 3-3

请 购 单

申请部门_____　　　　　　编号_____
预算额_____　　　　　　日期_____

需要数量	单位	描述

需要时间_____
遇有问题时通知_____
特殊发送说明_____
　　　　　　　　　　　　　　　　　　　　　　　　　　　申请方

说明：一式两份，原件送采购部门，申请者保留文件副本

按惯例，一份采购申请中只能出现一项要求，对标准化的项目而言尤其如此。由于用途不同，请购单(物料管制单)至少有两联(份)，通常有数联(多份)，用不同颜色加以区分，以利分发

传送。第一联又称准购单,由采购单位留存,作为日后稽催的依据;第二联又称验收单,由会计单位留存,作为付款凭单;第三联又称验收单副联,由电脑中心留存,作为登记资料的依据;第四联又称采购通知单,由请购单位留存;第五联又称验收单物料联,由料务单位留存;第六联又称请购单,由请购单位在开发时留存,为将来查询追踪时使用。

2. 采购申请的传递处理程序

(1)采购部门确认谁有权提出采购申请。如果申请的提出人不是被特别指定的,采购部门绝不能接受其提出的采购申请。

(2)核实采购申请。请购数量应该基于预期的需求,而且要考虑经济订货批量;要求的发货日期应该足以进行必要的报价确定和样品检验、发出采购订单和收货等工作,如果所给时间不充足,或是需求日期将造成成本增加,这些都应及时提醒申请人加以注意。

(3)在采购申请上打上时间标签,在每个申请上都要附上对应的规格卡,为了提供相关信息,采购员要在所有的合同项目上进行标注,采购申请上要注上"合同"字样,以及订单将发往的公司名称、价格、条件、FOB发货点、总价值和支付日期。

(4)发出询价单。当申请采购的项目不曾被公司采购过,就要发出询价单,采购部门在采购申请的背面列出可能供应商的名单,将经核查和签字后的公司标准的询价单以邮寄或传真的方式发往可能的供应商,表3-4为询价单示例。

产品询价单示例 表3-4

产品询价单
编号
_____单位_____先生
一、本公司因业务需要拟向贵公司洽购下列物品,请速予报价,将作进一步联系。
物品名称_____ 数量_____ 规范及品检说明_____。
二、来函或来电请洽本公司采购部先生_____ 电话:_____,并请惠示贵公司联络人员_____及电话_____。
三、附件:
采购部
年 月 日

(5)下采购订单。当不同的供应商报价到达采购部门以后,它们会被填到报价表中,然后由采购部门决定和哪个供应商做生意,将准备好的采购订单发给选定的供应商。

三、订购单(Purchase Orde, PO)

表 3-5 为订购单示例。

订 购 单 示 例 表3-5
某石油化学公司订购单

	订购单 Purchase Order	编号 ORDER NO：_____
Vender-ID：		订购日期： DATA：_____
交货地点 SHIPPED TO：_____		预定交货日： SHIPPED ON：_____
		交易条件(分批交货)： PARTIAL SHIPMENT：_____
		交货方法： SHIPPING METHOD：_____
		付款条件： PAYMENT TERM：_____

序号	统一编号 Control No.	科号 Code No.	名称/规格 Description/Specification	单位 Unit	数量 Qty	单价 U/P	金额 Amount
合		计	TOTAL				

兹同意依照本订购单所述条件交货
Shipments are to be effected in accordance with the terms stated herein

签认 Accepted by _____   职称 Title _____   签章 _____
Aytgiruzed
Sugbatyres

日期 Date _____

签认联 Acknowledgement _____

当采购单位决定采购对象后,通常会寄发订购单给供应商,以作为双方将来交货、验货、付款的依据。国际采购因双方沟通不易,订购单成为确认交易必需的工具。国内采购可依情况决定是否给予供应商订单。由于采购部门签发订购单后,一般会要求供应商签署并寄回才生效;如果未要求供应商签署并寄回,这实际上形成了买方对卖方的单向承诺,这对买方可能产生不利的影响,却能使卖方安心交货,甚至可获得融资便利。

订购单内容特别侧重交易条件、交货日期、运输方式、单价、付款方式等。因用途不同,订购单可分为:厂商联(第一联),作为厂商交货时的凭证;回执联(第二联),由厂商签认后寄回;物料联(第三联),作为控制存量及验收的参考;请款联(第四联),可取代请购单第二联或验收单;承办联(第五联),制发订购单的单位自存。

通常在订购单的背面,会有附加条款的规定,也构成订购条件的一部分,其主要内容包括:
(1)交货方式:如新品交货,附带备用零件,交货时间与地点等规定。
(2)验收方式:如检验设备、检验费用、不合格品退换等规定,超交或短交数量的处理。
(3)罚则:如迟延交货或品质不符的扣款、停权处分或取消合约等相关规定。
(4)履约保证:如按合约总价百分之几退还或没收的规定。
(5)品质保证:如保用或保固期限,无偿或有偿换条件等规定。
(6)仲裁或诉讼:如买卖双方的纷争,仲裁的地点或诉讼的法院。
(7)其他:如卖方保证买方不受专利权侵害的控诉。

第二节 采购需求的描述

在物料采购过程中,物料需求是整个采购工作中的操作对象。明确企业采购需求,一方面为企业进行采购提供依据;另一方面,是向供应商提供满足企业需求所需要的信息。

采购员或采购经理精通如何描述需求也是非常重要的。含混不清或错误的需求描述将导致:
(1)产品或服务供应的中断或延迟。
(2)产生多余的产品或额外成本。

采购需求描述主要由以下五个方面的要素构成,如图3-1所示。

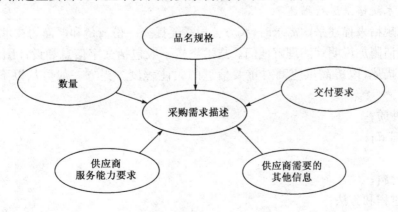

图3-1 采购需求描述构成图

一、品名规格

在采购过程中对需要采购什么作出准确的描述，以清楚明了的方式将信息传递给供应商，确保供应商所供应的物料是采购方所需要的。对所需采购的物料的品名规格描述有以下几种方法：

1. 利用商品的品牌和商标名称来进行描述

品牌或商标名称是产品规格的简单形式。品牌加上特定的型号信息，将足以向供应商传达所需的采购信息。

利用品牌和商标名称来进行描述，将会对应着某一特定生产制造供应源，具有描述精确、简洁和沟通清晰的特点，质量一般可以得到信赖。

利用品牌和商标名称来描述需求有以下不足：

（1）在资源紧张的时候，会造成资源的可得性差和将其他品牌和商标的供应商排除在外，减少了资源供应渠道，竞争受到限制；

（2）品牌化产品一般比非品牌产品更贵；

（3）供应商可能在未改变品牌或未同客户沟通的情况下私自改变明细规格需求。

2. 利用商品编码来进行描述

商品编码具有唯一性，因此采用商品编码来描述需求的物料可以十分准确地确定供应方需求。

3. 利用样品来进行描述

通常对于那些难以描述或不展示实物给供应商就难以描述的产品和设计等的情况时，使用样品来描述采购需求，如布料产品的布质要求。

利用样品具有以下优势：

（1）当产品难以描述时，样品可以让供应商了解具体需求是什么；

（2）样品可以让采购方在购买之前了解这种产品的适用性和性能。

利用样品的不足：

采购方需要确保实际供货与样品完全一样，但当供应商能提供优于样品的产品时，样品就制约了供应商为采购方提供质量更优的产品。

4. 利用技术规格来进行描述

利用技术规格来描述采购需求时，买方公司需要提交一份清楚和严谨的技术规格，以便供应商无需要任何附加说明就能理解他们。技术规格一般包括文字信息和设计图纸两部分，避免过多的文字描述，以提高供应商对重要信息的关注程度。买方一般可从以下方面来进行描述：

（1）物理性质；

（2）设计细节；

（3）公差；

（4）使用材料；

（5）生产过程和方法；

（6）维护要求；

(7)操作要求。

例如:DDS45-BP 型打印机技术规格见表 3-6。

DDS45-BP 经济型打印机技术规格 表 3-6

DDS45-BP 经济型	
打印速度	A4 单面打印:45 页面/min；A4 双面打印:45 页面/min A3 单面打印:22 页面/min；A3 双面打印:16 页面/min
打印机控制器	300MHz RM7000A RISC CPU
打印机内存	标配 64MB,可扩展至 320MB
打印分辨率	600×600 dpi,配合边界平滑技术可达到 1200×1200 dpi
打印机仿真语言	纯正 Adobe PostScript Level 3、PCL5e、PCL6、TIFF 及 RPCS 智能打印仿真
月吞吐量	25 万页(A4 页面)
双面打印器	标准配置,由打印机驱动过程控制进行双面打印
开机启动时间	25s 或更短
首页打印时间	6s 或更短
打印机接口	10/100Base-TX 网络打印服务器及 IEEE1284 并行打印接口
打印机驱动程序	Windows 95/98、Windows NT4、Windows 2000、Windows XP 及 MacOS 8.6 以上
打印机内置硬盘	选配内置 10GB 硬盘驱动器
纸张处理	
打印纸重量	多功能入纸器:52～163g/m²； 标准入纸器/扩展入纸器/大容量入纸器:64～105g/m²
标配入纸器	1050 页总装纸量 1×50 页多功能入纸器 2×500 页标准入纸器
标配出纸器	500 页顶部出纸器
物理特性	
尺寸	670 宽×640 深×560 高(mm)
重量	约 63kg
消耗品	
碳粉瓶	寿命 37500 页
维护组件	
硅鼓/显影器模块	寿命 15 万页
热定影器和转印模块	寿命 15 万页
电气指标	
电源	220/240V,50/60Hz,10A 单相交流电
耗电量	节电模式:≤10W;工作耗电:≤900W;最大耗电:≤1.5kW;符合能源之星标准

通常在以下场合需要详细明确技术规格：

(1)买方具有专业设计技能，但是供应商没有；

(2)买方希望采用一种内部已经开发出来的特殊的设计并需要与供应商沟通；

(3)采购的物品或设备具有复杂性。

利用技术规格具有如下优势：

(1)技术需求确切地定义了采购方的需求；

(2)采购方可以利用规格来核实被供应的物品是否满足所有要求；

(3)利用技术规格的劣势；

(4)制订技术规格可能需要有相当的人力投入，并要求有专家参与；

(5)高水平的规格可能要求供应商设计定制产品，在标准化产品几乎不作任何调整就能满足需要的情况下，定制产品将大幅度增加成本；

(6)技术规格可能限制了能确保供应的供应商数目；

(7)未达到所要求绩效的设计风险将由购买者承担，因为供应商只是简单按采购方的设计进行生产。

5. 利用构成规格来进行描述

当物料的特性决定于物料的构成成分或者对某构成成分有特殊要求时，一般是从其化学和物理性质方面进行描述，如纯度、密度、成分、添加剂等。

利用构成规格来描述需求具有如下优势：

(1)构成规格非常严谨和明确；

(2)采购方利用这种规格确定所供应的产品能否满足要求。

但利用构成规格来描述需求需要具有专业知识的人员制订，而对构成规格的认证通常需要特殊的测试设备。

6. 功能和性能规格

功能规格通常描述采购产品所要执行或达到的功能；而性能规格通常描述有关如何更好地达到这种功能的附加要求。例如，功能规格可能要求热水瓶具有保温的能力；而性能要求则包括附加的要求，如要求热水瓶24小时内温度不得降低5℃。

性能规格包括：

(1)要达到什么功能；

(2)对产出的特殊水平(如生产出来的产品性质和数量，要达到的速度和施加的压力等)；

(3)过程输入(即将投入生产或运行过程的产品，如原材料、零部件等)；

(4)操作环境，包括公用设施要求细节(如电压、效率、水压等)；

(5)界面细节(比如与现有的系统或过程的相互连接，如IT系统)；

(6)质量水平；

(7)安全等级；

(8)所需维护与服务的最高等级；

(9)最短时间，如仪态机器正常运转的最短时间；

(10)达到所需产出水平的最高成本。

在某些场合为了确保交付的产品与预期的一致，可能还需慎重地明确检测和检验要求。

检测和检验方法很多,如:
(1)在设计阶段进行的考察或审批的有关质量保证文件;
(2)过程检验;
(3)在生产结束、装运或交货前检测;
(4)在接收货物、安装或试运转时进行验收。

检验的要求包括:
(1)样品的选择与准备;
(2)检测方法;
(3)使用的检测设备;
(4)验收的范围和标准;
(5)指定的独立的权威机构。

> **知识链接:产品规格信息的来源**
>
> (1)公开出版发行的资料,如专业性行业期刊或名录、"技术发展水平"的调查报告、技术手册、消费者报告(对于有品牌的产品)以及专利注册;
> (2)业务联系,如供应商和其他采购方;
> (3)交易会、展览会和专题座谈会;
> (4)技术研究机构、政府机关和国际组织。

二、交付要求

交付要求主要包括交货方式和交期、交货地点、运输方式和包装形式等内容。

1.交货方式和交期

交货方式是指所订购的物料是一次性交货还是分次交货,交期是指交货的具体时间。为保证及时交货,采购前置期的确认和科学地设定是非常重要的。供应商所需的前置期越短,越有利于保证供应。

2.交货地点

供应商的前置期取决于交货的地点。在其他条件相同的情况下,交货地点越远,所需设定的前置期越长。

3.运输方式

运输方式会影响前置期和采购成本。在前置期不能再压缩的情况下,采购方为保证及时交货,需要对运输方式做出明确的规定。例如,空运比海运速度快,但运输成本往往比较高。故在其他条件相同的情况下,选择所需前置期较短的供应商对采购方比较有利。

4.包装形式

运输方式会影响货物损害程度,货物损坏可能导致货物与采购要求的品质不符。为使运输中货物损害的风险降到最低,同时考虑降低采购成本的要求,采购方需要对包装的形式做出详细的规定。

三、供应商服务能力要求

主要是供应商对所采购方订单的响应能力、技术支持、维护和修理服务等方面的要求。

1. 供应商对所采购方订单的响应能力

主要表明采购方对供应商的服务水平要求。通常可以通过供应方是否有专职人员来处理采购方的需求和问题、对采购方的需求能否在很短的时间做出快速的响应来加以明确。

2. 技术支持

当采购的是技术复杂的机器设备时，供应商是否能提供安装调试和技术培训？对此一般在采购订单或采购合同中需加以明确。

3. 维护和修理服务

主要是指当供应商接到机器发生故障通知后多长时间可以赶到进行修理，或者可否保证提供关键零部件及送达采购方所需要的时间。

四、其他信息

其他信息主要是为了方便采购方与供应商之间的沟通而需要明确的联系方式，主要包括技术联系人、采购联系人、财务联系人及其联系方式。

第三节 采购数量的确定和采购订单的制订

不同的需求类别，数量确定的方法有所不同。基于需求和产品形成过程的特性，可将需求分为生产性采购和非生产性采购。

生产性采购：指企业最终产品的直接组成部分的物品采购，或直接介入生产过程的产品的采购，比如材料、零部件和生产设备。该采购需求一般是由企业外部对本企业产品需求的拉动产生的。

非生产性采购：指那些既不构成企业最终产品的直接组成部分，也不是生产过程中所使用的产品或服务的采购，包括非生产性机器设备，维护、维修和运营（MRO）品项（如备件、工具和燃料）以及所谓"白领"用品（即办公室用品）。该采购需求通常建立在内部计划（如新投资、项目等）基础上，因此更易于公司直接控制和安排预算，相对生产性需求而言，更易于进行预测。

一、采购数量的预测方法

（一）需求的特性

了解需求的特性，对于较准确地确定预测需求数量十分重要。按需求的特性可分为连续需求和间断需求。如果需求是连续的，我们可以利用一系列历史数据对未来的需求进行预测，但如果是间断的，则不能运用相应的预测方法对其需求数量进行预测。

连续需求通常有以下四种表现形式：趋势性、周期性波动、季节性变化和随机性变化。

1. 趋势性

趋势性需求如图 3-2 所示，图 3-2a) 反映了需求基本稳定，围绕着某一数量略有波动。在该种情况下,波动的轴线是在对未来需求数量的预测时所需要掌控的;图3-2b)反映了需求呈上升的趋势;图3-2c)反映了需求呈下降的趋势。在确定未来需求时,需要考虑这一趋势才能比较准确地进行预测。

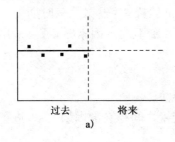 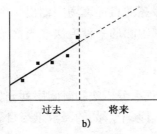 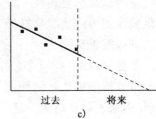

图3-2 需求变化呈趋势性变化图

2. 周期性

需求随着商业周期(例如经济增长或衰退)和产品生命周期等因素的变化,呈现出周期性的增长或降低的趋势,如图3-3所示。

3. 季节性

由于受季节性因素的影响,需求会在一段时期内(例如在某几小时、天、周、月、季、年)出现高于或者低于平均水平的情形,如图3-4所示。需求季节性变化的因素主要有:天气情况、经常性事件(如假日、春节、财政年度的开始或结束)等。

4. 随机性

需求受某些未知因素的影响而发生不规则变化,如图3-5所示。

需求预测的方法主要针对的是需求变化的规律,而不是偶然性的随机变化。

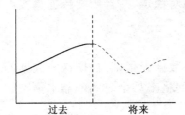 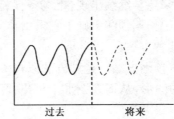 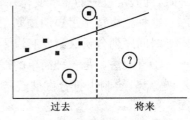

图3-3 需求变化呈周期性变化图　　图3-4 需求变化呈季节性变化图　　图3-5 需求变化呈随机性变化图

(二)需求量的预测分析法

如果已签订了销售产品或服务的合同,则可以根据签订的合同、BOM和企业库存情况,确定要采购物品的数量和品种。但在大多数情况下,并不能准确地知道某一物品的需求情况,因此有必要使用某种方法对物品的需求进行预测。

1. 专家意见法

专家意见法一般有以下两种形式。

(1)情景分析法:是指专家小组成员根据假定的条件,指出最有可能出现的需求情景。其结果包括最好的和最差的情况以及在两者之间最有可能出现的情况。

采用情景分析法制订供应计划时,要注意避免专家之间的相互影响。

(2)德尔菲法:是指专家小组成员在互相独立的情况下,以匿名的方式分别进行需求预测,然后将各个成员的意见进行比较,再对不同之处进行讨论,最终达成一致结果。

专家意见法通常适合于在没有历史数据或环境变化很快、历史数据不能反映未来需求趋势的情况。例如,技术发展很快或产品处于生命周期的引入期时可以采用专家意见法。

2. 市场测试

市场测试是指公司在产品或服务的目标市场中抽出一个试验样本,根据某一时期内对其进行试验性销售的情况来进行需求预测的一种方法。当面临大量不确定因素时,可以采用这种方法进行需求预测。

3. 定量分析法

定量分析法主要有两种:因果关系分析法和时间序列分析法。

(1) 因果关系分析法。是指通过某个产品的需求量与自变量之间存在的因果关系,进行分析预测的一种方法。

例如:

① 预期在报纸上刊登的广告数量和某些会增加报纸发行量和版面的特定事件(例如体育竞赛),会影响到新闻报纸的需求。

② 天气预报对大范围内冷空气的报道将会影响到冬季服装需求水平。

③ 一种产品销售价格的降低在一定程度上很可能导致对这种产品需求的增加。

因果关系分析法的主要方法是线性回归分析法。

如果可以准确地分析出影响需求的变量以及它们对需求的影响程度,并且这些因素本身是可靠的,这种方法就能够很精确地预测到将来很长时间内的需求。

(2) 时间序列分析法。是指对过去需求数据(即过去一段时间内采购的数量)利用一系列的方法进行分析,最终确定一个需求预测值的方法。这种方法假定将来的需求模式同过去的一致,即假定过去的需求变化在将来还会继续出现,市场条件相对稳定,并且历史数据真实可靠。这种方法常用于短期预测,在中长期预测中则不宜采用。

时间序列分析法主要有以下几种方法:

① 直观法。是一种简单的需求预测方法。这种方法以过去数据为基础,根据这些数据的发展趋势,绘制出符合发展趋势的图形,从而在图形上可以找到将来某个时间的需求值。如图3-6所示。

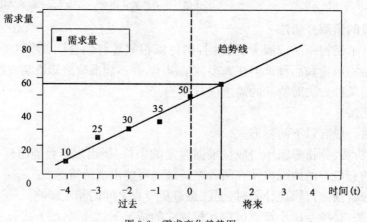

图3-6 需求变化趋势图

直观法的应用步骤：

a. 以时间为横坐标,以需求量为纵坐标,画一个直角坐标系；

b. 将历史数据以画点的形式在该二维坐标系中表现出来；

c. 根据历史数据,画出需求波动的趋势线；

d. 做经过需预测的时点、与时间轴垂直的一直线,并与趋势线相交,得到一交点；

e. 该交点所对应的需求量即为在该时点的预测需求量。见图3-6,可预测得到下期的需求量约为57个单位。

直观法适应于趋势比较明显的情况。

②移动平均法。移动平均法是一种基础的数学预测方法。这种方法以设定的若干时期为计算期(如以最近12期为计算期),每次通过吸收新一期的数据,删除最早一期的数据,使计算期向前推移,并求出该期间内时间序列的平均值作为下一期的预测值。由于移动平均法没有考虑需求的趋势,在需求具有上升或下降趋势时,利用该方法进行预测,其预测值将会小于或大于实际需求,因此,移动平均法适用于需求模式比较稳定的情况。

③移动加权平均法。移动加权平均法同移动平均法差不多,只是给予每个数据一定的权重。由于越靠近预测期的数据对预测期数据的影响越大,故一般给予靠近预测期的数据比较大的权重,而离预测期远的数据权重小。这种方法侧重于近期的数据,如果需求呈增长或减少趋势时,采用这种方法可以提高预测的准确性。

④指数平滑法。指数平滑法与移动平均法相同,只是权数是从指数系列中选取。与加权移动平均法相比,指数平滑法不再需要重复计算每期的预测值。

利用这种方法进行下期预测的公式如下：

$$下期预测值＝上期预测值＋\alpha(上期预测误差)$$

其中：$0<\alpha<1$。

指数平滑预测值依赖平滑常数α的选择。α的大小选择主要取决于预测者对未来变化的判断。一般来讲,α越大,预测值的响应性越强,α选得越小,则稳定性较大。

表3-7为运用指数平滑法预测某物品的需要量的计算过程表。

指数平滑法预测某物品的需要量　　　　　　　　表3-7

月　份	需求量观测值	指数平滑值		
		$\alpha=0.1$	$\alpha=0.5$	$\alpha=0.9$
1	3000			
2	2879	3000	3000	3000
3	3121	2988	2940	2891
4	2865	2955	2799	2681
5	2867	2896	2582	2397
6	3100	2893	2724	2820
7	2854	2914	2912	3072
8	2989	2908	2883	2876

续上表

月 份	需求量观测值	指数平滑值		
		$\alpha=0.1$	$\alpha=0.5$	$\alpha=0.9$
9	2732	2859	2651	2465
10	2900	2846	2692	2705
11	3156	2852	2796	2881
12		2913	3129	3404

预测需求量＝上期预测值＋（上期观测－上期预测值）×α

假定我们预测是准确的，那么2月份的预测值即为1月份的观测值。

现以 $\alpha=0.9$ 为例，运用指数平滑法来计算3月份的预测值：

3月份需求量＝2月份预测值＋（2月份的观测值－2月份的预测值）×α＝3000＋（2879－3000）×0.9＝2891（取整）

我们将上述结果作一个图，来看看选择不同的α对结果的影响（图3-7）。

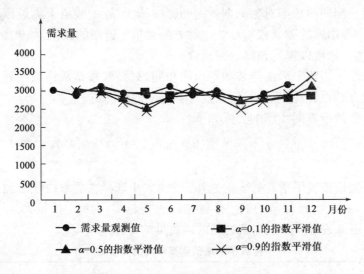

图3-7 不同平滑常数时预测值的变化

从图3-7可以看出：α越大，预测值的响应性越强；α选得越小，则稳定性较大。

（三）需求预测的步骤

需求预测的步骤如下：

第一步：数据的收集。数据的收集与分析是进行预测分析的基础。主要收集过去的需求数据及影响需求的变量。收集多少期数据对预测值有着较大的影响。

第二步：分析收集的数据。对收集来的数据还需要分析，剔除那些因为特殊情况而不能反映基本变化趋势的数据。

第三步：选择预测模型，进行预测。为保证预测能反映最新情况，有必要进行经常性的更新，一般情况，预测结果每月更新一次。

二、采购量的决定过程

1. 生产计划

由销售预测,加上人为的判断,便可拟订销售计划或目标。这一销售计划,表明各种产品在不同时间的预期销售数量;而生产计划即依据销售数量,加上预期的期末存货减去期初存货来拟订。

2. 用料清单表

生产计划只列示产品的数量,并无法直接知道某一产品需用哪些物料,以及数量多少,因此必须借助用料清单表(BOM)。用料清单表是由研究发展或产品设计部门所拟订的,内容则是各种产品由哪些材料所制造或组合而成。根据此表可以精确计算制造某一种产品的用料需求数量。用料清单表所列的耗用量,即通称的标准用量,与实际用量相互比较,作为用料管制的依据。

图3-8 P_2 产品的BOM图

用料清单表示例如图 3-8 所示,表示每一个 P_2 产品由一个单位的 R_1 原材料或零部件和一个单位的 R_2 原材料或零部件构成,如果需要生产 100 个 P_2 产品,则需要 R_1、R_2 原材料或零部件各 100 个单位。

3. 存量管制卡

若产品有存货,则生产数量不一定要等于销售数量;同理,若材料有库存数量,则材料采购数量也不一定要等于根据用料清单表所计算的材料需用量。因此,必须建立物料的存量管制卡,以表明某一物料目前的库存状况;再依据数量,然后才开具请购单,进行采购活动。

4. 制订订单计划

此项工作需要考虑两方面的内容:订购的数量及谁有能力接受订单。其基本流程如图3-9所示。

(1)确定供应商可接受订单容量

计算物料采购订单容量是采购计划的重要组成部分。只有准确地计算订单容量,才能对比需求和容量,经过综合平衡,才能较准确地制订订单计划。计算订单容量主要有以下四个方面的内容。

①分析采购项目供应资料。物料采购计划人员只有掌握供应商的物料供应,才能在下达订单计划时做到心中有数。

图 3-9 制订订单计划流程图

②计算总体订单容量。总体订单容量是指在一定的交货时间内,几个不同的供应商所能够提供的某种物料的总和。总体订单容量一般包括两方面的内容:一是可供给的物料数量;二是可供给物料的交货时间。例如:供应商 A 公司在 8 月 31 日之前可以供应 3 万个特种轮胎(其中 A 型 2 万个,B 型 1 万个),供应商 B 公司在 8 月 31 日之前可以供应 5 万个特种轮胎

(其中 A 型 2 万个,B 型 3 万个),那么 8 月 31 日之前 A 型和 B 型两种轮胎的总订单容量为 8 万个,其中,A 型轮胎的订单容量是 4 万个,B 型轮胎的订单容量为 4 万个。

③计算承接订单容量。承接订单容量是指供应商在指定的时间内已经签下的订单量。例如:供应商 A 公司在本月 30 日之前可以供给 4 万个特种轮胎(其中 A 型 2 万个,B 型 2 万个),则该公司已经承接 A 型轮胎 2 万个,B 型 1 万个。但有时供应商各种物料容量之间可以借用,并且存在多个供应商的情况下,其计算就比较复杂。

④确定剩余订单容量。剩余订单容量是指某物料所有供应商群体的剩余订单容量的总容量。

例如,供应商 A 公司的总体订单容量为 5 万个,已经承接订单容量 2 万个。供应商 B 公司的总体订单容量为 4 万个,已经承接的订单容量为 3 万个,供应商群体的总体订单容量为 5+4=9 万个,已承接订单容量为 5 万个,则物料剩余订单容量为 4 万个。

(2)制订订单计划

制订订单计划主要包括以下四个方面的内容。

①对比采购需求与供应容量。这是制订订单计划的首要环节,只有比较物料需求与供应容量的关系才能有针对性地制订订单计划。如果经过对比,发现物料需求小于供应容量,则无论需求多大,供应容量总能满足需求,企业可以根据物料需求来制订订购计划;如果供应商的容量小于企业的物料需求,则要求企业根据容量制订合适的物料需求计划,这样就产生了剩余物料需求,需要对剩余物料需求重新制订认证计划。

②供需综合平衡。供需综合平衡是指综合考虑市场、生产、订单容量等要素,分析物料订单需求的可行性,必要时调整订单计划,计算订单容量不能满足的剩余订单需求。

③确定余量认证计划。在对比物料需求与供应容量的时候,如果供应容量小于物料需求,就会产生剩余需求。对于剩余需求,需要交给认证计划制订者进行处理,并确定能否按照物料需求规定的时间进行交货。

④制订单计划。这是制订采购计划的最后一个环节,订单计划做好之后,就可以按照计划进行采购工作了。一份订单包含的内容有下单数量和下单时间两个方面。它们的计算公式分别为:

下单数量=生产需求量-计划入库量-现有库存量+安全库存量

下单时间=要求到货时间-认证周期-订单周期-缓冲时间

(3)编制请购单

完成请购单的填写工作,如表 3-8 所示。

(4)下达采购订单

①采购部收到 PMC 的《物料采购申请单》和生产排期后,应制作采购订单。采购订单的内容应包括但不限于下述内容:供应商名称、供应商/本公司联系人电话及传真、物料名称、物料规格、数量、交货日期、物料编号、成品型号、订单编号、交货地点、价格等。采购订单制作完成后,交采购主管审核工厂经理批准。

②采购订单的发出。批准后的采购订单盖上回传章后再传真给相关供应商。供应商接到本公司采购订单后应对订单上的内容进行确认,确认无误后应回传给本公司。本公司在采购订单发出两天后应打电话向供应商确认,如供应商回复不能接受订单上的要求,则应与供应商商讨解决或另找其他供应商。

表3-8

请 购 单

岗位/场地：		申请人：		技术员：		发货地址：		请购单编号：	
		姓名：_____ 分机号：_____		姓名：_____ 分机号：_____		_____		订单号：_____	
申请类型		签名：_____ 日期：_____		签名：_____ 日期：_____		联系人：_____		前期订单号：_____	
□ 新购物品		部门/科室_____		要求检验：		电话：_____		无定额合同号：_____	
□ 仪需报价				□ 是 □ 否		传真：_____		要求交货日（日期）：_____	
□ 长期供应订单				若是，细节：_____		电子邮箱：_____			
最大价值_____									
起讫日期_____									

序号	物品代码	每年的预计用量	续订库存	数量	采购单位	物品/服务特征	预计成本	
							单价	合计

要求的用途/厂区地址：_____ 工厂工位号：_____

成本分配

预算线_____ ％ 总预计成本：_____

建议供应商：_____ 预算年度：_____ 采购审批人：

财务/预算主管对提供资金的确认：_____ 姓名：_____ 分机号：_____

签名：_____ 日期：_____

□ 批准此申请 库房管理员确认：_____ 超越以上审批人权限时，有效审批人：
□ 单一投标者 采购部门确认：_____ 姓名：_____ 分机号：_____

原因：_____ 签名：_____ 日期：_____

第三章 如何编制采购计划

供应商应及时把物料的生产、品质情况传达给采购部,采购部也需向供应商了解物料的相关情况,对不能按期交货等异常情况应及时向 PMC 等部门传达。

③订单的更改。当本公司对已发出的订单内容进行修改时,须将修改后的订单经采购主管审核工厂经理批准后重新传给供应商,并作废原订单,供应商收到本公司的更改订单后,应对订单修改内容进行评估,并将接受的订单回传给本公司。如不能接受则应与之协商解决。

当供应商对已接受的订单内容进行更改时,须向采购部询问是否可以修改订单要求,采购须与 PMC 或其他部门(如工程、品管)沟通,了解是否可以接受供应商提出的要求并回复供应商结果。

5. 请购、验收、付款的流程

请购、验收、付款流程如表 3-9 所示。

请购、验收、付款流程　　　　　　　　表 3-9

类　　别	请购单位	仓　储　组	采购单位	上级单位	会　计　室
请购	1 填写请购资料 ——请购单	2 填写请购库存资料	4 填写询价资料,并统一编号 6 将请购单各联分送有关单位(1、2 联暂自存;3、4 联暂存仓库)	3 经各级主管部门核准后送采购部门 5 上级主管部门依权限办理准购	7 请购单验收及资金准备
验收付款		8 填写验收资料后,将 3 联及发票送采购	9 在 1、2、3 联盖章验讫后,将来联及发票转会计		10 凭 3、5 联及发票做账 11 付款核准 12 付款后 3、5 联存档

第四节　物料获取方式的选择

一、获取方式

物料获取方式是指企业围绕即可由内部又可由外部获得的零部件、服务的获取方式进行选择决策。内部获取主要是指通过企业自行组织生产而获得,即自制;外部获取主要是指通过采购或外包生产的方式获得所需的零部件或服务的方式。

1. 自制

通常在以下情况下企业会选择自制的获取方式:

(1)物料需求较少,且生产的特殊性造成供应商少;

(2)对该物料质量要求高、特别,导致供应商难以满足本企业的需求;

(3)需要对本企业的专有技术或专利实施保护时;
(4)自制成本比外购低时;
(5)为避免被供应商控制时;
(6)受特定的竞争、政治、社会或环境等某些特定因素的限制,迫使企业必须选择自制。

选择自制会给企业带来如下优势:提高企业对自身运营的控制能力;如达到规模经济所要求的产出数量,还能为企业带来成本的节约;将物料生产控制在企业内部,有利于企业的保密工作;自制还有助于企业形成核心竞争力。

自制也存在如下劣势:投资较高可能给企业带来风险,同时可能降低企业的生产及战略柔性;资源可能不能集中在核心领域,可能会降低企业的核心竞争力;企业无法得到潜在供应商带来的优质产品和服务供应。

2.采购

通常在以下情况下企业会选择采购的获取方式:
(1)企业缺乏管理或技术经验,无法自制产品或自行提供所需服务;
(2)可以可靠地从供应商处获得所需的物料;
(3)该产品或服务的生产不是企业的核心竞争力,自己生产可能降低企业的经济性,不利于企业获利。

选择采购这一获取资源或服务的方式能给企业带来如下优势:保持高度的柔性,便于企业专注于核心竞争力的发展;利用供应商在该领域的新技术、新发展快速接受现代化的产品及生产流程;降低投资风险,获得优质的产品或服务,通过较少的投资获得显著的效益。

采购本身也会给企业带来一些劣势:与供应商之间需要建立高效的协同合作协调机制;与供应商之间的博弈管理也是企业无法回避的难题。

3.外包

外包是企业从总成本的角度出发,将企业不能或不擅长的非核心业务交给成本更低、效率更高的专业企业,在保证质量的前提下,通过整合优势资源实现企业总成本最低。

选择外包的方式来获取所需的资源或服务能给企业带来如下优势:集中优势资源,打造企业的核心竞争力;节约成本,获得外部企业的专业化服务;加快新产品进入市场的速度;支持企业的价值提升;分担风险,提高组织对市场的反应速度;利用优秀供应商的品牌提升企业的声誉。

外包在给企业带来优势的同时,也给企业带来如下风险:外包可能导致企业核心信息的流失或泄露;过分地依赖供应商容易导致被供应商束缚的风险;增加协调的难度;丧失该部分产品或服务的学习机会和培养该业务竞争能力的机会,从而削弱企业的新产品研发能力;多重分包容易导致控制失败,造成外包绩效低。

二、影响获取方式选择的因素

成功的自制、采购或外包决策都有利于帮助企业达到降低总成本、提高业务水平、改善产品质量、提高利润率和生产效率等目的,而不恰当的获取方式决策却将给企业带来成本的增加、供应商控制失败、重要信息资源流失甚至丧失核心竞争力等风险或威胁。因此在获取方式决策上应充分考虑相关因素的影响,并在此基础上做出决策。

1. 企业核心竞争力

在获取方式决策时,首先需要确认该业务是否能给企业带来竞争优势。只有非竞争优势来源业务才可能被考虑外包,而对于企业竞争优势的来源业务,包括可能发展成为未来竞争优势的业务,即使成本较高,公司也绝不能将该业务外包出去。

2. 成本

成本也是物料获取方式决策必须考虑的因素之一。通过对自制的全部成本与外部采购的成本进行比较,低成本的运营方式是获取决策想要达到的目的。决策时应从长远的角度,综合考虑各项资源的成本,估计总的获取成本。如企业拥有设备生产能力的部分闲置,在考虑自制时只需要计算该业务的变动成本,从而很容易导致自制的成本低于采购或外包的价格,但一旦劳动力成本持续走高的速度快于其他生产成本,那么在自制方面的成本的优势就会消失,甚至成为劣势。

3. 质量

当该业务不涉及企业的核心竞争力时,如外部供应商拥有更先进的工艺或技术、且能以更高的效率、更大的规模组织生产,采购企业能在获取高质量产品的同时降低该项产品或业务的成本,此时外包优于自制;如果零部件质量要求非常严格,而外部供应商又不具备生产这一质量的能力时,企业就必须自制。

4. 技术

技术是影响企业物料获取方式的一个重要因素。技术的不断变化体现技术的不成熟以及生命周期的短暂,用这类技术生产的零部件不仅风险大,而且可能导致需要大规模的基础建设投资,此时选择自制是不明智的,将这类更新速度快的技术外包出去,或是通过采购获取物料,可以将风险转嫁给供应商。

5. 时间

时间是影响企业物料资源获取方式的另一个重要因素。消费者个性化、多样化的需求特点决定了市场瞬息万变,导致很多产品的生命周期不断缩短,竞争呈现出"快鱼吃慢鱼"的态势。加快企业产品的更新速度,就更能迎合消费者的最新需求,从而抢占先机。此时公司通过物料采购或外包决策可减少产品开发时间和生产时间,成为企业赢得竞争优势的关键战略。

[案例分析]

制订采购计划

你所在的公司已开发生产了 P_1、P_3,目前又成功开发了 P_2 产品,根据市场需求分析,这三种产品目前都处于供不应求的状况,公司决定把握现在的良好市场机会,尽公司的最大生产能力为市场提供 P_1、P_2、P_3 产品。你作为公司的采购总监,如何在资金极其紧张的情况下保证生产所需原材料的供应成为你要认真解决的问题。

目前拥有三条生产线,两条为手工生产线,生产周期需要三个季度,分别用于生产 P_1 产品和 P_3 产品,另一条为半自动生产线,生产周期需要两个季度,用于生产 P_2 产品。根据市场需求,公司又投资建成了三条新的全自动生产线,生产周期需要一个季度,分别用于生产 P_1、P_2、P_3 产品。此三种产品需要的原材料为 R_1、R_2、R_3,各产品的 BOM 如图 3-10 所示。

采购 R_1、R_2 原材料从下订单到入库需要两个季度,而采购一个 R_3 原材料需要一个季度的订货周期、一个季度的在途运输周期和一个季度的入库周期。

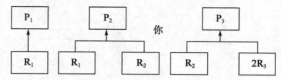

图 3-10　各产品的 BOM 图

目前你公司原材料库情况如下:库有 R_1 原材料两个单位、R_2 原材料一个单位、R_3 原材料一个单位;一个 R_3 原材料在上个周期已经下单订购,现已在途运输,下期可以到货入库。

目前生产线上生产的情况如下:

第一条生产线为手工生产线,已有一个 P_1 产品在该生产线上处于第一个生产周期,正在进行生产;

第二条生产线为手工生产线,已有一个 P_3 产品在该生产线上处于第二个生产周期,正在进行生产;

第三条生产线为半自动生产线,用于生产 P_2 产品;

第四条生产线为新投产的全自动生产线,用于生产 P_2 产品;

第五条生产线为新投产的全自动生产线,用于生产 P_1 产品;

第六条生产线为新投产的全自动生产线,用于生产 P_3 产品。

请你在保证生产能力全面实现和"零库存"的前提下,制订企业的物料采购计划。

实训项目:

1. 考虑一下你已经采购的你觉得低于或高于规格的产品和服务,或者供应商没能符合规格要求的产品和服务,写下由此引起的额外费用。如果你不能想起这样的例子,请推测一下这些额外费用会是什么?

高于规格可能引起的额外费用:

低于规格或者供应商没能符合规格要求引起的额外费用:

2. 考虑一下你所熟悉的两种规格——一种是好规格,另一种是坏规格。并就它们为什么好或者为什么坏发表评论。

以下给出了你可能希望考虑的一些要点:

(1)规格是过于说明性的? 不够说明性的? 或者是合适的?

(2)规格是清楚、简明和一致的吗?

(3)所有有关各方都参与制订规格了吗?

(4)规格限制了供应来源吗?

(5)好的规格:

　　为什么好?

(6)坏的规格:

　　为什么坏?

第四章 如何选择报价与制定供应价格

引例

某职教中心采购一批汽车实验装置,按照经批准的采购计划,采用竞争性谈判方式进行。谈判小组与受邀请参加谈判的3家供应商分别对拟采购的18大类设备111项技术性能指标进行了详细交流磋商,认为3家供应商提供的产品符合采购需求,并让其在规定的时间内作出最终报价。C公司最终报价33.8万元,比采购人公布的采购预算价61万元下浮44.4%,与最终报价次低价52万元相比也下浮了34.8%。C公司的最终报价与同类设备生产厂家市场销售价格悬殊较大,谈判小组直观地感觉到C公司的最终报价低于成本,能否按期保质履约供货?采购人持怀疑态度。

经过短暂会商,谈判小组约请C公司谈判代表又一次来到洽谈室,谈判小组和盘托出了采购人的疑虑和担忧,善意提请C公司重新测算该设备的企业成本,并要求C公司将最终报价的成本、费用及其利润构成作出说明。谈判小组同时提醒C公司的谈判代表:一旦确定为成交供应商后放弃成交机会,或不按谈判文件和成交通知书明确的内容订立合同,或在订立合同时提出附加条件,或更改谈判文件提供的合同主要条款实质性内容的,采购人将取消其成交供应商资格,谈判保证金不予退还,给采购人造成损失的还将承担相应的法律责任。C公司授权委托人的答复大致为:本公司产品的价格构成是经过认真分析测算的,决定最终报价的价位是慎重的,其成本、费用及利润构成是公司的商业秘密,公司承诺按期供货。应采购人代表的要求,C公司授权委托人口头提供了几个近期中标的类似产品招标人单位名称,但始终没有提供任何解释或证明其最终报价合理性的书面材料。

由于C公司的代表以商业秘密为由拒绝提供报价构成说明及相关证明材料且信誓旦旦慷慨陈词,谈判小组无法获悉C公司的企业个别成本,因而不能解开其能否按照最终报价履约供货的疑团。如果确定C公司成交,采购人将承担供应商不能按期保质供货的风险;如果否决C公司报价的可行性而宣布次低价B公司成交,未成交供应商一旦质疑或投诉其确定成交供应商不符合报价最低原则也是麻烦事;况且,如果C公司能够按期保质供货,B公司与C公司52万元与33.8万元的价差也是不小的节约。

经过反复权衡,采购人最终宣布C公司为成交供应商,并将谈判结果通知了A、B两家未成交供应商。公示期间,B公司发函采购人和相关监管机构,表示对C公司按照谈判报价履约供货将予以关注,并希望采购人在C公司供货安装调试验收时通知B公司派员观摩。公示期满后,采购人向C公司签发了成交通知书。

谈判小组的担忧在几天后的合同洽谈时成为事实。C公司不承认谈判现场的口头承诺,找出种种不足为理由的理由拖延签订合同时间,并很快明确表示不签订合同,先后托熟人或直接与采购单位经办人员协商试图退回谈判保证金,进而书面质疑采购人"确定C公司为成交供应商表明采购人已经认可C公司递交谈判文件的设备相关技术指标参数,不应该再要求C公司按照采购文件提出的相关技术参数订立合同"。采购人回复C公司:贵公司的谈判函"承诺自觉遵守谈判文件中的所有条款",显然包括承诺按照谈判文件要求的相关技术指标参数订立合同。要求C公司诚信守约。

C公司对采购人答复不满意,又以同样的理由向政府采购监管部书面投诉,诉称成交通知书要求按照采购人在谈判文件中列示的设备技术指标参数签订合同是对C公司的不合理要求,未签订合同的原因及过错在采购人而并非C公司。由此造成的后果应该由采购人承担,并要求政府采购监管部门予以查处。某市财政局约请市相关部门分管政府采购工作的负责人及采购人就C公司的投诉进行专题会办。会办现场调审了该采购项目相关档案资料,认为C公司谈判现场提供的设备主要技术指标参数与采购人谈判文件要求的参数指标基本吻合。其个别指标参数偏差也是优于采购文件要求的正偏差而不是负偏差,C公司质疑及投诉的矛盾并不存在。会后,某市财政局函复C公司:

(1)C公司谈判文件提供的相关设备技术参数已完全响应采购人谈判文件的要求;

(2)同意按C公司谈判文件提供的设备技术参数签订政府采购合同;

(3)C公司必须在×月×日前与采购人签订合同,并确保产品质量和供货日期,过期按谈判文件约定处理。

财政部门的投诉答复发出后,C公司杳无声息。一个月后,

第四章 如何选择报价与制定供应价格

采购人发函 C 公司，宣布取消其成交供应商资格，没收其谈判保证金，相关设备重新组织招标采购。但采购人错过了参加省教育行政主管部门统一安排的星级学校评估晋级的最后期限。

（资料来源：http://wenku.baidu.com）

选择了某一家公司的报价，便意味着选择了该供应商以及该供应商的服务，同选择合作伙伴同样重要。学习本章内容，可以帮助我们(但不仅仅局限于)在以下知识和技能方面得以提高：

◆了解获取与选择报价的流程及工作内容；

◆了解影响邀请报价的供应商数量的因素，能对供应商成本和定价进行分析；

◆掌握不同采购品项的报价标准、报价方法和评价方法；

◆懂得选择合适的获取报价的渠道；

◆能独立进行获取报价工作；

◆掌握供应商报价进行选择和评价的技能。

第一节 获取与选择报价

在进行获取与选择报价工作时，通常需要从以下三个方面来考虑：

(1)使用的方法或流程及其正式的程度；

(2)评价供应商报价的标准；

(3)接洽报价的供应商数量。

一、获取与选择报价的流程

获取与选择报价的流程如图 4-1 所示。

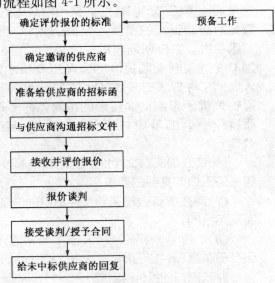

图 4-1 获取与选择报价流程

预备工作主要包括如下内容：

(1)设定供应目标和优先级。如该项采购对企业的重要程度、该品项采购对供应商的吸引程度和成本等。

(2)分析供应市场。如能提供该采购品项的供应商数量的多少、采购价值占供应商业务量的比例大小等。

(3)定位采购品项。利用供应定位模型来决定采购品项的类型,确定花费多少时间和精力是比较合适的。

(4)确定特定品项的采购供应策略。不同的采购供应策略定位着不同的供应商关系类型,因而也就确定了获取与选择报价的方法。

(5)识别和评估潜在的供应商。对于那些涉及高支出和(或)高供应风险的采购,应进行谨慎的供应商评估,以此来识别并确定邀请投标的供应商。

二、评价报价的标准和报价方法

评估报价的标准一般有三种：基于价格的标准、基于成本的标准和基于供应商能力和积极性的标准。不同的采购供应品项所选择的标准是不同的。

根据报价程序的正式性和严格性程度不同,报价方法可以分为非正式法、询价报价法和正式招标法。

(1)非正式法。这种方法可以通过打电话向1~2个供应商询价或浏览几家供应商网站查询公布的产品规格及其价格清单,直接与供应商下达订单或在线订购。非正式方法通常在处理订单的价值本身比较小而管理成本比较大、需要重点考虑降低管理成本时采用,比如办公用品的采购报价。但这种方法可能会因为报价的供应商家数过多而处理报价的管理成本过高,因此,通常需要限定报价的供应商数量。

(2)询价报价法。处于非正式法和正式招标法之间。当公司希望与预选的一定数量的供应商进行交易时,通常使用这种方法向供应商发出书面的(或电子的)询价,邀请供应商提供报价。在运用此方法时,要确保让你的供应商感到与你的企业打交道是完全可信的和你的选择是公平公正的,否则,会损害你公司的形象,回复你询价的企业会越来越少,这势必减少你今后的选择余地。

询价报价法与非正式法相比,需要花费更多的成本和时间;而与正式招标法相比,成本更低且快捷。

(3)正式招标法。招标是获取与选择供应商报价的最正规的方法,采用很全面的、文件化的方式,向潜在的投标人传递需求信息,然后按规定的方法记录和评估供应商的报价。

由于招标方式通常是面对复杂的需求,同时本身具有相当的严格性,因此,这种方法要耗费相当大的时间、精力和成本。

三、不同采购品项的报价标准和报价方法

(1)日常型采购品项的报价标准。由于采购的价值低并且采购时更多关注的是如何节省时间和精力,而支付价格则是次要因素,故在评价时应以减少采购管理成本为出发点和原则,选择基于价格的标准比较合适,尽可能采用直接而简单的评价方法。

(2)杠杆型采购品项的报价标准。由于支出水平较高,选择通过强化竞争获得更好的价格补偿是该类品项报价选择的出发点和原则,选择基于价格的标准比较合适。采购支出水平越高,越会趋向使用正式的招标方法。

(3)瓶颈型采购品项的报价标准。由于瓶颈型采购品项支出水平较低、对供应商的依赖程度较大,而交易量可能对供应商缺乏吸引力,供应商不希望花费过多的时间和精力来准备报价活动。为争取供应的支持,应以方便供应商进行报价工作同时又能降低采购供应风险为出发点和原则,重点关注供应商的能力和积极性,选择基于价格的标准、采用询价文件的方式比较合适。

(4)关键型采购品项的报价标准。该类品项具有高的支出水平和高风险,因此应采取基于积极性与能力的评价标准。高支出水平能够使供应商产生较大的兴趣,对供应商的吸引力水平高,供应商会愿意投入较多的时间和精力去准备他们的报价;高风险要求企业对供应商的成本能力做深入的评估。所以,对该类采购品项,正式招标法不仅是可行的,而且也是必要的。

图 4-2 概括了四种采购品项获取与选择报价的方法及选择标准。

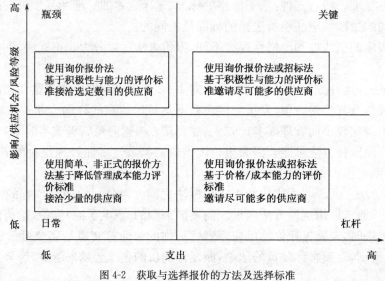

图 4-2 获取与选择报价的方法及选择标准

四、评估报价的方法

有很多方法可以用来评估供应商报价,常见的评估报价的方法主要有以下两种:

(1)最低价格法。该方法是一种最简单的评价方法,即在供应商报价中选择报价最低的供应商作为优选的供应商。需注意的是,这并不意味着该供应商就一定自动成为你的供应商,在采用该方法进行评价时,还必须考虑到产品质量或交货条件等因素,只有能满足采购商其他最低需求标准时,能提供最低价格的供应商才能成为你的供应商。

在采购需求相对明确且能以公认的标准或广泛认可的规格说明进行采购的场合,最低价格法是理想的方法。

(2)最低所有权总成本法。所有权总成本是指从获得物品时开始直到全部使用或处置的时刻为止的所有成本。与一般成本不同,所有权成本中某些成本项目可能是"负"的,即有现金流入，如生命周期结束时报废的残值。该方法是以所有权总成本作为评价标准来评估报价，而不是简单的比较采购时的价格。

由于有些成本(如购买的机器设备)需要在以后的消费过程中产生，在价值时点上存在着不同，因此，不能简单将各种耗费进行相加，而必须考虑货币的时间价值因素，应用净现值法(NPV)来计算所有权总成本，以此作为评估的依据。

所有权总成本法适用于以下情形：
①在完成采购后仍有很大的继续运行的相关成本的场合；
②在采购成本和其他成本(如运行成本)之间需要平衡取舍的时候；
③当货币价值很重要时，真实价值只能在涉及的所有成本都清楚的前提下来确定。

所有权总成本通常与主要资产型采购相联系，但也会用于一些重要的采购项目。由于所有权总成本的不同成本要素是在不同部门产生，需要由不同部门给出，这在某些时候会阻碍用所有权成本的标准来评估报价。

知识链接：净现值法(NPV)

净现值法：是评价投资方案的一种方法。该方法是利用净现金效益量的总现值与净现金投资量算出净现值，然后根据净现值的大小来评价投资方案。净现值为正值，投资方案是可以接受的；净现值是负值，投资方案就是不可接受的。净现值越大，投资方案越好。净现值法是一种比较科学也比较简便的投资方案评价方法。

说明：资本具有时间价值，即今天的一元钱 > 明天的一元钱。

复利计算：把现在的价值推算为未来的价值。

$$FV_{(n)} = PV \times (1+i)^n$$

式中：FV：Future Value，终值；
　　PV：Present Value，现值。

假设利率 $i=10\%$，则：

今天 \$100 的未来(n 年末)价值 $=100(1+10\%)^n$

则 5 年后($n=5$)：

$$FV_{(5)} = 100 \times (1+10\%)^5$$
$$FV_{(5)} = \$161$$

折现计算：

刚好与复利计算相反，把未来价值折合成今天的价值。5 年后的 \$161 相当于今天的 \$100。

$$PV_{(n)} = \frac{FV_{(n)}}{(1+i)^n} = \frac{161}{(1+10\%)^5} = 100$$

五、选择接洽报价的供应商数量

(一)影响企业决定选择接洽报价的供应商数量的因素

影响企业决定选择接洽报价的供应商数量的因素主要以下几个方面：

第四章　如何选择报价与制定供应价格

(1)采购品项的类别;
(2)采购价值的大小;
(3)供应风险水平;
(4)在获取与选择报价的过程中要花费的费用。

(二)选择数量与理由

(1)采购品项的类型。

①日常型采购品项。由于该品项具有如下一些特征:存在许多供应商,且要采购的产品或服务容易获得;采购品项为标准件;该品项的年支出水平低;该品项对企业来说风险较低;采购额在单个供应商营业额中所占比重很低。在采购这些品项时,采购人员不必花费太多的精力。因此,选择报价的供应商数量应少。

②杠杆型采购品项。由于该品项具有如下一些特征:存在许多供应商,且要采购的产品或服务容易获得;采购品项为标准件,专业性极强;该品项的年支出水平较高;该品项对企业来说风险较低。企业希望尽可能压低价格,因此,选择报价的供应商数量应多。

③瓶颈型采购品项。由于该品项具有如下一些特征:该品项的风险水平高;供应商数量极少;品项为非标准件,专业性极强;企业在该品项上的年度支出水平很低。因此,企业没有多大的选择余地。

④关键型采购品项。由于该品项具有如下一些特征:采购品项为非标准件;供应商数量极少;不存在替代品;会给企业带来较高的风险;年度支出水平高。因此,企业虽然没有多大的选择余地,但企业有机会发掘新的供应商。

(2)采购价值的大小。

当采购价值增大时,一般应增加所邀请的供应商数量,以增强竞争并改进发现最佳交易机会。在采购价值较低的情形,评估过多的供应商报价的成本会超过通过增加竞争所获得的成本优势。

(3)供应风险水平。

当供应风险水平上升时,一般应增加所邀请的供应商数量(与潜在供应商的总体数量有关),这样可以增加发现最低风险的供应商的机会。

(三)选择模式

(1)只寻找一个供应商

选择一个供应商主要适合下列情况:

①仅仅只是少量采购。采购价值太少以至于不值得去寻找不同供应来源,比较处理报价花费的时间和精力甚至超过成本的节约。

②唯一可用的供应商。这种情况往往存在如下情形:专有的或独家生产的产品、备件和其他后续采购、资金来源受到束缚、应急的情况、已成惯例的供应源。

(2)邀请少数几个事先选定的供应商。

这是私营企业最常用的采购方法,是只从公司已有记录的供应商卡片中寻找供应商,数量取决于所面临的供应风险和采购价值的大小。另一种可能是仅仅邀请已履行过试验订单的供应商报价,通过试验订单表明了这些供应商满足公司需求的能力。

(3)让所有潜在感兴趣的供应商展开竞争。

即通过广告、互联网等形式告知尽可能多的供应商,让他们来进行报价。通常适合于以下情形:当花费大量资金购买标准的品项,且这些项目的供应商能够提供不同的价格时;当采购成本或风险相当大,并且公司只有有限的技术知识和供应市场状况及选项时。

第二节 采购成本

一、一般成本结构及分析

1. 一般成本结构

在一般情况下,供应商的成本结构属于商业机密,采购人员要想知道供应商的实际成本结构并不容易。通过国内、国际通行的工业企业成本结构可间接地了解成本的情况,而财务损益表则是反映企业成本结构的最直接工具,它包括产品销售收入、产品销售成本、产品销售毛利、销售费用、管理费用、财务费用、产品销售利润、所得税、净利润等主要项目,其计算方法为:

产品销售收入－产品销售成本＝产品销售毛利

产品销售毛利－(销售费用＋管理费用＋财务费用)＝产品销售利润

产品销售利润－所得税＝净利润

其中:产品销售成本包括原材料费用和工人(或直接劳动力)成本;产品销售毛利与产品销售收入之比是反映企业赢利能力的一项重要指标,称为毛利率;销售费用包括市场营销、广告及销售部门的固定资产折旧等费用;管理费用则包括企业内所有管理人员的工资、部门费、固定资产折旧、能耗等;财务费用包括利息、汇兑收支等;产品销售利润是反映企业生产经营好坏的财务指标。

一般来说,在产品的成本构成中,固定成本比例越高,价格的弹性就越大,随市场季节变化及原材料的供应而变化波动也就越强烈,因而这些产品在采购时可采用加大订购数量、在消费淡季订购等方法来降低采购成本。而对于可变成本比例较高的产品则要下力气改善供应商,促进其管理水平的提高并降低管理费用。

2. 成本分析以及对成本结构的理解

对成本及其构成进行分析,有助于帮助我们合理地确定采购价格。

(1)成本分析的工作内容

成本分析是指就供应商所提报的成本估计,逐项作审查及评估,以求证成本的合理性与适当性。通常,成本估计中应包括下列的项目:

①工程或制造的方法。

②所需的特殊工具、设备。

③直接及间接材料成本。

④直接及间接人工成本。

⑤制造费用或外包费用。

⑥营销费用及税捐、利润。

(2)成本分析的运用

第四章 如何选择报价与制定供应价格

采购人员要求进行成本分析,通常以下列情形最为常见:
① 底价制定困难。
② 无法确定供应商的报价是否合理。
③ 采购金额巨大,成本分析有助于将来的议价工作。
④ 运用制式的成本分析表,可以提高议价的效率。

(3) 成本分析的途径
① 利用自己的工作经验。
② 向厂商学习(了解他们的制程)
③ 建立简单的制度(如成本计算公式)等。
④ 培养分析成本、比价和议价的观念。

(4) 成本分析表

表4-1为某表面镀层金属冲压零件成本分析表示例。

冲压制品成本分析表示例   表4-1

本表及提供之图面请务必于　　年　月　日　　　　　厂商　章
送返敝公司采购经办　　　　　　　　　　　　　　日期:　年　月　日

机种名称	零件品名	零件料号	估价数量	备注
A. 材料费				
素材规格	素材尺寸	素材质量/SH	元/kg	元/张
成型尺寸	成型质量	取数/SH	不良率%	零件料费　①
B. 加工费 ②				模具费 □免 □计
NO.	工程内容	使用机具/t	日产量	单价(U/P)	模具费
1					
2					
...					
加工费合计					
C. 加工后费				
NO.	加工名称	单位	加工单价	说明	
1					
2					
...					
后加工费合计 ③				
NO.	加工名称	单位	加工单价	说明	
1					
2					
...					
D. 运包　% ④					
E. 税利　% ⑤					
总价	①材料费	②加工费	③后加工	④运包	⑤税利	合计

审核　　　　经办

表4-2为某公司成本分析情况表。

某公司成本分析表　　　　　　　　表4-2

项　目		A厂 （年产量3万 m²） （元/m²）	B厂 （年产量10万 m²） （元/m²）
原料（××）		27.45	63.24
辅料（×××）		1.80	5.00
燃料动力（煤、电、水）		1.50	2.00
人工工资		11.50	8.20
制造费	修理费	1.00	1.00
	折旧费	3.00	2.65
管理费		3.00	1.50
财务费		0.40	1.90
林业规费		15.50	2.00
税收			11.00
成本合计		65.15	98.49

二、学习曲线

学习曲线（The Learning Curve）是考虑采购成本、实施采购降价的一个重要工具和手段。学习曲线最早由美国航空工业提出，其基本概念是随着产品的累计产量增加，单位产品的成本会以一定的比例下降，如图4-3所示。

需要明确的是，这种单位产品价格成本的降低与规模效益（Effects of Scale）并无任何关系，它是一种学习效益（Learning Effect）。这种学习效益是指某产品在投产的初期，由于经验不足，产品的质量保证、生产维护等需要较多的精力投入以致带来较高的成本，随着累计产量的增加，管理渐趋成熟，所需的人力物力逐渐减少，工人越来越熟练，质量越来越稳定，前期生产学习期间的各种改进逐步见效，因而成本不断降低，主要表现为：

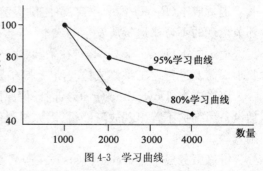

图4-3　学习曲线

（1）随着某产品逐步进入成长、成熟期，其生产经验不断丰富，所需的监管、培训及生产维护费用不断减少；

（2）随着累计产量增加，工人愈趋熟练，生产效率不断提高；

（3）生产过程中的报废率、返工率以及产品的缺陷不断降低；

（4）生产批次不断优化，设备的设定、模具的更换时间不断缩短；

（5）随着累计产量的增加，原材料的采购成本可不断降低；

（6）经过前期生产学习，设备的效率及利用率等方面不断得以改进；

(7) 通过前期生产学习，物流不断畅通，原材料及半成品等库存控制日趋合理；

(8) 通过改进过程控制，突发事件及故障不断减少；

(9) 随着生产的进行，前期的工程、工艺技术调整与变更越来越少。

学习曲线所带来的学习效益遵循着百分比的规则，即每当某产品的累计产量翻一番时，该产品的平均生产时间就会下降到最初生产时间的 $X\%$（其中 $X<100$），比如，80%的学习曲线，意味着当产品累计产量翻一番时，单位产品的生产时间可降至原来所需时间的80%。表4-3 是某产品学习曲线效益的一个实例。

某产品学习曲线效益(80%学习曲线)　　　　　表4-3

累计产品生产数量（件）	1000	2000	4000	8000	16000
相应的单位产品生产时间(h)	20	16	12.8	10.2	8.2

了解供应商的产品生产"学习曲线"，有助于采购人员在将来进行降价谈判。一般"学习曲线"适合于以下情形：

(1) 供应商按客户的特殊要求生产的零部件制造；

(2) 涉及需大量投资或新添设备设施的产品生产；

(3) 需要开发专用的模具、夹具、检具或检测设施，无法同时向多家供应商采购；

(4) 直接劳动力成本占价格成本比例较大。

三、质量成本

质量成本(Cost of Quality)：是采购人员审核供应商成本结构、降低采购成本所应看到的另一个方面。其基本含义是指工业企业针对某项产品或某类产品因产品质量、服务质量或工作质量不符合要求而导致的成本增加，其实质意义是不合格成本(Cost of Non-conformance)，主要包括退货成本、返工成本、停机成本、维修服务成本、延误成本、仓储报废成本等。

退货成本(Reject Costs)：在整体供应链（包括采购、生产、仓储、运输各销售过程）中任何环节出现的不合格退货所发生的成本。

返工成本(Rework Costs)：在采购、生产仓储、运输和销售过程中由于产品或工作不符合要求而需要进行返工维修或检验所带来的成本增加，包括人工、材料、运输等费用。

停机成本(Downtime Costs)：因任何原因而导致的设备停机、生产停线所造成的损失，包括设备因维护不善出现故障停机、因原材料供应不上导致停产、因生产安排不合理导致生产线闲置等。

维修服务成本(Service Costs)：在产品卖出以后，由于产品质量、服务质量问题导致的在维修期内所发生的所有费用，如处理顾客投诉、维修产品、更换零部件等成本。

延误成本(Costs of Delays)：指产品开发及交货延误导致的成本增加或损失。产品开发过程中，因设计错误或设计延误导致人工损失、设备设施报废、产品进入市场时间推迟而造成的直接经济损失。在生产及交货过程中，因交货延误导致的理赔或失去市场等损失。

仓储报废成本(Costs of Obsolete Stocks)：因产品换代、仓储时间过长、仓储条件不好等导致的原材料、零部件或成品报废。

改进工作质量和产品质量，不断降低质量成本，是工业企业降低产品成本的一个有效手段，也是学习曲线效益的主要来源。

四、降低采购成本的策略

(1)依产品生命周期来定。采购专案，在其产品生命周期的过程中，可以分为以下3个时期，各有其适用的手法。

①成长期(Growth)：新技术正式产品化量产上市，且产品被市场广泛接受。采购可以利用需求量大幅成长的优势，进行杠杆采购获得成效。

②成熟期(Maturity)：生产或技术达到稳定的阶段，产品已稳定地供应到市场上。价值工程、标准化的运用可以更进一步地找出不必要的成本，并做到节省成本的目的。

③衰退期(Decline)：产品或技术即将过时(Obsolescence)或将衰退，并有替代产品出现，因为需求量已在缩减之中，此时再大张旗鼓降低采购成本已无多大意义。

(2)依采购特性及与供应商的关系来定。如果与供应商的关系是短期、一次性的，可采取压榨，实施“单赢”的策略；如果与供应商需建立长期的合作伙伴关系，则需要采取“双赢”策略，价格要尽量合理。

(3)运用价值工程分析方法。该方法主要适用于新产品工程设计阶段。针对产品或服务的功能加以研究，以最低的生命周期成本，通过剔除、简化、变更、替代等方法，来达成降低成本的目的。

(4)谈判法。谈判是买卖双方为了各自目标，达成彼此认同的协定过程，这也是采购人员应具备的最基本能力。谈判并不只限于价格方面，也适用于某些特定需求时，使用谈判的方式，通常所能期望达到价格降低的幅度为3%～5%。

(5)目标成本法。以市场乐意支付的价格为前提来制定公司产品的价格，以此为标准来决定采购价格。

(6)早期供应商参与。在产品设计初期，选择让具有伙伴关系的供应商参与新产品开发小组。经由早期供应商参与的方式，新产品开发小组对供应商提出性能规格(Performance Specification)的要求，借助供应商的专业知识来达到降低成本的目的。

(7)杠杆采购。集中各事业单位或不同部门的需求量，以扩大采购量，从而增加议价空间的方式，来达到获取低价格的目的。

(8)标准化。实施规格的标准化，以规模经济量，达到降低制造成本的目的。

第三节 供应价格

一、供应价格的种类

所谓供应价格，是指供应商对自己的产品提出的销售价格。依据不同的交易条件，供应价格会有不同的种类。供应价格一般由成本、需求以及交易条件决定，一般有送达价、出厂价、现金价、期票价、净价、毛价、现货价、合约价、实价等。

(1)送达价。送达价是指供应商的报价当中包含负责将商品送达指定地点时，期间所发生的各项费用均由供应商承担。以国际而言，即到岸价加上运费(包括在出口厂商所在地至港口的运费)和货物抵达买方之前一切运输保险费,其他有进口关税、银行费用、利息以及报关费等。这种送达价通常由国内的代理商,以人民币报价方式(形同国内采购),向外国原厂进口货品后,售予买方,一切进口手续皆由代理商办理。

(2)出厂价。出厂价是指供应商的报价不包括运输费用,即由卖方负担运输及相关费用。这种情形通常出现在买方拥有运输工具或供应商加计的运费偏高时,或当卖方市场时,供应商不再提供免费的运送服务。

(3)现金价。现金价是指以现金或相等的方式支付货款,但是"一手交钱,一手交货"的方式并不多见。按零售行业的习惯,月初送货、月中付款、或月底送货、下月中付款,即视同现金交易,并不加计延迟付款的利息,现金价可使供应商免除交易风险,买方亦享受现金折扣。例如,在美国零售业的交易条件若为 $2/10$、$n/30$,即表示十天内付款可享受 2% 的折扣,否则 30 天内必须付款。

(4)期票价。期票价是指买方以期票或延期付款的方式来采购商品。通常卖方会加计迟延付款期间的利息于售价中。如果卖方希望取得现金周转,会将加计的利息超过银行现行利率,以使供应商舍期票价取现金价,另外,从现金价加计利息变成期票价,有用贴现的方式计算价格。

(5)净价。净价是指供应商实际收到的货款,不再支付任何交易过程中的费用,这点在供应商的报价单条款中,通常会写明。

(6)毛价。毛价是指供应商的报价,可以因为某些因素加以折让。例如,供应商会因为商品采购金额较大,而给予超市某一百分率的折扣。如采购空调设备时,商家的报价已包含货物税,只要买方能提供工业用途的证明,即可减免增值税 50%。

(7)现货价。现货价是指每次交易时,由供需双方重新议定价格,若有签订买卖合约,亦以完成交易后即告终止。买卖双方按交易当时的行情进行,不必承担预约后价格可能发生的巨幅波动的风险或困扰。

(8)合约价。合约价是指买卖双方按照事先议定的价格进行交易,合约价格涵盖的期间依契约而定,短的几个月,长的一两年。由于价格议定在先,经常造成与时价或现货价的差异,使买卖时发生利害冲突。因此,合约价必须有客观的计价方式或定期修订,才能维持公平、长久的买卖关系。

(9)实价。实价是指实际上所支付的价格。特别是供应商为了达到促销的目的,经常提供各种优惠的条件给买方,例如数量折扣、免息延期付款、免费运送等,这些优待都会使商品的采购价格降低。

二、影响商品供应价格的因素

影响供应价格的因素,主要有成本结构和市场结构两个方面。成本结构受生产要素的成本如原材料、劳动价格、产品技术要求、产品质量要求、生产技术水平等影响,是影响供应价格的内在因素。而市场结构则具体有宏观经济条件、供应市场的竞争情况、技术发展水平及法规制约(包括经济、社会政治及技术发展水平)等因素,是影响供应价格的外在因素。市场结构会强烈影响成本结构,而供应商自己的成本结构往往不会对市场结构产生影响。市场结构对供应价格的影响直接表现为供求关系。

(一)市场结构的影响

(1)供求关系及其变化。商品的市场价格是由市场上的供求关系决定的。市场上某商品的供求关系及其变化均会直接影响这种商品的价格。在其他条件不变或变化极微的情况下,当市场上某种商品的供给增加,该商品的价格下跌,供给减少,价格上涨;当该商品的需求增加,其价格就会上涨,需求减少,价格下跌。从需求方面看,如果某一时期对石油的消费量增加,石油及以石油为原料的价格就会上涨;而价格相对低、供应相对充裕的石油替代品出现,从而减少市场对石油的需求,石油的价格便会下跌。

(2)市场竞争。商品的市场竞争包括各卖主之间的竞售、各买主之间的竞购、买主和卖主之间的竞争。这三个方面的竞争均会影响商品的市场价格。在市场上,卖方竞销某一商品则使这一商品的市场价格下跌;买主竞购某一商品则使这一商品的市场价格上涨;各买主和卖主之间的竞争对某一商品的价格影响则取决于两者有竞争力量的对比,当某一商品处于"卖方市场"时,卖方凭某些有利条件抬高价格。

(3)市场上的垄断力量。在市场上,垄断组织为了追求最大限度的利润,往往凭借它们所具有的经济力量,通过相互协议或联合,采取瓜分销售市场,规定统一价格,限制商品产量、销售量等措施直接或间接地控制某一部门或几个部门的产品的价格。此时,买方无法影响市场的价格。

(4)经济周期。经济周期不同阶段产销的变化直接影响世界市场上商品的供求关系,从而影响商品的市场价格。在危机阶段,生产下降,商品滞销,大部分商品的市场价格下降。危机过后,经过一段时期的恢复调整,经济逐渐复苏,以致高涨,生产逐渐上升,需求逐渐增加,价格便逐渐上涨。

(5)商品的质量、包装及销售中的有关因素。商品都按质论价,优质优价、劣质低价。此外,包装装潢、付款条件、运输条件、销售季节、成交数量、消费者的喜好、广告宣传的效果、售后服务质量的好坏等也影响商品的价格。

(6)非经济因素。自然灾害、战争、政治动荡以及投机等非经济因素对市场价格都会带来影响。如台湾是我国电脑配件主要供应源,台湾出现地震曾导致我国电脑零配件价格上升。

(7)对国际贸易而言,国际通用货币币值的变动也会引起市场价格的跌涨。另外,各国政府和国际性组织所采取的有关政策措施等对价格也会产生巨大的影响,例如:价格支持、出口补贴、进出口许可制、外汇管制、政府抛售等。

(二)成本结构的影响

表4-4给出了不同种类的产品供应价格影响因素构成。

不同产品的供应价格影响因素的构成[①] 表4-4

产品类别	成本结构为主	侧重于成本结构	50%成本结构、50%市场结构	侧重于市场结构	市场结构为主
原材料				√	√
工业半成品			√	√	
标准零部件		√	√		
非标零部件	√	√			
成品	√	√			
服务	√		√	√	

①资料来源:《工企业的采购与采购管理》。

三、价格与成本的关系

在自由竞争的市场上,个别商品的市场价格是由生产成本和供求关系决定的。生产成本(是由多种因素决定,可以核算出来)是决定商品价格的内因,市场价格只有高于成本价格,生产者有利可图,才会继续生产;否则,就会停产或转产。供求关系是决定商品价格的外因。商品供不应求,价格上涨,是卖方市场;商品供过于求,价格下跌,是买方市场。商品供求平衡,价格相对稳定,市场价格等于成本价格加平均利润,即生产价格。市场价格受供求关系影响,围绕生产价格上下浮动,是市场经济的价格规律。价格规律调节商品生产和流通。整个社会的商品价格水平是由货币发行量决定的。国家制定货币政策,控制货币发行量,可以保持商品价格水平基本稳定,防止通货紧缩或通货膨胀,促进国民经济持续平稳发展。

四、供应成本分析

在采购过程中,原材料或零部件的采购价格固然是重要的财务指标。但作为采购人员,不光要看价格本身,还要将采购价格与交货、运输、包装、服务、付款等相关因素结合起来考虑、衡量采购的实际成本。

对于生产用的原材料或零部件,采购成本除价格外,还应明确或考虑的因素包括:
(1)价格的稳定性或走向;
(2)不同订购数量的价格变化;
(3)付款方式与结算方式、币种;
(4)交运成本;
(5)交货地点;
(6)包装与运输;
(7)保险。

五、供应商的定价方法

在1978年,Corey提出供应商定价不外乎有三种方法,即成本导向定价法(Cost Based Pricing)、需求导向定价法(又称市场导向定价法)(Market Based Pricing)和竞争导向定价法(Competitive Bidding)。成本导向定价法是以产品成本为基础确定供应价格;市场导向定价法则是随行就市的方法,即以市场价格作为自己的产品价格;而竞争导向定价法则是结合市场因素及成本因素一起考虑来确定自己的产品价格。竞争导向定价法是最常见的方法。供应商在考虑其产品的供应价格时,通常会考虑到供应市场的供应关系,具体有:
(1)市场对其产品的需求估计:如果市场需求大,供应商一般会趋向将价位定高。
(2)供应市场中竞争对手的数量:供应商毫无例外地会参考竞争对手的价位来确定自己的价格,除非它处于垄断地位。
(3)对单位产品的价格预期:随着产品的生产规模扩大,单位产品的成品会降低,供应商在确定产品价格时会考虑到这一点(参见本章第二节中的"学习曲线")。
(4)客户的订单数量:对于长期的大宗客户,供应商会提出较优惠的价格。
(5)客户与供应商的关系:与供应商关系好的客户通常都能拿到好的价格。

在考虑以上供应市场的因素后,结合自己的成本结构,供应商的定价方法又可细分为成本加成定价法(Cost Plus Pricing)、目标利润定价法(Target Profit Pricing)、理解价值定价法(Pricing Based on Value as Perceived by the Buyer)、竞争定价法(Pricing Based on Competitor Prices)以及投标定价法(Tender Based Pricing)。

(1)成本加成定价法:这是供应商最常用的定价法,它以成本为依据,在产品的单位成本的基础上加上一定比例的利润而构成确定的价格。该方法的特点是:成本与价格直接挂钩,但它忽视市场竞争的影响,也未考虑采购商(或客户)的需要。由于其简单、直接,又能保证供应商获取一定比例的利润,因而许多供应商都倾向于使用。实际上,由于市场竞争日趋激烈,这种方法只有在卖方市场或供不应求的情况下才真正行得通。

(2)目标利润定价法:这是一种以利润为依据制定卖价的方法,其基本思路是,供应商依据固定成本、可变成本以及预计的卖价,通过盈亏平衡分析算出保本产量或销售量,根据目标利润算出保本销售量以外的销售量,然后分析在此预计的卖价下销售量能否达到,否则调整价格重新计算,直到制定的价格下可实现的销售量能满足利润目标为止。

(3)理解价值定价法:这是一种以市场的承受力以及采购商对产品价值的理解程度作为定价的基本依据来决定卖价的方法,常用于消费品尤其是名牌产品,有时也适用于工业产品(如设备的备件等)。

(4)竞争定价法:最常用于寡头垄断市场、具有明显规模经济性的行业(如较成熟的市场经济国家的钢铁、铝、水泥、石油化工以及汽车、家用电器等),其中少数占有很大市场份额的企业是市场价格的主导,而其余的小企业只能随市场价格跟风。寡头垄断企业之间存在着很强的相互依存性及激烈的竞争,某一企业的产品价格制定必须考虑到竞争对手的反应。

(5)投标定价法:这种公开招标竞争定价的方法最常用于拍卖行、政府采购,也用于工业企业(如建筑包工、大型设备制造)以及非生产用原材料(如办公用品、家具、服务)等的大宗采购,一般是由采购商公开招标,参与投标的企业事先根据招标公告的内容密封报价、参与竞争,密封报价是由各供应商根据竞争对手可能提出的价格以及自身所期望的利润而定,通常中标者是报价最低的供应商。

> **知识链接:盈亏平衡分析模型**
>
> 工业企业在开发新产品或投资建厂时都会进行盈亏平衡分析(Even Point Analysis)。盈亏平衡分析又叫量本利分析或保本分析,它是通过分析生产成本、销售利润和生产量之间的关系来了解盈亏变化,并据此确定产品的开发及生产经营方案。生产成本(包括工厂成本和销售费用)可分为固定成本和可变成本。可变成本是随着产品的产量增减而相应提高或降低的费用(包括原材料、能耗)等,而固定成本则在一定时期内保持稳定,不随产品产量的增减而变化,包括管理费用、设备折旧等。
>
> 根据量本利之间的关系,有:
>
> 销售收入 S = 产品的产量 Q × 单价 P
>
> 生产成本 C = 固定费用 F + 可变费用 = 固定费用 F + 产品产量 Q × 单位产品可变费用 G
>
> 当盈亏达到平衡,即销售收入等于生产成本或单价等于单位产品成本时,有:

$$S = Q \times P = F + Q \times C_v$$

盈亏平衡点为：

$$Q = \frac{F}{P - C_v}$$

其中 $P-C_v$ 是指单位产品销售收入扣除可变费用后的剩余，叫作边际贡献或毛利；单位产品的边际贡献与单件产品售价之比（＝单位边际贡献/P），叫作边际贡献率或毛利率。

毫无疑问，供应商在制定产品的价格时都会考虑到其边际贡献率或毛利率应该大于零，也就是说，产品的单价应该大于成本，即单位固定费用摊销与单位产品可变费用之和。作为采购人员，要了解供应商的成本结构，就要了解其固定费用及可变费用的内容。事实上，许多企业在运作时，其产品的单价往往是低于成本的。因为一方面、尽管该产品的销售价格低于成本，但公司为了保持产品结构的合理性，可从其他产品的利润中进行弥补；另一方面，从保本分析和成本结构本身来说，尽管某产品的单价低于成本，但只要大于可变费用，则该企业生产此产品时，除可收回变动费用外，还有一部分可用于补偿已经支付的固定费用，因而该产品的生产还是有意义的。

六、价格分析

就采购人员而言，报价与成本分析表只是提供了将来议价的参考价值，也就是获得一个合理价格的依据，以便采购人员和厂商谈价时，既不给厂商暴利，也不让它们亏本。它解决"量"的问题。至于"质"的问题，也就是各供应商报价单的内容，采购人员必须先加以分析、审查、比较，将不同的报价基础加以统一，以利于将来的议价及比价工作，而不会发生"拿苹果和橘子比"。

通过价格分析，可以事先发现报价内容有无错误，避免造成将来交货的纷争。同时，确保供应商所附带的任何条件，均为买方可以接受者。

思考与练习题

1. 报价

某招标文件中有下述规定：

"投标人应报离岸价（FOB）和运到目的港的海运费和保险费，并用美元报价，当地公司用当地货币报价。"

该规定是否能被接受？

2. 计算实际付款单价

某国进口商在价格谈判时，与交易对象确定用美元作为计价和支付货币，为了防止美元升值造成自己的损失，该企业采取了一揽子货币的保值方法。合同中规定了以下三种货币，并明确了各种货币所占的比例：

35％瑞士法郎，1 美元＝1.23 瑞士法郎（签约时）；1.26（付款时）；

35％港元，1 美元＝8.25 港元（签约时）；8.30（付款时）；

30％英镑，1 美元＝0.57 英镑（签约时）；0.55（付款时）。

如果这笔交易的单价是 160 美元/t，请计算该进口商的实际付款单价。

3. A 公司的番石榴浓缩汁

A 公司是一个美国的跨国食品加工企业，这家公司在其产品中使用各种浓缩果汁、浓汤、调味料。番石榴浓缩汁产于菲律宾一个偏远的地区,要运至加工厂进行浓缩、包装,然后出口海外。

番石榴浓缩汁(目前 FOB 价为 0.29 美元/磅),用银箔进行内包装,每包 50 磅,配以纸箱外包装。这些纸箱堆在托板上,每个托板堆 40 个 4 号纸箱,以便装入集装箱。每个集装箱可装 20 个托板,通过海运运出。海运费用为每箱 2300 美元。集装箱到了美国港口,再以每箱 250 美元的运费运至本地仓库储存。美国海关收取货物本身价格(不含运费)15%的关税。A 公司每月需要一个集装箱的番石榴浓缩汁。

集装箱在本地存储到需提货加工时为止,月库存费为每托板 5.50 美元。此外,仓库收取每托板 6.00 美元的进出费作为管理成本。番石榴浓缩汁的资本成本为 18%。假设一年中番石榴浓缩汁的需求不变。

厂家需要番石榴浓缩汁时,集装箱由本地运输公司从仓库运来,每箱运价 150 美元,每托板质量控制成本约为 2 美元,公司估计由于产品的特性,运输、存储和向生产线配送番石榴浓缩汁会造成 3%的损失,并在公司产品预算时,番石榴浓缩汁按 97%计,这些损耗是不可以从生产商处兑换的。

有时候,一些事前未发现的腐坏变质的番石榴浓缩汁要按 FDA 的要求从商店的货架上撤掉并回收。每次产品回收会发生的现付成本为 20000 美元,供应商不承担弥补这些损失的责任。公司的记录表明这种事件平均每 8 个月发生一次。此外,公司会计政策要求划出全部采购总额的 15%作为管理成本。

(1)计算除采购价格以外与番石榴浓缩汁的采购、运输和使用有关的成本项目。

(2)计算从菲律宾到美国每磅番石榴浓缩汁的成本。

(3)计算每磅番石榴浓缩汁从码头到仓库的成本。

(4)计算每磅番石榴浓缩汁从仓库到进入生产的成本。

(5)计算 A 公司购买每磅番石榴浓缩汁的全部成本。注意案例中给出的全部成本。

(6)为什么识别所有的采购和使用产品的成本很重要?

(7)如果 A 公司的目标是降低购买物料的总成本,讨论公司可在番石榴浓缩汁供应链中降低成本的具体选择方案。

[案例分析]

1. 制造商进行采购定价的技巧

随着电子产业的成熟和竞争越来越激烈,降低采购成本不仅让利润日薄的电子制造商们在无形中增长了"看不到的销售额",同时也增强了产品的竞争力。而合理的采购定价是这其中的关键。如何进行采购定价、采购压价压到多少才算合理、压价后如何防范种种风险以保持供应稳定成为采购经理们所关注的热点话题。

为了帮助采购经理们更好地掌握采购定价的手段和方法,国际电子商情网站论坛组织了"采购人员如何控制供应商产品的成本"的讨论,邀请某公司战略资源开发部的领导担任嘉宾主持。讨论中,大家就运用谈判的方法、吸引供应商早期参与企业产品开发、影响采购价格的因素等问题展开了热烈的交流和探讨。

请分析:(1)如何运用谈判方法降低采购成本?

(2)请列举"吸引供应商早期参与企业产品开发"的事例,谈谈吸引供应商早期参与企业产品开发给企业采购带来的好处。

(3)谈谈影响采购价格的因素有哪些?它们是如何影响的?

2. A 公司报价分析

日本 A 公司需要采购 2000 万 t 热轧板,生产热轧板的企业有很多,并都是钢铁业的巨头,他们有足够的能力生产出全球最棒的钢材以及冷轧板。当时在做选材的时候,A 公司采购事业部想了很多公司,并去全球招标。后来发现中国台湾 B 公司的确不错,所以,A 公司就把 B 公司作为该公司的候选供应商,对 B 公司进行全面的管理。之后,A 公司邀请 B 公司去其总部做客,商谈价格问题。B 公司派出包括首席执行长官(CEO)、首席谈判代表、首席技术代表和首席财务官,这 4 位都是响当当的人物,是 B 公司的超级职业经理人。他们与 A 公司相关人员见面后,并没有急于谈价格问题,而是花了近一个半小时的时间相互"吹捧",这与日本人务实的做事风格不相吻合,于是 A 公司的主要谈判人员终于忍不住了,提出请 B 公司报一个价。B 公司首席执行官搓了搓手,说:我们大概的价格是 163 美元/t。A 公司的谈判代表就笑了,首席谈判代表对他的助手说:你准备好了吗?他助手回答:准备好了,谢谢大家。于是他的助手拿了 4 张 A4 纸走上发言席,客气地说:欢迎大家来到东京做客,我们好客的员工对台湾客人的到来表示感谢。说完客气话后,就开始读纸上的内容:据我所知,台湾最大的山是阿里山,阿里山并没有铁矿石资源,你们所有的原料都从巴西采购,每吨成本 9 美元,你们将铁矿石从巴西运到美国华盛顿州的西雅图,喜欢用法国达飞的轮船,成本 2500 美元,折合每吨 11.58 美元,从西雅图拉到阿拉斯加进行加工,需要加入碳钢元素,你们的碳钢元素材料从韩国采购,每吨成本 5 美元,将加工后的材料从阿拉斯加经厦门港拉到台湾的高雄港,你们喜欢用韩国韩进的船只,每吨成本折合 11.66 美元,你们在台湾用自己的集装箱进行运输、冶炼,加工成本每吨 25.4 美元,你们台湾人做生意喜欢加上 20%的毛利,你们真正的成本应该保持在 41 美元左右。整个价格谈判就只用了不到 6 分钟的时间,以日本人完胜结束。

请分析:(1)台湾热轧板的成本包括哪些?
(2)日本公司在面对四大谈判高手时为什么能够在 6 分钟内击败对方?

实训项目:

1. 请针对四种有典型特征的商品选择合适的询价方法并进行询价,写出报告书。
2. 考虑以下情况。你认为这些是处理供应商的合乎道德的方法吗?

(1)在一项竞争性投标活动中,你的经理告诉你应该把合同授予参加投标的一个供应商。你后来无意中听到他和供应商的电话交谈,发现供应商的董事长正巧与你的经理有关系,你正常地继续开展你的工作。这违背了道德标准吗?

(2)你的一个同事收到 3 份投标书,正在对这些投标进行评估。在你的同事一个已经投标的供应商打电话之后,你注意到你的同事修改了该供应商投标书中的价格。这使得该供应商的投标具有最低价格,因此该供应商更有可能被授予合同。你的同事在处理供应商事务的时候是道德的吗?

(3)在你亲自处理一个投标活动过程中,你收到了一个供应商的电话,他们的销售主管告诉你在给投标定价的时候他犯了一个错误,他高估了脚手架的成本,现在想把价格降低 22000 美元。你注意到,这一修改将使他们的投标最具优势。那么你接受由于他们的错误降低他们的投标价格吗?

(4)你所在的组织运作一项严格的投标程序,由此所有提交的投标书将按指定的日期和时间被接收,某项工作的投标书预期于今天上午 11 点被接收。然而,你于上午 10 点 45 分接到一个投标人打来的电话,他说他们的投标书还没有准备好,他们希望再用两天时间来准备。你需要决定同意这一延期是否是不道德的?

第五章 如何进行库存控制

引例

2008年最后三个月让很多企业感觉到似乎世界末日到来了，企业没有订单，即使价格跌入谷底，产品也还是卖不出去。许多厂家为降低成本，避免资金链断链裂，纷纷停产，给员工放假，将原材料库存尽可能降低甚至根本就不进行库存。但春节过后，电子商品市场却突然异常火爆，国外订单不断，电子原配件市场需求异常旺盛，价格不断上升，为完成订单，即使厂家出高价也难以有效采购回生产所需的电子原配件，很多采购部门一时陷入了争抢电子原配件的忙碌中。

过去认为，仓库里的商品多，表明企业发达、兴隆，现在则认为零库存是最好的库存管理。库存多，占用资金多，利息负担加重。但是如果过分降低库存，则会出现断档。好的库存控制，不仅有利于保证企业正常的生产经营，而且还可以获得较低的采购成本，为企业增加经济效益。学习本章内容，可以帮助我们（但不仅仅局限于）在以下知识和技能方面得以提高：

◆了解库存的内涵和分类；
◆了解库存的经济特性；
◆能运用订货点法、经济订购批量法、MRP采购工作的原理和方法进行库存控制。

第一节 库存管理的概述

一、库存管理的重要性

在供应管理中，库存被定义为储存起来以用于生产过程的物资资源。

库存管理是指优化物资的存储，以便使企业在恰当的时间，以最低的成本满足其用户对特定数量和质量的产品需求的方法。

对于某些类型的企业，库存采购物资的价值会在企业总资产中占有相当大的比重。例如：

在生产型企业中,最终产品中包含的原材料占生产总成本的比重很大。在某些企业中,由于供应线路无法预测等原因,需要保持较多的库存。在商业企业中,采购商品是为了进行再销售,商品库存亦构成其运作成本的主要部分。

保持库存会占用本可以用于企业其他用途的财务资源,从而可能使企业资金周转不畅,很多本可以生存的企业都是由于不良的库存管理而失败的。

保持过量的库存还会导致库存过期并严重降低企业的灵活性。一般而言,在保证企业正常生产所需的前提下,企业库存水平越低,盈利能力越强,对市场条件变化的响应能力也越强。

尽管要将库存水平降低到最低限度,但实际上在绝大多数企业中,仍不可避免地要保持一定的库存。如果库存是不可避免的,那么在进行库存管理过程中,就需要根据市场条件的变化、企业的战略以及商业环境与技术条件对库存量进行准确的度量和控制。

库存管理的目标可以被概括为:在保持特定产出数量、产品质量和用户服务水平的前提下实现成本的最小化。

二、库存的分类

按库存的作用,库存可分为周转库存、安全库存、调节库存和在途库存4种。

1. 周转库存

周转库存是指生产企业或者流通企业为进行生产或流通周转而进行的一些临时的、不断流转的资源。周转库存的产生是基于这样的思想:采购批量或生产批量越大,单位采购成本或生产成本就越低(节省订货费用,得到数量折扣),因而采用批量形式购入。这种由周期性批量购入所形成的库存就称为周转库存。这里有两个概念:一个是订货周期,即两次订货之间的间隔时间;另一个是订货批量,即每次订货的数量。当总需求量一定时,每次订货批量越大,两次订货之间的间隔就越长,周转库存量也越大。周转库存的大小与订货的频率成反比,即订货频率越高,周转库存量就越小。

2. 安全库存

安全库存是为了应付需求、生产周期或供应周期等可能发生的不测变化而设置的一定数量的库存。

需求变动是设定安全库存的原因之一。例如,某企业的周转库存为20天(即库存中的物品可以满足20天的用量),采购提前期为10天(即当给供应商发出采购订单10天后就可以收到这批所采购物品)。在正常情况下,平均每天需求该物品2件,而当实际需求变为每天需要4件时,如果仍按原有的库存策略进行订货,库存中的物品,只够5天的用量。由于订单发出10天后这批货物才能入库,这样,就会出现5天的缺货。为避免缺货的发生,就得增加安全库存。

采购提前期的变化也是设定安全库存的原因之一。当供货商没有按预定的时间供货时,如果没有安全库存,也会出现缺货。例如,假设采购的提前期仍为10天,而由于某种情况使得本次采购的提前期变为12天,如果没有安全库存,就会发生两天的缺货。

在大多数情况下,库存管理者需要对需求和提前期的变动进行预测,通过准确地预测需求,从而减少安全库存。另外,通过采用能够准时交付和运输服务,以及通过选择具有可靠提前期的供应商,有可能消除与提前期变动有关的安全库存。

设置安全库存方法有两种：一种方法是比正常的订货时间提前一段时间订货；另一种方法是使每次的订货量大于到下次订货为止的需要量，多余部分就是安全库存。安全库存的数量除受需求和供应的不确定性影响外，还与企业希望达到的顾客服务水平有关，这些是制订安全库存决策时需要考虑的主要因素。

3. 调节库存

调节库存是用于调节需求或供应的不均衡、生产速度与供应速度的不均衡、各个生产阶段的产出不均衡而设置的。例如，为了保持季节性需求产品生产能力的均衡，将淡季生产的产品置于调节库存，以备旺季的需求，即用调节库存来缓冲生产能力与需求之间的矛盾。对有些季节性较强的原材料，或供应商的供应能力不均衡时，也需设置调节库存。

4. 在途库存

在途库存是指从一个地方到另一个地方处于运输过程中的物品。虽然在途库存在没有到达目的地之前还不能用于销售或发货，但可以将在途库存视为周转库存的一部分。这种库存是一种客观存在，而不是有意设置的。在途库存的大小取决于运输时间以及该期间内的平均需求。

三、库存的作用及其弊端

(一)保持库存的理由

企业可以有很多很好的理由来保持库存，其中最为常见的理由是满足用户与生产的日常需求。但是，如果企业认为未来的物资供应将中断，或将发生物资短缺，那么它便会持有超过上述目标所要求的库存量。同样，如果企业认为未来原材料成本将上升或对产品的需求出现突然增加，它也会保持大量库存。在现实生产中，有很多因素使得企业不得不保持库存，这些因素包括：

1. 需求预测失误

由于确定日常投入品需求的不准确性，企业需要保持一定的缓冲或安全库存，以满足未预料到的、大于预期的需求。估计实际需求的误差越大，补充库存的延迟越久，所需要的缓冲库存量便越大。

2. 供应商供货的不确定性和延迟

保持缓冲库存的另一个理由是，供应商可能不能准时送货。供应商前置期越长，由供货延迟而导致缺货的可能性便越大。某些供货延迟或中断是比较容易预见到的，例如在发生政治危机和运输工人罢工的场合。缩短和控制供应商前置期对于减少缓冲库存至关重要。

3. 供应商最小订货批量

供应商可能会规定最小供货批量，或根据生产和交货总成本最小化原则进行经济批量生产。供应商最小订货批量或生产批量与最优经济订货批量可能并不相等，这也会迫使公司保持库存。

4. 供应商交货间隔

供应商可能拥有自己的进口或生产周期或其他约束条件，这些条件决定了他们要以特定的间隔期(如一个月或一周)交货，在交货间隔期内的生产需求由库存来进行保证。

第五章　如何进行库存控制

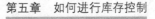

5. 存货方法与政策

企业可以为特定产品的采购与交货制订库存管理方法及准则,如 ABC 分类法中的 C 类物品因其价值很低,企业往往会更加倾向减少精力的花费和节约时间而增加该类物品的库存。

6. 战略性存储

某些物资必须保证 100% 的供货率,但是其供应前置期又是不确定的。在这种情况下,需要保持战略性库存,以防止生产的中断。

7. 采购价格优势

由于供应商提供的价格折扣,某些产品的采购价格随采购数量的增加而降低。此时,为降低单位产品成本,企业往往倾向大批量采购而导致库存增加。

8. 对用户的前置期短于供应商对企业的前置期

当供应商前置期长于企业对用户承诺的前置期时,应保持足够的库存,以满足用户需求。

9. 寄售

为保证及时供货,用户可能要求供应商在用户场所之内提供库存,只有这些库存被使用时,用户才进行付款,并开始拥有对产品的所有权,这种库存被称为寄售。

10. 交货成本最小化

在某些场合,严格按所需数量送货的附加成本可能会大于按整集装箱送货所导致的附加成本。为降低运输成本,可能需要增加送货数量,以保证整箱送货。这会导致更高的库存量。

11. 供应链库存

库存被存储于供应链的不同位置,包括在途运输商品。对于进口商品,由于线路较长,库存数量会比较大。

12. 预留或预防性库存

当存在季节性需求高峰,而供应能力约束又使供方无法满足高峰需求时,需要建立这种库存。在与供应商的合作过程中,企业可以利用低于平均水平的需求低谷时期建立库存,以满足高峰需求。

(二)库存的作用

持有库存的理由在不同情况下、不同企业内可能各有不同、各有侧重。在企业中,库存起着五个方面的作用:

1. 库存使企业能够实现规模经济

如果一个企业想要实现采购、运输和制造方面的规模经济,那么就需要设立库存。

首先,在采购方面,大批量的采购可以获得价格折扣,因为当采购的数量足够大时,采购合同是根据年采购量来进行谈判的,而不是根据每个订单的采购数量来确定。另外,大批量的采购有时还可以减少由于价格上涨带来的损失。例如,当我们预计未来某种材料的市场价格将要上涨时,就可以加大采购批量,多买进一些该材料放在仓库中,以备将来使用,这样就可以减少由于价格上涨造成的成本增加。同时,通过持有一定量的库存,增大订货批量,可以减少订货次数,从而减少订货费用。

其次,在运输方面,如果采购的量较大,那么采购物料的单位运输成本就比较低。单位运输成本较低的原因在于:整车装载运输收取的运输费率要比零担运输收取的费率低。如果供应商都位于同一地理区域内,那么还可能将少量的货物合并起来形成大量运输,以降低运输成本。当运输数量很大时,实现运输的规模经济是可能的。

再次,在制造方面,产成品库存也有可能实现制造的规模经济。如果一个企业是大批量少品种的生产方式,那么单位产品的制造成本是比较低的。而小批量多品种的生产方式则会导致较高的生产和设备调整成本。当生产批量达到一定水平时,就可以实现制造的规模经济,而生产批量加大的结果是持有更多的产成品库存。

2. 库存能够平衡供给与需求

持有库存可以平衡需求与供给的波动。如果市场需求增大,而又不能及时增加生产量以适应这个变化,就可以直接利用库存来满足客户的需求,以提高客户服务水平。许多企业原材料的供应以及产品的市场需求常常具有季节性,而对于季节性的供应或需求,企业有必要持有库存。例如,高档盒装巧克力的市场需求在圣诞节、元旦、春节等节假日会明显增加。为满足这些高峰期的需求量,生产高档盒装巧克力的企业建立相应的生产能力的成本是巨大的。也就是说,生产巧克力的企业通过购买设备、扩大生产能力来满足高峰时期的市场需求,这样做的成本是巨大的,而且还会造成许多时段生产能力的闲置。生产企业一般会在淡季多生产一些巧克力,这些多生产的巧克力就放在仓库中形成库存,以满足高峰时期对巧克力的需求。这样对于企业来说,总成本相对是比较低的。

与此相反的一种情况是,在一年中的不同时期,产品的需求相对比较稳定,但是原材料只有在一年中的某些时期才能采购到。例如,生产罐装水果的制造商就属于这种情况。因而,除非能够从具有不同生长季节的地方采购到原材料,否则对于该制造商来说,有必要在原材料上市季节大量采购原材料,生产超出当前需求量的产成品,并将产品储存到库存中,以满足其他季节的需求。

3. 库存能够预防不确定性的、随机的需求变动以及订货周期的不确定性

库存还可以作为预防不确定性的保护措施。制造商可增加原材料库存,使原材料库存超出为满足生产所必需的库存量,以防止由于采购的不确定性而可能造成的缺货。采购的不确定性原因可能是未来原材料价格要上涨或者可能要发生市场短缺等。不管持有原材料库存的原因是什么,应该对库存成本与持有库存所实现的成本节约或停工待料将带来的机会损失成本进行比较,以确定是否增加库存量以及增加多少。

在企业的生产过程中,为了避免由于关键设备出故障而引起停工,以及为了实现均衡物流(因为并不是所有的制造作业环节都是以同一速度进行生产的),在各车间的生产制造环节之间经常需要保持在制品库存。在不出现生产停顿的情况下,由于生产制造过程中的在制品库存的存在,有可能使生产制造过程实现最大的经济性。在制品库存对保持生产的连续性是必要的,但过量的在制品库存会增加库存成本,从而降低利润。

最后,产成品库存可以减少由于无法预料的市场需求或交货提前期的变动所引起的缺货现象,可作为一种提高客户服务水平的手段。例如,当企业接到客户订单后。可以直接利用产成品库存来满足客户的订单,以实现快速交货。如果没有产成品库存,接到客户订单后再组织产品生产,这时交货期就会比直接利用产成品库存的交货期长,在某种情况下还可能失去客户的订单。

4. 库存在供应链中起缓冲器的作用

供应链是围绕核心企业,通过信息流、物流、资金流的控制,从采购原材料开始,制成中间

第五章 如何进行库存控制

产品以及最终产品,最后由销售网络把产品送到消费者手中的,将供应商、制造商、分销商、零售商直到最终用户链成一个整体的功能网链结构模式。在供应链中,库存有许多不同的表现形式,库存管理水平的高低将直接影响整个供应链是否能够达到预期的目标。库存在整个供应链中,在"供应商—采购"、"采购—生产"、"生产—营销"、"分销—零售"、"零售—消费者"等不同的界面之间起着缓冲器的作用,如图5-1所示。

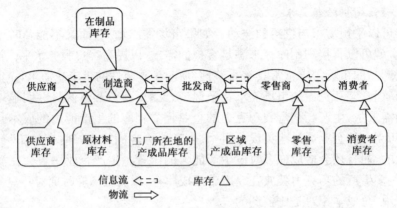

图5-1 供应链中的库存

图5-1表示在一条由"供应商—制造商—批发商—零售商—消费者"构成的供应链中库存的典型位置。因为在大多数供应链中,其成员在地理位置上是相互分离的,因此,为了成功地实现产品的时间和空间效用,有必要将库存存放在整个供应链中。原材料必须从供应源运送到制造地,原材料在制造地(工厂中)被投入到制造过程中。在许多情况下,要求持有原材料库存与在制品库存。

一旦制造过程完成,产品必须被送到工厂所在地的产成品库存。接下来则要对产成品库存进行调度,分配到各区域,可能是公司自有的或租赁的配送中心、公共仓库以及批发商的仓库,或零售连锁企业的配送中心。类似的,消费者也持有一定的库存来维持个人或组织的消费。因此,在整个供应链中,库存起着缓冲作用。

5.库存能够消除供需双方在地理位置上的差异

在途库存,是根据产成品从生产者到中间商及最终消费者手中所需要的时间及数量而确定的库存。由于生产者、中间商及最终消费者常常不在同一地理位置,因此需要有在途库存来消除生产者、中间商及最终消费者的位置上的差异。

(三)库存的弊端

丰田汽车公司将库存称为"万恶之首",其原因是,因为有库存,导致在管理上就没有进行精细管理的需求,使得管理水平不能得到持续的提高。

库存的不利影响主要包括:

1.占用大量资金

库存中存放的物品越多,能够满足客户需求的可能性就越大,但与此同时,占用的资金也就越多。库存中的每一个物品根据其价值的高低都会或多或少地占用资金。在一般情况下,库存资金可能占流动资金的40%,甚至达到60%。从占用资金的角度来看,由于库存的存在,使得资金的占用大量增加。如果没有库存或实现零库存,则可节省大量的资金占用。

2. 发生库存成本

库存成本是指企业为持有库存所需花费的成本。与保持库存相关的各种主要成本包括：
(1) 库存占用资金成本。
(2) 库存管理成本。
(3) 固定仓储成本。主要是指固定运作成本，如仓储设施的折旧或租赁成本、保证库存安全所需要的成本、人员工资等。
(4) 可变库存成本。主要是指与物料搬运相关联的成本。

3. 带来其他一些管理上的问题

由于库存的存在，使得许多问题得不到及时暴露，因而无法得到及时解决，这样会带来一些管理上的问题。例如：掩盖经常性发生的产品或零部件的制造质量问题。当废品率和返修率很高时，一种很自然的做法就是加大生产批量和在制品、产成品库存，掩盖供应商的供应质量问题、交货不及时问题、生产过程中以及销售过程中存在的问题等。

库存常表现为不可避免，具有其积极的一面，但同时也会给企业带来一定的问题。因此，在库存管理的问题上寻求一个折中、平衡的途径和方法，就成为库存管理所要研究和解决的问题。

第二节 库存水平及库存合理化

一、库存水平的描述

库存水平的高低，有两种描述方法：绝对值法和相对值法。

绝对值法是指用处于库存状态的实际物料（商品）的数量来表示，其单位为实物的单位。如个、米、吨等。

相对值法是指用处于库存状态的实际物料（商品）的储存时间来表示，其单位为时间单位，如天等。

在进行比较时，如果企业消耗水平和消耗规律相同，则无论采用哪种方式来进行比较都是一样的。但如果企业的消耗水平不同，则绝对值法不具有可比性，而应该采用相对值法，即用储存多长时间的物料（商品）来进行比较。如两单位同样都储存了 100 个单位的物料，一个企业每天消耗 10 个单位的物料，而另一个单位每天只消耗 2 个单位的物料。如果用绝对值来比较的话，他们的库存水平是相同的，但如果用相对值来比较，则很显然，每天只消耗 2 个单位物料的公司的库存水平为 50 天，而每天消耗 10 个单位物料的公司的库存水平只有 10 天，每天消耗 10 个单位物料的公司的库存水平显然比每天消耗 2 个单位物料的公司库存水平低。

一般来说，企业消耗水平和消耗规律都会有不同，因此，在比较库存水平高低时，采用相对值法来进行比较才具有可比性。

二、影响库存水平高低的因素

一个企业库存量的大小，须视主客观的情况而定。周转库存和安全库存因设定的目的不同，影响的因素也会不同。一般有几个方面因素的影响：

(1) 生产消耗的规律；

(2) 原材料市场价格；

(3) 储存的成本（如储备资金的利息、保管成本、库存损耗、订购费用等）因素；

(4) 需求预测水平；

(5) 采购策略及采购方法。

知识连接：牛鞭效应

牛鞭效应，是经济学上的一个术语，是指供应链上的一种需求变异放大现象，是信息流从最终客户端向原始供应商端传递时，无法有效地实现信息的共享，使得信息扭曲而逐级放大，导致了需求信息出现越来越大的波动，此信息扭曲的放大作用在图形上很像一根甩起的牛鞭，因此被形象地称为牛鞭效应。可以将处于上游的供应方比作梢部，下游的用户比作根部，一旦根部抖动，传递到末梢端，就会出现很大的波动。

牛鞭效应导致供应链中产生过多的库存。有关研究表明，在整个供应链中，从产品离开制造商的生产线至其到达零售商的货架，产品的平均库存时间超过100天。被扭曲的需求信息使供应链中的每个个体都相应增加库存。有关报告估计，在美国就有300多亿美元沉积在食品供应链中，其他行业的情况也不相伯仲。牛鞭效应还导致企业生产预测差。由于无法及时处理积压订单，增加了生产计划的不确定性，如过多地修订计划，增加补救措施的费用、加班费用和加快运输费用等。

三、库存合理化

库存合理化是用最经济的办法实现库存的功能。库存的功能集中体现为对需要的满足，实现被储物的"时间价值"，这是库存合理化的前提或本质。如果不能保证库存功能的实现，其他问题便无从谈起了。但是，库存的不合理又往往表现在对库存功能实现的过分强调，因而是过分投入储存力量和其他储存劳动所造成的。合理库存的实质是，在保证库存功能实现前提下尽量少投入，也是一个投入产出的关系问题。

库存合理化的主要标志包括：

(1) 质量标志。保证被储存物的质量是完成库存功能的基本要求，只有这样，商品的使用价值才能通过物流之后得以最终实现。在库存中增加了多少时间价值或是得到了多少利润，都是以保证质量为前提的。所以，库存合理化的主要标志中，为首的应当是反映使用价值的质量。

(2) 数量标志。在保证库存功能实现前提下要有一个合理的数量范围。在各种约束条件的情况下，通过建立数学模型并求解，可以对库存合理数量范围做出决策。

(3) 时间标志。在保证库存功能实现前提下寻求一个合理的储存时间，这是和数量有关的问题，库存量越大而消耗速率越慢，则储存的时间必然长，相反则必然短。在具体衡量时，往往用周转速度指标来反映时间标志，如周转天数、周转次数等。

在总时间一定前提下，个别被储物的储存时间也能反映库存合理程度。如果少量被储物长期储存,成了呆滞物或储存期过长,虽反映不到总周转指标中去,也说明库存管理存在不合理。

(4)结构标志。结构标志是从被储物不同品种、不同规格、不同花色的库存数量的比例关系对库存合理与否的判断。尤其是相关性很强的各种物品之间的比例关系更能反映库存合理与否,由于物品之间相关性很强,只要有一种物品出现耗尽,即使其他物品仍有一定数量,也会无法投入使用。所以,不合理的结构影响面并不仅局限在某一种库存物品上,而是有扩展性的,结构标志的重要性也可由此确定。

(5)分布标志。分布标志是指不同地区库存数量的比例关系,以此判断当地需求比,以及对需求的保障程度,也可以此判断对整个物流的影响。

(6)费用标志。仓租费、维护费、保管费、损失费、资金占用利息支出等,都能从实际费用上判断储存的合理与否。

第三节　传统库存控制技术——订货点采购技术

订货点采购,实际上是在考虑库存控制基础上的采购方法。也就是说,它既是一种采购方法,也是一种库存控制的实施方法。因此,我们制订这个具体的采购方法时,必须根据库存控制的原理来制订。为了实现库存控制,我们的采购应该做到有节制、做到适时适量。

订货点采购管理的目的,就是要做到适时适量地采购进货,形成原材料或成品库存,既要使它能保证生产或销售的消耗需要,又要做到采购库存的库存量最小,整个进、出、存经营的总费用最省。

由此也可以看出,采购管理的目的也就是要维持一个合适数量的采购库存,用以应对用户对采购物资的需求。因此,这种传统的采购又叫作基于库存的采购。它是以填充库存为目的的。

控制订货,就是控制订货参数。最主要的订货参数有两个:一是订货时机,二是订货数量。订货时机,就是订货点;订货数量,就是订货的批量。订货点采购就是通过控制订货点和订货批量来进行有控制的订货进货,达到既满足用户需要,又使库存量最小。

订货点采购技术可分为定量订货法和定期订货法两种。

一、定量订货法

1. 定量订货法原理

所谓定量订货法,是指当库存量下降到预定的最低库存数量(订货点)时,按规定数量(一般以经济批量 EOQ 为标准)进行订货补充的一种库存控制方法,如图5-2所示。

2. 订货点的确定

订货点根据以下三个因素确定:

(1)订货提前期时间;

(2)平均需求量;

(3)安全存量。

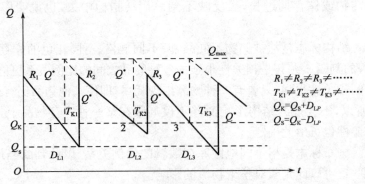

图 5-2 定量订货法示意图

按需求和进货期时间的不同,订货点的计算方法可以分为以下两种:

(1)在需求和订货提前期时间固定不变的情况下

不需要设定安全库存,订货点由下式确定:

$$订货点 = 订货提前期时间(天) \times \frac{全年需求量}{365 \, 天} \quad (5-1)$$

【例1】 某配送中心每年配送 A 商品 18250 箱,订货提前期为 10 天,那么 A 商品的订货点为:

$$Q_K = 10 \times (18250 \div 365) = 500 \text{ (箱)}$$

(2)在需求和订货提前期时间有变化的情况下

需要设定安全库存。可采用下式确定:

$$订货点 = (平均需求量 \times 最大订货提前期时间) + 安全存量 \quad (5-2)$$

安全存量要用概率和统计方法计算,计算公式如下:

$$安全存量 = 安全系数 \times \sqrt{最大订货提前期时间} \times 需求变动值 \quad (5-3)$$

式(5-3)中安全系数取值见表 5-1。

安 全 系 数 表   表 5-1

安全系数值	0.5	0.6	0.7	0.8	0.9	1.0	1.1	1.2	1.3	1.4
缺货概率(%)	30.6	27.4	24.2	21.2	18.4	15.9	13.6	11.5	9.7	8.1
在几次订货中可能发生一次缺货(次)	3次中有1次	4	4	5	5	6	7	9	10	12
安全系数值	1.5	1.6	1.65	1.7	1.8	1.9	2.0	2.1	2.2	2.3
缺货概率(%)	6.7	5.5	5.0	4.5	3.6	2.9	2.3	1.8	1.4	0.8
在几次订货中可能发生一次缺货(次)	15	18	20	22	28	35	44	56	72	122

$$需求变动值(标准偏差) = \sqrt{\frac{\sum(Y_i - \overline{Y})^2}{n}} \quad (5-4)$$

【例2】 某商品过去三个月的需求量实绩分别为:1月份 126 箱,2月份 110 箱,3月份

127箱。求该商品的需求变动值(标准偏差)。

解：平均需求量$(\overline{Y}) = \dfrac{126+110+127}{3} = 121$(箱)

需求变动值(标准偏差)$= \sqrt{\dfrac{(126-121)^2+(110-121)^2+(127-121)^2}{3}} = 7.79$

第二种方法，在资料期数较多的情况下，可用下列公式计算：

需求变动值 = (最大需求量 - 最小需求量)$\times \dfrac{1}{d_2}$

d_2是随资料期数多少(在统计学中是所取样本的大小)而变动的常数，可查表5-2而得。

随资料期数而变动的d_2值　　　表5-2

n	2	3	4	5	6	7	8	9
d_2	1.128	1.693	2.099	2.326	2.534	2.704	2.847	2.970
$1/d_2$	0.8865	0.5907	0.4857	0.4299	0.3946	0.3698	0.3912	0.3367
n	10	11	12	13	14	15	16	17
d_2	3.078	3.173	3.258	3.336	3.407	3.472	3.532	3.588
$1/d_2$	0.3249	0.3152	0.3069	0.2998	0.2935	0.2880	0.2531	0.2787
n	18	19	20	21	22	23	24	
d_2	3.640	3.689	3.735	3.778	3.820	3.858	3.896	
$1/d_2$	0.2747	0.2711	0.2677	0.2647	0.2618	0.2592	0.2567	

【例3】　某配送中心的某商品去年分月需求量如表5-3所示，最大订货提前期为2个月，缺货概率为5%，即在100次订货中可能有5次缺货。求该商品的订货点。

某配送中心某商品去年分月需求量(单位：箱)　　　表5-3

月份	1	2	3	4	5	6	7	8	9	10	11	12	全年合计
需求量	162	173	167	180	181	172	170	168	167	174	170	168	2052

解：平均月需求量 = 2052÷12 = 171(箱)

安全系数 = 1.65(查表5-1而得)

需求变动值 = (最大需求量 - 最小需求量)$\times \dfrac{1}{d_2}$ = (181-162)×0.3069 = 5.8311(箱)

订货点 = $171\times 2 + 1.65\sqrt{2}\times 5.8311 \approx 356$(箱)

当该商品的库存量只有356箱时，就应该立即进行订货，以补充库存。

3.订货量的确定——经济批量模型

经济批量模型就是通过平衡订货成本和储存成本，确定一个最佳的订货数量来实现最低总库存成本的方法。

(1)基本经济批量模型

基本经济批量模型的假定条件有：

①只涉及一种商品；

②年需求量已知；

③一年之中的需求发生平滑,因此需求比例是一个合理的常数;
④订货提前期不变;
⑤各批量单独运送接收;
⑥没有数量折扣。

设 C 代表某商品每年的总库存成本,D 代表某商品每年的需求总量,S 代表某商品每次订货的成本,H 代表某商品的单位年储存成本,Q 代表每次订货的数量。

则每年的平均库存量为 $Q/2$,每年的储存成本为 $(Q/2) \times H$,每年订货次数为 D/Q,每年订货成本为 $(D/Q) \times S$,全年总库存成本等于每年的订货成本与储存成本之和。具体公式如下:

$$C = \frac{D}{Q} \times S + \frac{Q}{2} \times H \tag{5-5}$$

对上式进行微分求导,并令求导数后的方程式为零,通过解这个方程式所求得的订货批量就是使总库存成本最小的最佳订货量,即为经济批量(Economic Order Quantity,EOQ)。经济批量公式如下:

$$Q^* = \sqrt{\frac{2D \times S}{H}} \tag{5-6}$$

全年订货次数为:$N = \dfrac{D}{Q^*}$

全年总库存成本为:$C^* = \sqrt{2D \times S \times H}$

每次订货之间的间隔时间为:$T = \dfrac{365}{N}$

【例4】 某配送中心,某商品年需求量为 360000 箱,单位商品年平均储存费用 4 元,订货费用平均每次为 50 元。求经济订货批量。

解:将已知数据代入经济批量公式,得到:

$$Q^* = \sqrt{\frac{2D \times S}{H}} = \sqrt{\frac{2 \times 360000 \times 50}{4}} = 3000 \text{(箱)}$$

在年需求量为 360000 箱的情况下:

全年订货次数为:$N = \dfrac{D}{Q^*} = 360000 \div 3000 = 120$(次)

平均库存水平为:$\dfrac{Q^*}{2} = 3000 \div 2 = 1500$(箱)

每次订货之间的时间间隔为:$T = \dfrac{365}{N} = 365 \div 120 \approx 3$(天)

全年总库存成本为:$C^* = \sqrt{2 \times D \times S \times H} = \sqrt{2 \times 360000 \times 50 \times 4} = 12000$(元)

(2)数量折扣条件下的经济批量模型

储存成本以价格百分比形式表达时,经济批量的计算步骤如下:

第一步,按照经济批量公式计算在不同区间价格幅度内的经济批量。

第二步,对不同区间价格内的 Q^* 进行比较取舍。例如已知一个区间内的有关数据,如

表 5-4 所示。

第三步,计算各区间内对应于经济批量的总费用,并进行比较,就可作出最佳订货决策。

表 5-4

经济批量	订货量	单 价
$Q^* = \sqrt{\dfrac{(2D \times S)}{H}}$	$a \leqslant$ 订货量 $\leqslant b$	P

①若 $Q^* < a$,则区间内的经济批量 $Q^* = a$;

②$a \leqslant$ 订货量 $\leqslant b$,则该区间内的经济批量 $Q^* = \sqrt{\dfrac{2D \times S}{H}}$;

③若 $Q^* > b$,则在该区间内没有经济批量。

【例 5】 某配送中心每年采购某种商品 30000 箱,每批量订货费用为 2500 元,储存费用为商品价款的 20%,供货单位的区间价格见表 5-5,求经济批量。

表 5-5

订货批量 Q(箱)	每箱单价 P(百元)
$Q \leqslant 3000$	0.21
$3000 < Q \leqslant 5000$	0.19
$5000 < Q \leqslant 7000$	0.17
$7000 < Q \leqslant 9000$	0.15
$9000 < Q$	0.13

解:先按经济批量公式计算各区间价格下的经济批量,如表 5-6 所示。

表 5-6

经济批量 Q_i^*	订货范围	单价 P_i
$Q_1 = \sqrt{\dfrac{2 \times 30000 \times 25}{0.21 \times 20\%}} = 5976$	$Q \leqslant 3000$	0.21
$Q_2 = \sqrt{\dfrac{2 \times 30000 \times 25}{0.19 \times 20\%}} = 6283$	$3000 < Q \leqslant 5000$	0.19
$Q_3 = \sqrt{\dfrac{2 \times 30000 \times 25}{0.17 \times 20\%}} = 6642$	$5000 < Q \leqslant 7000$	0.17
$Q_4 = \sqrt{\dfrac{2 \times 30000 \times 25}{0.15 \times 20\%}} = 7071$	$7000 < Q \leqslant 9000$	0.15
$Q_5 = \sqrt{\dfrac{2 \times 30000 \times 25}{0.13 \times 20\%}} = 7596$	$9000 < Q$	0.13

由于 $Q_1 > 3000$,$Q_2 > 5000$,故 Q_1、Q_2 不是区间经济批量;$5001 < Q_3 < 7000$,$7001 < Q_4 < 9000$,故 Q_3、Q_4 是区间经济批量;而 $Q_5 < 9000$,故 9001 是区间的经济批量。对这三个区间经

济批量进行总库存成本比较,其最小者为经济订货批量。由 $C = \dfrac{D}{Q} \times S + \dfrac{Q}{2} \times H$ 得表5-7。

表 5-7

经济批量 Q_i（箱）	6642	7071	9001
总库存费用 C（百元）	$(30000 \div 6642) \times 25 +$ $(6642 \div 2) \times 0.17 \times 20\% = 226$	$(30000 \div 7071) \times 25 +$ $(7071 \div 2) \times 0.15 \times 20\% = 212$	$(30000 \div 9001) \times 25 +$ $(9001 \div 2) \times 0.13 \times 20\% = 200$

因此,每批订货9001箱,有最低总库存费用200元,故应选此作为经济订货批量。

二、定期订货法

1. 定期订货法原理

定期订货法的运行模型见图5-3。

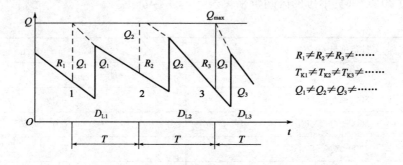

图 5-3 定期订货法示意图

订货周期假设为T,库存控制的最高库存量假设为Q_{max}。库存销售按正常规律进行。则第一次的订货量$Q_1 = Q_{max} - Q_{K1}$。

2. 定期订货法的实施

(1) 订货周期如何确定?

订货间隔期的长短,直接决定了最高库存量的大小。

订货周期的制订原则,是在采用该订货周期订货过程中的总费用最省。可以在计算出运行过程总费用函数的基础上,使一阶微分等于0而求出订货周期T。

$$T^* = \sqrt{\dfrac{2S}{H \times R}} \tag{5-7}$$

式中:T^*——经济订货周期;

S——单次订货成本;

H——单位商品单位时间储存成本;

R——单位时间内的销售(需求)量。

(2) 最高库存量如何确定?

确定条件下的最高库存量等于各个$(T+T_K)$期间的需求量的平均值,加上一个安全库存

量 Q_S，即：

$$Q_{max} = \overline{R}(T+\overline{T_K}) + Q_S \tag{5-8}$$

(3) 订货量如何确定？

第 i 次检查库存发出订货的数量 Q_i 可以表示为：

$$Q_i = Q_{max} - Q_{Ki} - Q_{Mi} + Q_{Ni} \tag{5-9}$$

式中：Q_{Ki}——存于仓库中的商品数量；

Q_{Mi}——已订未到商品数量，即在途储存量；

Q_{Ni}——已经售出而尚未发货的商品数量。

第四节 相关需求量的库存控制——MRP 采购

一、MRP 系统基本原理

(一) MRP 系统的目标

MRP 系统的主要目标是控制库存水平，确定产品的生产优先顺序，满足交货期的要求，计划生产系统的负荷，并使其达到均衡等。具体可归纳为以下几点：

(1) 采购恰当品种数量的零部件，在恰当的时间订货，维持可能最低的库存水平；

(2) 保证计划生产和向用户提供所需的各种材料、零件和产品；

(3) 计划充分且负荷均衡，对于未来的负荷，在计划中做适当的考虑；

(4) 规划制造活动、交货日期和采购活动。

(二) MRP 系统的输入

MRP 系统的输入有三个部分：主生产计划、产品结构文件和库存状态文件。

1. 主生产计划 (Master Production Schedule, MPS)

主生产计划是一个综合性计划，是 MPS 的主要输入，相当于产品生产进度计划，是 MRP 运行的驱动力量。MPS 的对象是最终产品，主要是指按独立需求处理的产成品。MPS 确定了最终产品的出厂时间和出厂数量，产品的需求量可以通过用户订单、需求预测而得到。

MPS 中规定的出厂数量是指净需求量。如果是总需求量，则须扣除现有库存量，才能得到需要生产的数量。

图 5-4 为某产品的主生产计划。

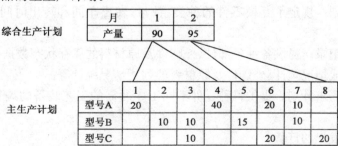

图 5-4 某产品的主生产计划

2. 产品结构文件

产品结构文件，也称物料清单（Bill of Materials，BOM），是生产某最终产品所需的零部件、辅助材料或材料的目录。物料清单与物资消耗定额不同，它不但要反映产品生产所需的各种物料的数量，还要确切地反映出产品的制造方式。

图 5-5 是 Q 产品结构层次图，产品结构层次表又称错口式物料清单。

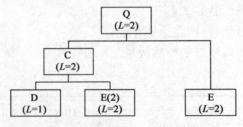

图 5-5　Q 产品的产品结构层次图

图 5-5 表示 Q 产品由 1 个 C 产品（零部件）和 1 个 E 产品（零部件）构成，1 个 C 产品（零部件）由 1 个 D 产品（零部件）和 2 个 E 产品（零部件）构成。L 表示产品（零部件）生产所需要的前置期。

3. 库存状态文件

产品结构文件是相对稳定的，库存状态文件却处于不断变化之中。MRP 每运行一次，它就发生一次大的变化。

库存状态文件在 MRP 处理过程中起重要作用。对在任一时间需要生产的零部件来说，MRP 程序首先必须确定：

(1) 若零部件在库存中的可用量（现存量＋预计到达量）能满足当前时段需求，则无需再在本期继续生产（或订货）；

(2) 若零部件的可用库存量不能满足某时段的需求，则必须按生产提起期（前置时间）发出生产（或订货）指令。

（三）MRP 系统的输出

主要输出报告一般包括：

(1) 零部件投入生产计划。规定了每个零件和部件的投入数量和投入时间、生产数量和生产时间。

(2) 原材料需求计划。规定了每个零件所需要的原材料种类、需要数量及需要时间，并按原材料、型号、规格汇总，以便供应部门组织供料。

(3) 互换件计划。规定了互换零件的种类、数量，转出车间和转出时间，转入车间和转入时间。

(4) 库存状态记录。提供各种零部件、外购件及原材料的库存状态数据，以供随时查询。

(5) 零部件完成情况统计、外购件及原材料的到货情况统计等。

(6) 工艺装备需求计划。提供每种零件不同工序所需的工艺装备的编号、种类、数量及需要时间。

(7) 计划将要发出的订货。

(8) 已发出订货的调整，包括改变订货期、取消和暂停某些订货等。

(9)对生产及库存成本进行预算的报告。
(10)交货期模拟报告。

二、MRP 系统中的订货批量

1. MRP 计算程序

MRP 运算是 MRP 系统的一个重要功能。MRP 系统的基本运算主要有三个环节:一是在需求的层次上按产品结构关系分解;二是在需求的时间上按订货周期从最终产品的交货期起,一步一步向前倒推;三是在求出各零部件总需求的基础上,根据库存状况算出净需求,决定订货日期及数量,这些环节是同时进行的。

(1)总需求量 $G(t)$

它是在每个时间段 t 里零部件(或最终产品)的总生产量(耗用量或出库量)。最终产品的需求量由主生产计划给出,而零件的总需求量则由它的母体零件的计划发出订货量 $R(t)$ 得出。

(2)预计到达量 $S(t)$

零部件在单位时间段 t 内的预计到达量,是指在计划之前预先设定的或已经订货(指下达加工订单和采购订单)但还未到货的在途量,预计在计划期内可以投入使用。

(3)净需求量 $N(t)$

它是在考虑了现有存储量、预计到达量后,零部件在时间段 t 内的实际需求量,是指为了满足母项或主生产计划的需求必须供应的零部件的净需求数量。其计算公式如下:

$$N(t) = G(t) - S(t) - H(t-1) \tag{5-10}$$

式中:$H(t-1)$——上期期末现有存储量。

当 $N(t) \leqslant 0$ 时,取 $N(t)=0$。

(4)计划订货到达量 $P(t)$

这是指为满足净需求,零部件在时间段 t 计划应到的订货数量。如果按逐批批量方法计算,即各零部件均按每个时间段需要的确切数量采购,则 $P(t)$ 为:

$$P(t) = N(t) \tag{5-11}$$

由于零部件不提前购置,因此没有存储成本。但此方法未考虑每次采购所发生的订货成本,以及调整设备的准备成本。

如果按其他的 MRP 系统批量方法计算,当批量为 Q 时,则 $P(t)$ 为:

$$P(t) = \begin{cases} N(t) & N(t) \geqslant Q \\ Q & 0 < N(t) < Q \\ 0 & N(t) = 0 \end{cases} \tag{5-12}$$

(5)计划发出订货量 $R(t)$

这是指应当发出订单以使母项在需要的时候得到零部件供应的数量,该数量应与 $P(t)$ 相同,但要按订货提前期(前置时间)前移,其计算公式为:

$$R(t-L) = P(t) \tag{5-13}$$

式中：L——订货提前期。

(6) 预计现有存储量 $H(t)$

预计现有存储量是指预期的期末库存量。

$$H(t) = S(t) + P(t) + H(t-1) - G(t) \tag{5-14}$$

计划期之前的现有库存量为 $H(0)$。

2. MRP 的计算表

MRP 计算表的形式如表 5-8 所示。

表 5-8　MRP 计算表的形式

时段 t	0	1	2	3	4	5	6
总需求量 $G(t)$							
预计到达量 $S(t)$							
预计现存量 $H(t)$							
净需求量 $N(t)$							
计划订货到达量 $P(t)$							
计划发出订货量 $R(t)$							

表 5-8 中，时段 $t=0$ 表示计划期开始时的状况。该栏数据往往是已知的。同时"预计到达量 $S(t)$"行的数据也是已知的。

3. MRP 计算示例

某产品的部分 MRP 计划如表 5-9 所示。

表 5-9

时段 t(周)	0	1	2	3	4	5	6	7	8
总需求量 $G(t)$		5	10	18	0	10	6	0	14
预计到达量 $S(t)$			20						
预计现存量 $H(t)$	20								

已知前置期为 2 周，采用逐批订货（计划订货到达量等于净需求量）的方式，请完成 MRP 系统的计算。

解：计算结果如表 5-10 所示。

表 5-10

时段 t(周)	0	1	2	3	4	5	6	7	8
总需求量 $G(t)$		5	10	18	0	10	6	0	14
预计到达量 $S(t)$			20						
预计现存量 $H(t)$	20	15	25	7	7	0	0	0	0
净需求量 $N(t)$						3	6		14
计划订货到达量 $P(t)$						3	6		14
计划发出订货量 $R(t)$				3	6		14		

结论：

在第三周发出订货单，订购 3 个单位的物料；在第四周订购 6 个单位的物料；在第六周订购 14 个单位的物料。

请思考，在上例中，如果订购批量不得小于 15 个单位，请通过计算，制订采购计划。

第五节　JIT 采购

一、JIT 采购(JIT Procurement)的概述

JIT 采购又称为准时化采购，它是由准时化生产(Just in Time)管理思想演变而来的。它的基本思想是：把合适的数量、合适质量的物品在合适的时间供应到合适的地点，更好地满足用户需要。准时化采购和准时化生产一样，它不但能够更好地满足用户需要，而且可以极大地消除库存、最大限度地消除浪费，从而极大地降低企业的采购成本和经营成本，提高企业的竞争力。

二、JIT 采购模式的原理

JIT 采购的原理主要表现在以下几个方面：

(1)与传统采购面向库存不同，准时化采购是一种直接面向需求的采购模式，它的采购送货是直接送到需求点上。

(2)用户需要什么，就送什么，品种规格符合客户需要。

(3)用户需要什么质量，就送什么质量，品种质量符合客户需要，拒绝次品和废品。

(4)用户需要多少就送多少，不少送，也不多送。

(5)用户什么时候需要，就什么时候送货，不晚送，也不早送，非常准时。

(6)用户在什么地点需要，就送到什么地点。

JIT 采购既做到了更好地满足企业对物资的需求，又使得企业的库存量最小，只需要在生产线边有一点儿临时物资的存放，一天工作完，这些临时存放就消失了，实现了零库存。

三、JIT 采购的主要优点

传统采购是补充库存，并以一定的库存来应对企业需求，为了保证企业生产经营的正常进行和应付物资采购过程中的各种不确定性(如市场变化、物资短缺、运输条件约束等)，常常产生大量的原材料和外购件库存。虽然传统采购方式也在极力进行库存控制，想方设法压缩库存，但是由于机制问题，其压缩库存的能力是有限的。特别是在需求急剧变化的情况下，常常导致既有高库存、又存在某些物资缺货的局面。而 JIT 作为一种先进的采购模式，不但可以有效克服传统采购的缺陷，提高物资采购的效率和质量，还可以有效提升企业的管理水平，为企业带来巨大的经济效益。主要优点包括以下几个方面：

(1)有利于暴露生产过程隐藏的问题。JIT 采购提供了一个不断改进的有效途径，即降低原材料和外购件库存——暴露物资采购问题——采取措施解决问题——降低原材料和外购件库存。JIT 采购通过不断减少外购件和原材料的库存来暴露生产过程中隐藏的问题，从解决

深层次的问题,来提高生产效率。

(2)消除了生产过程中的浪费。JIT采购通过大大地精简了采购作业流程,消除了把大量时间、精力、资金花在(如订货、修改订货、收货、装卸、开票、质量检验、点数、入库及运转等)不增加产品价值的活动上,极大地提高了工作效率。

(3)提高用户企业和供应商企业的科学管理水平。JIT采购模式不仅对企业内部的科学管理提出了严格的要求,而且对供应商的管理水平提出了更高、更严格的要求。JIT采购模式的运作,在客观上将在用户企业和供应商企业中铸造一种新的科学管理模式,这将大大提高用户企业和供应商企业的科学管理水平。

(4)使企业真正实现柔性生产。JIT采购使企业实现了需要什么物资,就能供给什么样的物资,什么时间要就能什么时间供应,需要多少就能供给多少。从而使JIT采购最能适应市场需求变化,使企业能够具有真正的柔性。

四、JIT采购模式的主要特点

(1)采用较少的供应商甚至单源供应。单源供应是JIT采购的基本特征之一。所谓单源供应,是指对某一种原材料或外购件只从一个供应商那里采购;或者说,对某一种原材料或外购件的需求,仅由一个供应商供货。从理论上讲,采取单源供应比多头供应好,一方面,对供应商的管理比较方便,且可以使供应商获得内部规模效益和长期订货,从而使购买原材料和外购件的价格降低,有利于降低采购成本;另一方面,单源供应可以使制造商成为供应商的一个非常重要的客户,因而加强了制造商与供应商之间的相互依赖关系,有利于供需之间建立长期稳定的合作关系,质量上比较容易保证。但是,采取单源供应也有风险,比如供应商可能因意外原因中断交货。另外,采取单源供应,使企业不能得到竞争性的采购价格,会对供应商的依赖性过大等。

(2)采取小批量采购的策略。小批量采购是JIT采购另一个基本特征。JIT采购和传统的采购模式的一个重要不同之处在于准时生产需要减少批量,甚至实现"一个流生产"。因此,采购物资也应采用小批量办法。从另一个角度看,由于企业生产对原材料和外购件的需求是不确定的,而JIT采购又旨在消除原材料和外购件库存,为了保证准时、按质按量供应所需的原材料和外购件,采购必然是小批量的。

(3)运用新的标准选择供应商。由于JIT采购采取单源供应,能否选择到理想的供应商是JIT采购能否成功实施的关键。合格的供应商应具有较好的技术、设备条件和较高的管理水平,可以保障采购的原材料和外购件的质量,保证准时按量供货。

(4)对交货的准时性要求更加严格。JIT采购的一个重要特点是要求交货准时,这是实施准时化生产的前提条件。交货准时取决于供应商的生产与运输条件。作为供应商,要使交货准时,可以从以下几个方面着手:一方面不断改善企业的生产条件,提高生产的连续性和稳定性,减少由于生产过程的不稳定导致延迟交货或误点现象。另一方面,为了提高交货准时性,运输问题不可忽视。

(5)从根源上保障采购质量。实施JIT采购后,企业的原材料和外购件的库存很少,甚至为零。因此,为了保障企业生产经营的顺利进行,采购物资的质量必须从根源上抓起,也就是说,质量问题应由供应商负责,而不是企业的物资采购部门。JIT采购就是要把质量责任返回给供应商,从根源上保证采购质量。

(6)对信息交流的需求加强。JIT采购要求供应与需求双方信息高度共享,保证供应与需求信息的准确性和实时性。由于双方的战略合作关系,企业在生产计划、库存、质量等各方面的信息都可以及时进行交流,以便出现问题时能够及时处理。只有供需双方进行可靠而快速的双向信息交流,才能保证所需的原材料和外购件的准时按量供应。同时,充分的信息交换可以增强供应商的应变能力。

(7)可靠的送货和特定的包装要求。可靠送货,是实施JIT采购的前提条件。而送货的可靠性,常取决于供应商的生产能力和运输条件,一些不可预料的因素,如恶劣的气候条件、交通堵塞、运输工具故障等,都可能引起送货延迟。此外,JIT采购对原材料和外购件的包装也提出了特定的要求。通常采用标准规格且可重复使用的容器包装,既可提高运输效率,又能保证交货的准确性。

五、JIT采购的具体实施

企业在实施JIT采购时,大体可以遵从下面具体步骤:

(1)创建JIT采购班组。JIT采购班组除企业采购供应部门有关人员之外,还要由本企业以及供应商企业的生产管理人员、技术人员、搬运人员等共同组成。一般应成立两个班组:一个班组是专门处理供应商事务的班组,该班组的任务是培训和指导供应商的JIT采购操作,衔接供应商与本企业的操作流程,认定和评估供应商的信誉、能力,与供应商谈判,签订准时化供货合同,向供应商发放免检签证等;另一个班组是专门协调本企业各个部门的JIT采购操作,制订作业流程,指导和培训操作人员,进行操作检验、监督和评估。

(2)制订计划,确保JIT采购有计划有步骤地实施。企业要有针对性地制订采购策略,制订出具体的分阶段改进当前传统采购的措施,包括减少供应商的数量、供应商的评价、向供应商发放签证等内容。企业要与供应商一起商定JIT采购的目标和有关措施,保持经常性的信息沟通。

(3)精选少数供应商建立伙伴关系。供应商和企业之间互利的伙伴关系,意味着双方充满了一种紧密合作、主动交流、相互信赖的和谐气氛,共同承担长期协作的义务。在这种关系的基础上,发展共同的目标,分享共同的利益。企业可以选择少数几个最佳供应商作为工作对象,抓住一切机会加强与他们之间的业务关系。

(4)进行试点工作。企业可以先从某种产品、某条生产线或是某些特定原材料的试点开始,进行JIT采购的试点工作。通过试点总结经验,为正式的JIT采购实施打下基础。

(5)搞好供应商培训。JIT采购是供需双方共同的业务活动,需要供应商对JIT采购的策略和运作方法充分认识和理解,因此,需要对供应商进行教育和培训。通过培训,大家取得一致的目标,相互之间就能够很好地协调,做好采购的准时化工作。

(6)给供应商颁发产品免检证书。在实施JIT采购策略时,核发免检证书是非常关键的一步。颁发免检证书的前提是供应商的产品100%合格。为此,核发免检证书时,要求供应商提供最新的、正确的、完整的产品质量文件,包括设计蓝图、规格、检验程序以及其他必要的内容。

(7)实现配合节拍进度的交货方式。当生产线正好需要某种物资时,该物资就到货并运至生产线,生产线拉动它所需的物资,并在制造产品时使用该物资。

(8)继续改进,扩大成果。JIT 采购是一个不断完善和改进的过程,需要在实施过程中不断总结经验教训,从降低运输成本,提供交货的准确性,提高产品质量,降低供应库存等各个方面进行改进,不断提高 JIT 采购的运作绩效。

思考与练习题

1. 电子类研究所的生产和科研任务繁重,产品种类繁多,器材所需数量大。从计划采购到质检各个环节流程复杂,众多原材料的采购和管理也十分复杂,部分采购人员的管理素质有待进一步提高。

请问:如何在保障科研和生产不缺料的同时,还能减少库存的资金占用量?如何才能提升采购人员的采购绩效?

2. 某企业 a 产品安全库存为 20 单位,需求量的期望值为 100 单位/月,单位货物的每月存储费为 0.5 元/(单位·月),提前订货期的期望值为 6 天,每次订货费为 100 元。

请计算:货物 a 的最佳订购批量、最小库存总费用、订货点?

[案例分析]

1. 中国台湾 A 公司与法国 B 公司的供应商管理库存(VMI)计划

A 公司为世界最大的食品公司,B 公司为世界第二大的连锁零售集团,两家公司在全球均为流通产业的领导商,两家公司为在 ECR(Efficient Consumer Response,有效顾客反应)方面做更密切的合作,建立了一个 VMI 计划的运作机制,其总目标是要提高商品的供应率,降低顾客(B 公司)库存持有天数,缩短订货前置时间以及降低双方物流作业的成本。

(1) A 公司与 B 公司的关系现状

B 公司对 A 公司来说是一个重要的顾客,决定购买的种类和数量,虽然 A 公司对 B 公司设有相应专属的业务人员,但双方的关系仍只是单纯的买卖关系,各自有独立的内部 ERP 系统,彼此间不兼容。为推动 VMI 计划,两家公司准备以 EDI 方式进行联机。

(2) 双方的投入

在人力投入方面,A、B 公司分别设置专门的对应窗口,其他包括物流、业务或采购、信息等部门以协助的方式参与计划,并逐步转变为物流对物流、业务对采购以及信息对信息的团队运作方式。

在经费投入方面,B 公司主要是在 EDI 系统建置的花费,没有其他额外的投入,A 公司除 EDI 建置外,还引进了一套 VMI 的系统,花费约 250 万元。

(3) 实施 VMI 所取得的成果

在具体的成果上,除建置了一套 VMI 运作系统与方式外,在经过近半年的实际上线执行 VMI 运作以来,对于具体目标达成上也已有显著的成果,A 公司对 B 公司物流中心产品到货率由原来 80%左右提升至 95%(超越目标值),B 公司物流中心对零售店面产品到货率也由 70%左右提升至 90%左右,而且仍在继续改善中,库存天数由原来的 25 天左右下降至目标值以下,订单修改率也由 60%~70%下降至现在的 10%以下。

经过这次合作,让双方更加相互了解,也愿意共同解决问题,并使原本各项问题的症结点陆续浮现,有利于根本性改进供应链的整体效率,同时掌握销售资料和库存量,作为市场需求预测和库存补货的解决方法。另一方面,A 公司在原来与 B 公司的 VMI 计划基础上,也进一步考虑针对各店降低缺货率,以及促销合作等计划的可行性。

根据上述背景材料,回答以下问题:
① 什么是 VMI？实施 VMI 对企业有什么要求？
② 实施 VMI 给 A 公司与 B 公司带来了哪些好处？
③ 为了实施 VMI，A 公司与 B 公司做了哪些工作？
④ 供应商库存管理一般分为几个步骤？
⑤ 上述案例中，供应商库存管理系统的特点有哪些？给我们什么启示？
⑥ 请设计一个供应商考核表。

2. 欧洲×游艇制造公司的库存控制

欧洲游艇制造业极其发达，共有大小规模不等的企业数百家，×公司是该行业中的一家规模较大的企业，其年产值居该行业的前 10 名。随着市场竞争越来越激烈，×公司面对巨大压力，市场份额和利润呈下降趋势。为了能够稳固其市场地位，必须采取措施以保持其市场竞争力。在对市场进行分析之后，提出了以下几种改进方案：

(1) 邀请控制面板和前风挡的供应商参与企业产品的设计，在成本合理上升的前提下，开发出新款产品；
(2) 与本地零部件供应商实施准时制(JIT)供货策略；
(3) 联合其他游艇制造商组成采购联合体，对某些物料进行批量采购；
(4) 对非本地供应商采用"寄售"策略，租给其本厂仓库，按实际使用数量结算；
(5) 对某些"寄售"供应商的供货结算推迟游艇销售之后；
(6) 对人力资源管理的某些工作实施外包，如工资发放、社会保险缴纳以及招聘等工作。

作为一名采购与供应管理咨询公司的高级咨询顾问，请帮助该公司判断以上这些方案能否同时加以实施，理由是什么？在进行评价和说明时请按照下面的思路展开。

(1) 评价市场和经营环境：仅就本案例确定×公司的性质、所属产业、竞争特性所决定的采购与供应的特点。
(2) 分析企业竞争能力及对产品与服务的贡献：案例中各个方案是怎样为企业竞争能力做出贡献的？
(3) 运用供应定位模型和供应商关系连续图谱知识，描述出每个方案应与供应商建立关系的类型及理由。
(4) 详述供应商管理库存(VMI)与客户管理库存(CMI)的区别，指明案例中哪些方案与这两个概念相关联？

实训项目：

1. 持有库存会给企业带来哪些正面的或负面的影响？请分析企业持有库存的原因。
2. 如果一个超市减少了由中心仓库供应的罐装产品的订货前置期，由 36 小时减少到 24 小时，这会对中心仓库的库存水平产生什么影响？

第六章 如何进行供应商管理

引例

小王是深圳一家印刷厂的采购员,主要负责涂料的采购工作。因为不同涂料厂的涂料,甚至是同一厂家的涂料,因为批次的不同也会存在色差,这将会影响到印刷产品的质量。长期以来,他们只与广州的一家涂料厂进行合作,采用的结算方式是月结。但跟广州这家涂料企业的合作并不是那么理想,厂家供货经常不准时,这给企业生产带来了很大的困难,订单经常不能及时完成,影响公司的信誉和市场竞争力。更有甚者,在公司接到一批紧急订单时,需要紧急订购涂料,对方也按公司的订货要求将涂料送至工厂门口,但送涂料的车就是不开进来,还声称如果不马上付款,就将涂料拉回去。一边是要到钱才能供货,而公司财务却没有这部分资金计划;另一边是等着涂料生产。小王陷入了困境。

在采购工作中,供应商的选择很重要,因为供应商的评价选择是双方合作运行的基础,选择的效率决定了采购是否成功。学习本章内容,可以帮助我们(但不仅仅局限于)在以下知识和技能方面得以提高:

◆了解供应商管理的基本阶段和步骤;
◆了解供应商评估标准时需考虑的因素;
◆掌握识别供应商的方法和途径、供应商调查的内容;
◆掌握选择供应商评估标准、评价选择方法;
◆能独立进行供应商的各项管理工作;
◆懂得供应商的激励与控制的方法措施。

第一节 供应商管理的具体做法

××公司在供应商管理时设立如下工作内容及目标:供应商选择、建立供应商评估标准、发展供应商,最终达到降低成本、提高效率的目的。

一、供应商选择的步骤

供应商选择的步骤如图 6-1 所示。

图 6-1 供应商选择的步骤

1. 准备阶段所做的工作及要达到的结果

准备阶段所要达到的工作目标是要完成询价,其工作内容包括:
(1)供应商自我答复的详细记录(概括的与特别补充的);
(2)确定询价的报表;
(3)明确成本结构和材料范围;
(4)确定对话伙伴;
(5)确定日程。

2. 询价阶段

在询价阶段的工作目标是完成供应商的报价,其工作内容包括:
(1)分析供应商,确定目标供应商,并向其发出询价邀请;
(2)进行询价;
(3)日程监督;
(4)回复问题的解释。

3. 报价分析

该阶段的工作目标是对有潜力的供应商进行排名,具体工作内容包括:
(1)供应统计;
(2)供应日期的协调;
(3)分析;
(4)潜力评估。

4. 风险分析阶段

该阶段的工作目标是对潜在的供应商进行风险分析,并经风险平衡后获得供应商的排名。
具体工作内容包括:
(1)风险分析(政治、货币、地理);
(2)运用评分法进行风险评估;
(3)必要时采取诸如供货商的拜访等措施。

5. 合作伙伴的选择阶段

该阶段的工作目标是确定进行谈判的供应商,具体工作内容包括:

(1) 费用位置的评估与风险评估;

(2) 供应商范围的确认;

(3) 确定潜在的供应商。

二、供应商选择的标准

该公司将供应商的评估标准分为三个层次:评估的范畴、评估的标准和次级评估标准,范畴层次分为四个方面,即采购、质量、物流和技术,每个方面总分为 100 分,在此基础上,对每个范畴设立响应的具体标准,根据不同的供应商情况赋予相应的分数,以分数的高低来表示供应商满足要求的程度,最后得分高者为优先选择的供应商。

其具体选择的标准如图 6-2 所示。

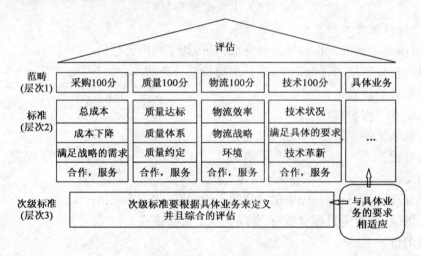

图 6-2 供应商评价标准

在第三层次的标准,必须就具体业务将评估标准细化。具体标准如图 6-3 所示。

在评估的基础上对供应商进行分级,如图 6-4 所示。

针对不同级别的供应商,采用不同的策略,见图 6-5。

三、发展供应商

该阶段致力于进行供应商成本情况以及效率情况系统的改进等供应商发展战略的制定。具体工作内容为:

(1) 设定供应商评估标准,根据评估结果和本企业的战略将供应商分为首选的、可接受的、受限制的、剔除的几种类型;

(2) 为所有供应商提出具体的改进方法,如自我完善、积极指导和剔除不合格的供应商。

图 6-6 说明了该公司供应商发展战略制订的基本步骤和战略内容。

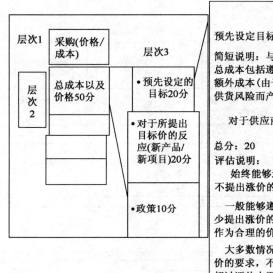

图 6-3　供应商具体业务评估标准细化

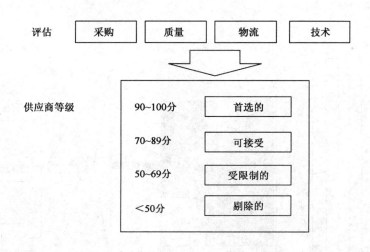

图 6-4　供应商等级

在图 6-6 基础上，在供应商发展中，以自我完善作为供应商的主导战略，为此，该公司与供应商进行了如图 6-7 的约定，以帮助供应商自我完善。

通过对供应商科学的管理，该公司与 1200 个供应商建立了紧密的伙伴关系，有效地保证了采购与供应目标，每年节省成本 21 亿美元。

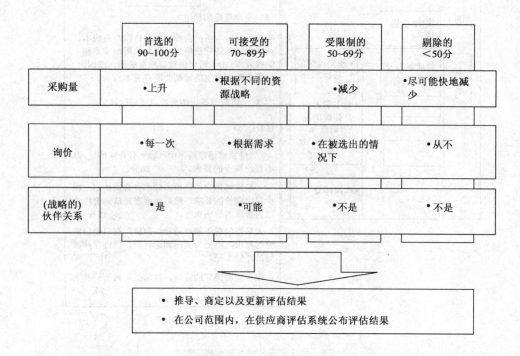

图 6-5 不同等级的供应商策略图

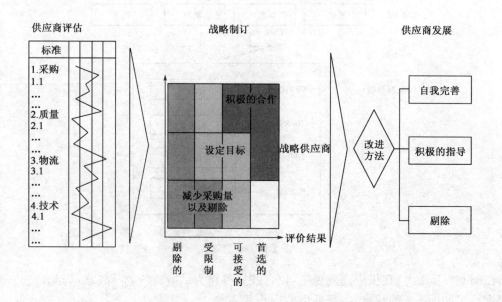

图 6-6 某公司供应商发展战略制订图

```
目标约定:

评估结果:72分,可接受的
主要成绩:良好的技术状况
主要缺陷:相对于市场竞争的价格劣势,
        特别差的供货可靠性
建议的发展措施:
        ——自我完善
        ——一般管理费用的优化(通过本公司的咨询)

预期的改进(到下一次评估):
        ——评分80分
        ——成本下降潜力:300.000德国马克


时间计划:

参与者:

日期            供应商签字              采购签字
```

图 6-7 某公司供应商的约定图

第二节 确定供应商评估的标准

一、确定供应商评估标准时需考虑的因素

在确定供应商评估标准的过程中,必须考虑下列因素的影响:

(1)不同采购品项的特定供应策略及期望与供应商建立的关系类型

采购品项的类型不同,公司所采用的供应策略就不同,与该品项的供应商建立的关系类型就不同,因而,对供应商的评价标准的选择也会不同(与供应商建立的关系类型见第二章)。

(2)供应目标和优先级别

要了解公司采购货物或服务时所需实现的目标及该目标的重要性。这些供应目标一般包括质量、可获得性、供应商支持和总成本等。

质量:是指公司希望得到的符合规格要求的产品和服务,并且希望了解其可靠性和耐用性。

可获得性:是指供应商能随时随地提供公司所需的产品或服务的能力。

供应商的支持:是指当公司要采购的是新的、经常变化的产品或复杂的需要供应商支持和服务的产品时,供应商是否能满足公司的需求。

总成本:主要是指供应商成本的构成,该供应商与其上游供应商的议价能力和该供应商未来成本变化情况。

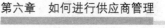

(3) 采购品项的定位

供应定位模型有助于帮助我们实现以下两个目标：

①指导公司确定各采购品项在供应商评估中的优先级别。如日常型采购品项因其支出和给企业带来的风险很小，在进行采购决策中，该类采购品项的优先级别最低，在选择供应商评估标准时，也是以高效率、低成本为原则。

②指导公司确定供应商评估的重点。

供应定位模型中，根据支出水平和影响/供应机会/风险水平这两个因素，将采购品项分为日常型、杠杆型、瓶颈型和关键型四种。

日常型品项：该品项影响/机会/风险和支出水平都很低，公司的主要目的是将花费在管理方面的精力最小化。因此，这类采购品项的供应商评估重点应该是：判断哪个潜在供应商能够帮助公司将管理费用降至最低。

杠杆型品项：该品项影响/机会/风险低，但支出水平却很高，市场上表现为买方市场。由于绝对支出很高，企业需要在这类采购品项上充分利用供应商之间的竞争，尽最大努力降低成本。这类采购品项的供应商评估重点应该是：哪个供应商能够通过降低价格及总成本为企业做出最大贡献。

瓶颈型品项：该品项的特征是风险级别高但年支出水平低。这类品项一般是非常专业的，因此只有很少供应商能够提供产品和服务。在这种情况下，可能的高风险来源是产品或服务的可获得性而非技术性因素。同时又由于这类品项的支出水平很低，对供应商没有特别的吸引力，公司几乎无法对这类品项的采购施加影响或控制。因此，这类采购品项的供应商评估重点应该集中在以降低供应风险为目标的问题上。

关键型品项：关键型采购品项同瓶颈型品项一样，这类品项的供应商也很少，会给买方公司带来很大风险。但由于公司对这类品项的支出水平较高，因此对这类品项的供应的影响能力也较强。关键型采购品项是使本公司产品区别于其他公司产品，或者具备成本优势的基础，因此对公司盈利性的贡献也最大。针对此类采购品项，公司进行供应商评估的主要目的是，在降低成本的同时确保供应的质量和连续性。

二、供应商评估的基本模型

当公司进行供应商评估时，最起码应该考虑两个重要因素：供应商的能力和积极性。可用下列模型来表述：

$$绩效＝能力＋积极性$$

在选择和评估供应商时，要求供应商不仅要有满足公司要求的能力，还要有完成供应任务的积极性。

公司对供应商能力和积极性水平的要求将在很大程度上与公司的采购品项类型相关联。采购品项不同，供应商表现出的积极性也不同。

公司试图与供应商之间建立的合作关系越紧密，积极性因素所起的作用就越重要。所以当公司在与供应商建立伙伴关系，或者要采购的是供应商不太感兴趣的瓶颈型品项时，积极性因素就是公司需要重点考虑的问题。

积极性因素几乎是无形的，很难找到一个有效的系统性的方法。因此，在进行积极性评估时,往往使用更简单、更主观的方法来评定供应商的积极性。

三、供应商评估的一般标准

在对不同供应商进行对比分析的过程中,公司应尽量使用某些特定而共同的评估标准以保证对比结果的可靠性。一般在评估供应商的标准时,最终都是从以下五个方面来进行的:

1. 质量

不管是什么类型的采购,公司都希望得到符合规格要求的产品和服务,并且希望了解可靠性和耐用性。

一般可以从目前的质量能力和未来的质量能力两个方面来进行供应商质量能力的评估。

(1) 供应商目前的质量能力

衡量供应商满足质量能力要求的测评标准有很多,公司应针对所采购的是标准品项还是非标准品项来选用不同的测评标准。

对提供标准品项的供应商的质量评价时,下面一些测评标准可供在评估供应商质量时选择使用:

①规格说明书。通过规格说明书来评价供应商提供的产品是否与你公司要求的一致。

②进行"量体裁衣"式生产的柔性和能力。是指供应商能够根据客户的特定要求对产品生产规格进行调整的能力,这种能力对于公司来说很重要。

③废品率。这是供应商自己衡量其产品是否符合规格要求的数据记录,废品率越低,说明该公司生产质量越稳定。

④产品退货率。退货率越高,产品的可靠性越差。

⑤保养间隔期。保养间隔期越长,设备的耐用性就越强。

⑥可更换部件的消耗水平。产品中需要更换部件的消耗水平也是衡量产品可靠性的一个标准,同时也是衡量产品寿命周期成本高低的一个经济性指标。

⑦平均无故障时间和运转中断率。平均无故障时间是指在预期出现故障前,产品可工作时间的长度。此项指标通常适合对类似设备等产品进行质量评价时使用。平均无故障时间越长,说明设备的可靠性和耐用性越好。运转中断率是指设备无法运转的时间占应该运行时间的百分比。运转中断时间可能是计划中的,也可能是计划外的,计划外的运转中断会造成公司的损失,是质量问题的一种表现。

⑧耐用性。它是衡量产品在必须被替换前能够使用的时间长短。

⑨保修的全面性。如果供应商仅在法律要求的最短保修期内提供基本的保修,这可能意味着该产品的可靠性和耐用性不是很高;而如果供应商能承诺在很长的时间内提供全面的保修,可以说明供应商本身对自己的产品质量是有信心的。

对提供非标准品项的供应商质量能力进行评价时,下面评估标准可供选择使用:

①研发投入。研发投入资金的大小和研发投入效果的好坏,可以说明该公司是否致力于产品革新,并尽量将最好的产品提供给市场。

②知识产权。一个公司如果拥有很多注册专利以及产品专利权等,说明该公司居于很强的技术领先地位。当公司需要在高科技领域提高自己产品的差异化程度,因而需要采购

目前市场中最先进的产品或服务时,供应商是否处于技术领先地位对公司就显得非常重要。

③供应商员工的整体素质。供应商拥有的专业技术人员数量越多,技术资质水平越高,则提供最佳设计和生产加工效果的可能性就越大。

④设计工具和生产能力。合适的计算机应用软件和相关工具可以使设计变得更为方便。使用精确度非常高的机器,可以保证生产出来的产品质量。

⑤供应商的质量和环境管理体系。如果供应商拥有一个全面的、一贯坚持的持续改进和质量管理体系,说明该供应商的产品设计、生产、物流以及其他关键程序和操作等都会在一个可控制的、有效的方式下进行,这将有效地保证终端产品或服务能满足公司规格说明要求。

⑥以往提供类似产品或服务的经验。供应商拥有与公司所要求的产品类型相关产品的生产经验,则说明公司有能力生产出满足公司要求的产品或服务。当然,某些只有很少相关产品生产经验的供应商,也有可能是非常有能力满足公司要求的供应商。

(2)供应商未来的质量能力

当公司希望与供应商建立长期合作关系时,评估的重点会相应调整,更加关心供应商的发展趋势。

对供应商未来质量能力可以通过测评供应商提供符合公司采购品质量要求的积极性这一方面来进行评价。很多可以用来测评供应商目前能力绩效的标准,同样可以用于对供应商的未来绩效进行评估。

①供应商是否乐意通过开展联合价值分析/价值工程,介入公司的产品设计;
②提供柔性化产品规格;
③建立特别的质量控制检验,或安排所需的监测服务;
④指派具备所需专业技能的员工参与公司的产品设计等;
⑤赋予公司转让技术及知识产权的权利。

2.可获得性

可获得性是指供应商能够随时随地提供公司所需的产品或服务的能力。针对公司与供应商期望建立的合作关系不同,可获得性可以从目前的可获得性能力和未来可获得性能力两个方面来进行评价。

(1)供应商目前可获得性的能力评估

可以从下几个方面进行测评:

①供应商是否为公司所在的市场提供服务和采购品项在供应商标准产品范围中所占的比例。如供应商只为批发或其他中介提供服务,则采购方可能很难直接从供应商处获得资源;采购品项尤其是采购方主要的采购品项在供应商标准产品范围中所占比例越大,说明供应商能为采购方提供的产品范围越大,与其合作的商业机会也就越多。

②供应商是否还为本公司的竞争者提供资源。如果供应商为本公司的竞争者提供服务,要想从该供应商获取所需要的资源或服务就会变得困难或缺乏优势。

③供应商本身的能力。供应商是否能提供满足采购方要求的产品或服务。如果供应商使用了分包人,公司应对分包人的能力进行了解。

④库存水平。供应商的库存水平会影响供应商对采购公司的响应时间和前置期。

⑤出口经验。当公司进行国际采购时,是否具有对公司所在国家供应商出口经验显得尤为重要。

⑥供应前景。供应商能在未来多长时间内保证供应。该项评估指标反映了供应商能否与采购方长期合作的能力,对需要长期供应的合同方式尤为重要。

⑦供应保障。如果公司将要在很长一段时期内采购某产品或服务,那么供应商的供应保障能力就是公司应考虑的一个因素。

供应保障能力通常可以通过以下方面来进行明确:

①供应商市场地位的持久性。如果供应商的市场地位很弱,激烈的竞争就可能将其逐出市场。

②采购品项在供应商核心业务中的重要程度。如果采购品项不属于供应商的核心业务,供应商在未来就有可能放弃该项业务。

③财务稳定性。如果供应商的财务状况很差,那么它就有退出经营的可能。

④供应商获得原材料以及其他所需投入的保障程度。供应商所需的生产投入的供应链很长,而且很脆弱,或者通过不可靠的供应源采购这些产品,都可能使供应商无法保证可靠地供应。

⑤正常前置期。该评估指标反映了供应商满足公司所要求的交货时间的能力。在做比较时,应考虑是否所有潜在供应商都在以大约相同比例的生产能力进行生产,如果不是,供应商的前置期就缺乏可比性。通过该项目的分析,还可以使公司了解到你的业务对供应商的吸引能力。你的业务将对一个有多余生产能力的供应商有较强的吸引力。

⑥交货的可靠性。交货可靠性可通过供应商按时交货的比率以及延期交货的延迟期来评价。在具体评价时,需要考虑造成延期交货的原因,如客户在产品开始生产后改变规格也会引起延期交货。

⑦订单跟踪功能。如果供应商能为采购方提供订单跟踪功能,可以帮助采购方更好地制订交货及后续工作计划,并有助于这些工作按要求进行。

⑧劳资关系。供应商是否有劳资运动(如罢工等)历史,这可以作为交货可靠性的指标。

⑨运输方式与物流便捷性。供应商距离过远以及复杂的运输模式(如需要转运、多种运输或集货等方式),都将延长前置期并增加延迟交货的风险,还可能导致在途货物的损坏、灭失或变质。因此,对于供需距离较远时,供应商处理配送物流体系的能力(包括国际运输的经验)就非常重要了。

(2)供应商未来可获得性的能力测评

测评特定供应商未来供应可获得性的相关标准可以包括:

①供应商的产品范围(与公司需要相关的)是否曾经被扩大或缩小;

②公司感兴趣的产品范围是否属于它的核心业务范畴;

③供应商供应的产品处于该产品市场生命周期的哪个阶段?

(3)供应商满足公司对供应可获得性要求的积极性测评

除对供应商的基本能力要了解以外,还需要了解供应商是否愿意为保障供应而采取措施的积极性，这一点首先表现在其是否有兴趣给公司提供所需的有关供应可获得性的资料。还可以表现在以下一些方面：

①根据公司的采购要求，投资开发新产品线；
②与公司共享进行预测所需的信息；
③愿意采取提高供应效率和缩短前置期的措施；
④使产品在数量和前置期方面具有更强的灵活性，提高对公司紧急需求的响应等；
⑤提供长期供应保障；
⑥帮助处理国际货运安排。

3. 供应商的响应性

当公司要采购的是新的或经常变化的产品，或复杂的需要供应商支持和服务的产品时，供应商的响应就很重要。

(1) 响应性能力评估标准

不同供应商对响应性标准的理解不同。如有的供应商可能用解决问题的平均快慢程度来衡量其响应性能力，也有用产品出现问题的频率来衡量其响应性能力，还可能用对客户支持方面进行的客户调查的结果来衡量其响应性能力。因而，很难找到能够用于对不同供应商的响应性能力进行一致评价的标准和信息。通常在考虑响应性能力标准时，可以通过下列问题进行评估：

①在供应商的使命陈述或业务目标中是否特别体现了客户支持或响应？
②供应商是否制订了客户服务方针？是否制订了能够满足公司要求的客户服务计划？
③供应商是否有顾客投诉及过失纠正报告制度？供应商对问题的响应和处理速度如何？
④供应商是否建立客户服务团队？如果已建立，该团队员工的素质如何？专业水平如何？
⑤供应商是否提供所售产品（例如设备）的使用培训和现场指导、支持？是否拥有有效的信息系统和诊断工具，用以帮助其客户支持员工快速处理客户的疑问和问题？
⑥供应商是否有持续改进客户服务的策略和体系？

(2) 供应商满足公司对响应性要求的积极性测评标准

供应商的积极性表现在：当公司需要有关供应商对不同客户的支持服务和响应水平的资料时，供应商积极予以配合并提供相应资料；优先安排满足和处理采购方诸如专业培训、参与联合应变计划等的各种需求。

4. 成本

(1) 供应商成本能力的评估标准

对于标准化品项，采购方可以从以下几方面获得相关的信息：

①可以提供的优惠条件，如标准价格或费率表、折扣水平、支付条件、可否赊销等。
②采购品项的寿命周期成本的高低。

(2) 供应商成本的未来能力绩效的评估

如果公司期望与供应商建立长期的合作关系，则需要公司在对供应商成本的评价过程中，还考虑供应商的长期成本结构和成本竞争力。通常在评估过程中需要考虑以下因素：

①直接原材料成本。主要考察供应商直接原材料占其产品总成本的比例的大小，其议价

能力如何？是否与其上游供应商之间达成了长期供应协议、合伙关系或其他合作关系？是否有持续降低供应成本的方案及其方案的可行性？

②直接劳动力成本。可根据劳动力费用率的变化趋势来考察劳动力费用率的变化情况。

③公司管理成本。供应商的公司管理成本不合比例的偏高，将使供应商处于成本劣势。但从另一方面来看，如果公司管理成本比率偏高是由于管理软件方面（如管理制度的不合理）的原因造成，则公司在此方面有较大的降低成本的空间。

④生产效率。在进行生产效率评价时，可以设定一些标准，通过评价下列因素得出结论：生产设备是现代化的、高效的，还是过时的？生产是否受到瓶颈的束缚？库存水平是否过剩？工厂分布是否合理、高效？生产计划体系是现代化的、成熟的，还是手工的和非正式的？是否正在采取提高生产力的措施？是否有提高生产能力的计划？

⑤外向物流成本。该项成本主要用于公司产品的分销。位于遥远国家的供应商或距离较远的供应商相对于距离交货地点很近的供应商将处竞争劣势。而供应商的外向分销成本在未来是否会有很大变化在很大程度上取决于在距离采购商交货地点较近的地方建立新机构的可能性及可行性。如果一个供应商缺乏融资能力而不能对其业务进行投资，那么与其他可以进行投资的供应商相比，它的成本竞争地位就会逐渐恶化。

⑥支付条件。对于公司，尤其是公司规模相对较小、资金有限的情况下，供应商优惠的支付条件往往能降低成本或减少额外的成本负担。

(3)测评供应商满足公司对降低成本要求的积极性

每个供应商都有一个当前的成本结构和成本降低方案，供应商准备为公司降低成本将反映出供应商与公司合作的积极性。衡量供应商的积极性首先表现在当公司需要各种成本和相关影响因素的资料时，供应商是否积极配合；供应商是否对公司表现出进一步合作的兴趣，是否准备为公司采取降低成本的措施。降低成本的措施主要表现在：

①参与联合成本测算和成本降低行动；

②给公司提供特殊的价格折扣、支付条件和其他优惠；

③按优惠条件给公司提供供应商信用。

5.供应商的综合能力和商业态度

在考核供应商的质量、可获得性、响应性和成本相关的特殊问题外，公司还需要对供应商的一些综合因素进行评价。公司越是希望与供应商建立长期的合作关系，这种综合因素的评价就越显得重要。

这些综合因素主要有：

(1)供应商的总体信誉

下面的问题有助于公司对供应商总体信誉的评估：

①该供应商建立并开始从事业务时间有多长？

②该供应商的所有者和管理者的能力、经验和信誉如何？

③该供应商和产品的市场形象如何？

④该供应商对待客户采取的行为是公平合理还是苛刻强硬？

⑤供应商的员工在为公司工作时是否敬业？

⑥公司对该供应商在管理、组织和效率方面的总体印象如何？
⑦供应商使用现代信息技术的手段能力如何？

(2)供应商与公司的兼容性

评价两公司间的兼容性可以从以下几方面来进行：

①供应商与采购公司的文化是否一致？
②两公司的业务定位和计划的相似性程度有多高？
③两公司是否存在平等合作的基础，在规模和业务量方面是否相当一致？
④两公司在客户定位、所关心的环境和社会问题、商业道德、健康与安全、雇佣惯例和员工保护、遵守法律等方面的政策是否一致？
⑤两公司从事商业活动的条件和环境是否大体一致？

供应商愿意接受采购商提出的合约条件或愿意在此基础上进行谈判的程度，可以反映出该供应商与公司进行业务合作的积极性大小。

上面我们探讨了供应商评估的一般标准，在具体评估时，需要结合不同的采购品项的特征来进行。图 6-8 是某一公司所设定的供应商要素。

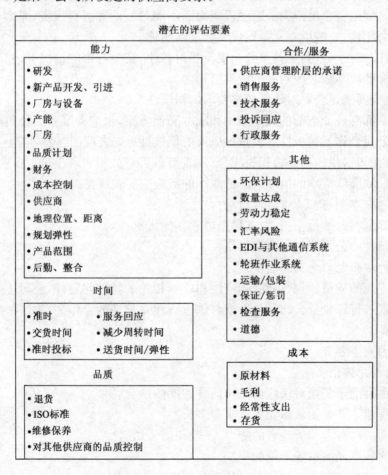

图 6-8　供应商评估要素

第三节 供应商的开发

一、供应商开发的步骤

供应商开发的步骤主要有：

1. 物料分类

(1)将主生产物料和辅助生产物料等按采购金额比重分成 ABC 三类。

(2)按材料成分或性能分类，如塑胶类、五金类、电子类、化工类、包装类等。

2. 搜集厂商资料

根据材料的分类，搜集生产各类物料的厂家，每类产品在 5～10 家，填写《厂商资料表》。

3. 供应商调查

根据《厂商资料卡》名单，采购部门将《供应商调查表》传真至供应商填写。

4. 成立供应商评估小组

由副总经理任组长，采购、品管、技术部门经理、主管、工程师组成评估小组。

5. 调查审核

根据反馈的调查表，按规模、生产能力等基本指标进行分类，按 ABC 物料采购金额的大小，由评估小组选派人员按《供应商调查表》所列标准进行实地调查。

所调查项目如实填报于调查表上，然后由评估小组进行综合评估，将合格厂商分类按顺序统计记录。

6. 送样或小批量试验

比价议价：对送样或小批量合格的材料评定品质等级，并进行比价和议价，确定一个最优的价格性能比。

7. 供应商辅导

列入《合格供应商名册》的供应商，公司应给予管理、技术、品管上的辅导。

8. 追踪考核

(1)每月对供应商的交期、交量、品质、售后服务等项目进行统计，并绘制成图表。

(2)每个季度或半年进行综合考核评分一次，按评分等级分成优秀、良好、一般、较差几个等级。

9. 供应商筛选

(1)对于较差供应商，应予以淘汰，或将其列入候补名单，重新评估。

(2)对于一般供应商，应予以减少采购量，并重点加以辅导。

(3)对于优秀供应商，应加大采购量。

二、供应商的初步识别

1. 供应商识别的信息源

寻找供应商主要资讯来源有很多途径，下面列示了部分来源途径：

(1)国内外采购指南;
(2)国内外产品发布会;
(3)国内外新闻传播媒体;
(4)贸易与工业目录以及采购指南;
(5)国内外采购协会;
(6)公司所在国的官方代表;
(7)互联网上的信息;
(8)公司商务伙伴。

通过上述各种信息源以及通过与不同供应商进行接触,可获得各种信息。在此基础上,公司可以编制出最初的、范围广泛的潜在供应商名单,这些潜在供应商将是公司进行进一步研究的对象。

2. 测评供应商能力和积极性的信息源

由于将要进行的采购品项类型不同、公司希望与供应商建立的关系类型不同,公司希望获得的信息类型的变化也很大。

公司可以通过很多种渠道获取这些信息。这些信息源可以被归纳为以下几个类别:

(1)已公开的信息源。如有关公司战略及综合信息可以通过如下途径来获取:供应商的网站、年报和宣传手册、行业期刊和金融报刊、股票交易所提供的有关供应商公司的股票价格走势的信息、一些贸易名录上提供的公司的基本信息、商会和行业协会等。有关公司财务和法律方面的信息可以通过如下途径获取:供应商年报、互联网上的法律资料库等。公司技术及产品信息可以通过如下渠道获取:供应商的宣传手册、用户指南及维修手册、消费指南、互联网上的专利资料库、国家标准及认证机构。

(2)供应商调查问卷。通过设计供应商调查表,并进行问卷调查来获取所需的信息。

(3)拜访供应商。就是直接拜访供应商,通过全面考察来获取所需要的信息。

(4)供应商的客户证明人。通过供应商的引证人来获得有关供应商业绩的某些特定问题有价值的、独立的看法。

三、供应商调查

1. 供应商调查的内容

供应商调查主要有以下几个方面的内容:
(1)管理人员水平:
①管理人员素质的高低;
②管理人员工作经验是否丰富;
③管理人员工作能力的高低。
(2)专业技术人员素质的高低:
①技术人员素质的高低;
②技术人员研发能力的高低;
③各种专业技术能力的高低。
(3)机器设备情况:

①机器设备的名称、规格、厂牌、使用年限及生产能力；
②机器设备的新旧、性能及维护状况等。
(4)材料供应状况：
①其产品所用原材料的供应来源；
②其材料的供应渠道是否畅通；
③其原材料的品质是否稳定；
④其供应商原料来源发生困难时，应变能力的高低等。
(5)品质控制能力：
①其品管组织是否健全；
②品管人员素质的高低；
③品管制度是否完善；
④检验仪器是否精密及维护是否良好；
⑤原材料的选择及进料检验的严格程度；
⑥操作方法及制程管制标准；
⑦成品规格及成品检验标准是否规范；
⑧品质异常的追溯是否程序化；
⑨统计技术是否科学以及统计资料是否详实等。
(6)财务及信用状况：
①每月的产值、销售额；
②来往的客户；
③来往的银行；
④经营的业绩及发展前景等。
(7)管理规范制度：
①管理制度是否系统化、科学化；
②工作指导规范是否完备；
③执行的状况是否严格。
2.供应商调查的方法
初步供应商调查，其基本方法一般可以采用访问调查法。表 6-1 给出了一个供应商调查问卷的示例。

供应商调查问卷表　　　填表日期：　　　表 6-1

供应商名称：_____
地址：_____
电话：_____ 传真：_____
电子邮件：_____
厂长(总经理)：_____ 业务联系人：_____
1.基本情况
1.1 公司成立时间_____ 注册资本_____ 公司性质_____ 股东(合伙人)情况(如有)

续上表

1.2 工厂占地 _____ ㎡,建筑面积 _____ ㎡,厂房自有、租赁(选择)

1.3 员工总数 _____ 人,其中直接生产工人 _____ 人,各类专业技术人员 _____ 人,高级职称 _____ 人,中级职称 _____ 人,初级职称 _____ 人

1.4 工厂(公司)组织架构图如下(或附件):

1.5 正常工作 _____ 天/周,生产班次 _____ ,各班时间 _____ ,办公时间 _____

1.6 主要产品　产量(前年)　产量(去年)　产量(今年)　平均出口比率(%)
　　_____

1.7 工厂设计产量:现有产量 _____

1.8 主要客户　主要产品　年供应量　交货周期　所占比例(%)
　　_____

1.9 主要供应商　供应产品(零部件)　年供应量　供应发货周期(天)
　　_____

2. 质量体系

2.1 质量方针/政策是:

2.2 质量代表及职位:

2.3 质量管理体系架构图(或附件):

2.4 是否 ISO 9000 认证? _____ 若是,请附证书。_____ 若否,计划何时? _____ 是否获其他质量体系认证?

2.5 今年的质量目标主要有:

2.6 来料检验标准按 _____ 标准执行,主要指标有: _____

2.7 过程质量目标为:

2.8 是否用 PPM? _____ 是否用 SPC? _____

2.9 交货质量执行的标准为:主要缺陷 AQL(或其他 _____) _____ ;次要缺陷 AQL(或其他 _____)

2.10 有质量实验室否? _____ 若有,主要设备及检测项目有 _____

2.11 产品认证通过:[ ]CCEE;[ ]UL;[ ]CSA;[ ]DVE;[ ]BSI;[ ]其他

3. 生产计划及物料管理

3.1 企划部门、生产部门、采购部门、销售部门的关系与架构(或附件):

3.2 相关人员数:生产计划 _____ 人,物料管制 _____ 人,客服(订单/送货安排) _____ 人

3.3 接单、安排生产、交货的主要流程或程序为(或附件):

3.4 交货时间(周期):打样(板) _____ 天,第一份订单交货周期 _____ 天,正常业务交货周期 _____ 天,在制品库存 _____ 天

3.5 原材料采购周期 _____ 天,原材料库存 _____ 天。本地原材料采购周期 _____ 天,占 _____ %。进口原材料采购周期 _____ 天,占 _____ %

3.6 有否最小生产批量? _____ 若有,为多少? _____

3.7 可接受的订单变化范围为± _____ %,确认订单需要时间 _____ 小时(天)

续上表

> 3.8 有否采用 MRP 或 ERP 或其他系统,若有,列出名称及应用范围_____
> 4. 生产技术、工艺水平及工程能力
> 4.1 开发、工程(工艺)部门的功能、架构为(或附件):
> 4.2 产品研发 _____ 人,工艺(程) _____ 人,过程工程师 _____ 人,其他工程技术人员(列明) _____ 人
> 4.3 自己设计的主要产品有 _____ ,工具、模具有 _____
> 4.4 主要设计制作的设备(或其他)有 _____
> 4.5 产品的开发周期为:
> 4.6 有否客户参与产品或工艺开发,如何参与?
> 4.7 有否供应商参与产品或工艺开发,如何参与?
> 4.8 主要设计软件及功能
> 4.9 主要生产设备(或附件)
> 4.10 设备利用率 _____ ,设备故障率 _____ ,生产效率 _____
> 4.11 模具制造维修主要设备设施有:
> 4.12 技术人员年流失 _____ %,职员年流失 _____ %,工人年流失 _____ %
> 5. 环境管理
> 5.1 环境方针/政策有无? _____ 如有,是 _____
> 5.2 环境管理者代表有无? _____ 如有,是何人? _____
> 5.3 是否 ISO 14001 认证? _____ 如有,请附证书。若否,计划何时认证? _____
> 5.4 今年的主要环境管理目标为:
> 5.5 公司/工厂的产品设计/工厂建设有无进行环境影响评估? _____ 如有,请简单介绍:
> 5.6 生产的产品或工艺过程是否含有或使用重金属,如有,含量是多少?如何控制?
> 5.7 公司/工厂生产的产品交货及生产过程中包装材料是否循环使用?如何使用?
> 综合该供应商的基本情况调查,初步意见为:
> [ ]优秀 [ ]良好 [ ]一般 [ ]差
> 对该供应商评审认可的工作安排建议:[ ]继续 [ ]停止
> 评审人:_____ 日期:_____ 核定人:_____
> 采购员:_____ 采购经理:_____

3. 深入供应商调查

深入供应商调查,是指对经过初步调查后,准备发展为自己的供应商的企业进行的更加深入仔细的考察活动。这种考察,是深入到供应商企业的生产线、各个生产工艺、质量检验环节甚至管理部门,对现有的设备工艺、生产技术、管理技术等进行考察,看看所采购的产品能不能满足本企业所应具备的生产工艺条件、质量保证体系和管理规范要求。有的甚至要根据所采购产品的生产要求,进行资源重组,并进行样品试制,试制成功以后,才算考察合格。只有通过这样深入的供应商调查,才能发现可靠的供应商,建立起比较稳定的物资采购供需关系。

进行深入的供应商调查,需要花费较多的时间和精力,调查的成本高。并不是所有的供应

商都必须进行。只在以下情况下才需要：

(1) 准备发展成紧密关系的供应商

例如，在进行准时化(JIT，Just in Time)采购时，供应商的产品需要准时、免检、直接送上生产线就能进行装配。这时，供应商已经如同我们企业的一个生产车间。如果我们要选择这样紧密关系的供应商，就必须进行深入的供应商调查。

(2) 寻找关键零部件产品的供应商

如果我们所采购的是一种关键零部件，特别是精密度高、加工难度大、质量要求高、在我们的产品中起核心功能作用的零部件产品，我们在选择供应商时，就需要特别小心，要进行反复认真的深入考察审核，只有经过深入调查，证明确实能够达到要求时，才确定发展它为我们的供应商。

除以上两种情况外，对于一般关系的供应商，或者是非关键产品的供应商，一般不必进行深入的调查。只要进行简单初步的调查就可以了。

4. 建立供应商档案

通过访问有关人员而获得信息。例如，可以访问供应商单位市场部有关人员，或者访问有关用户或有关市场主管人员，或者其他知情人士。通过访问建立起供应商卡片，供应商卡片如表 6-2 所示。

供 应 商 卡 片　　　　　　　　　表 6-2

公司基本情况	名称			
	地址			
	营业执照号		注册资本	
	联系人		部门、职务	
	电话		传真	
	E-mail		信用度	
产品情况	产品名	规格	价格	质量	可供量	市场份额
运输方式		运输时间		运输费用	
备注					

表 6-2 也可以作为调查表的形式，由供应商填写。

供应商卡片是获得供应商信息的基础工作。供应商卡片要根据情况的变化，经常进行维护、修改和更新。

在实行了计算机信息管理的企业中，供应商管理应当纳入计算机管理之中去。把供应商卡片的内容输入到计算机中去，利用数据库进行操作、维护和利用。

四、供应商审核

供应商审核，除要参考供应商审核调查问卷所获取的信息，并据此作出下一步行动决定外，针对可能性较大的或重要的供应商往往进一步实施现场审核。供应商现场审核通常依事先制订好的审核检查标准进行，审核的标准通常可以从以下几方面进行：基本情况、企业管理、质量体系及保证、设计、工程与工艺、生产、企划与物流、环境管理、市场及顾客服务与支持等，每个方面又分为若干审核要素。表6-3给出了一个供应商审核检查标准的企业环境部分的实例。其各审核要素中，单个要素最高为100分，最低为0分，各相关要素的总分除以要素总数所得的要素总平均分即为该供应商的总水平。供应商审核检查标准是对供应商审核的各要素打分量化的评审工具。在实际执行中，针对不同的供应商，审核检查标准中的有些要素可作相应的增减。

供 应 商 审 核 表 表6-3

评审内容/要素	是否适用	得分
	观察记录	
1.企业环境		
1.1 政治社会及经济法律	是否	0—25—50—75—100
1.2 进出口限制	是否	0—25—50—75—100
1.3 货币可兑换性	是否	0—25—50—75—100
1.4 近三年来通货膨胀率	是否	0—25—50—75—100
1.5 基础设施	是否	0—25—50—75—100
1.6 地理限制	是否	0—25—50—75—100
	平均得分：	

注："0—25—50—75—100"表示该项目得分分为五级，即0分、25分、50分、75分和100分。只有经过审核的供应商才能成为公司可发展的供应商。

第四节　供应商评价与选择

一、评价与选择供应商的基本原则

（1）全面兼顾与突出重点原则。评价和选择供应商的指标体系必须全面反映供应商企业目前的综合水平，同时对于重点指标要给予重点考虑。

（2）科学性原则。评价和选择供应商的指标体系的大小必须适宜，亦即指标体系的设置应有一定的科学性。如果指标体系过大，指标层次过多，指标过细，势必将评价者的注意力吸引到细小的问题上，而且容易把评价工作烦琐化；而指标体系过小，指标层次过少，指标过粗，又不能充分反映供应商的水平。

（3）可操作性原则。评价和选择供应商的指标体系应具有足够的灵活性和可操作性，使评价与选择工作易于进行。

二、供应商的选定程序

不同的企业对供应商的选择程序往往会存在一定的差异，但有几个基本步骤是许多企业共有的，可以将其归纳如下：

（1）建立供应商选定工作小组，由质量管理部门牵头，由产品开发、生产、供应、服务等部门

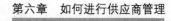

派人参加,由企业主管质量领导担任组长,统筹评估与选择工作。

(2)选定工作小组确定供应商候选名单,并对候选供应商提交的材料逐个进行审核。

(3)对候选供应商所供应的原材料或零部件进行检验,应符合企业的质量要求和法定标准。

(4)由选定小组派人到供应商现场考察,现场考察小组必须有质量管理部门人员参加,对现场考察和取样检察结束后应有综合分析意见的书面报告。必要时,应进行供应商审核。

(5)选定工作小组对评价结果进行分析,选定供应商,将之纳入供应商管理系统。

三、供应商的选择方法

选择符合要求的供应商,需要根据具体的情况采用合适的方法。常用的方法主要有定量分析法和定性分析法。定性分析法主要包括直观判断法、招标选择法和协商选择法,定量分析法主要包括采购成本比较法、ABC 成本法和综合评分法。

1. 直观判断法

直观判断法常用于选择企业非主要原材料的合作伙伴。该方法是通过倾听和采纳有经验的采购人员的意见或直接由采购人员凭经验对合作伙伴进行分析、评价,进而对合作伙伴进行选择的一种方法。该方法简单易行,效率高,判断是否正确主要取决于决策者的个人素质、能力和经验。

2. 招标选择法

招标选择法是采购企业采用招标的方式,吸引多个有实力的供应商来投标竞标,评标委员会根据事先确定的评标标准分别给予竞标企业进行分析评比,选择出最优供应商的方法。我国招标选择法对于采购数量达到一定规模时必须运用招投标的方法来进行供应商选择有着强制性规定。一般来说,当采购物资数量大、供应市场竞争激烈时,采用招标选择法来选择供应商,有利于降低采购价格、获得质量好的供应商,但实施招标选择法进行供应商选择,采购企业话语权小,对选择哪家供应商作为合作伙伴缺乏控制能力,且操作周期较长,在紧急需求的情况时不适合采用。

3. 协商选择法

在供货企业较多、企业难以抉择时,可以采用协商选择的方法,即由采购企业优先选出供应条件较为有利的几个合作伙伴企业,在分别同他们进行协商的基础上,确定适当的合作伙伴。该方法同招标选择法相比,能使供需双方充分协商,在物流质量、交货期限以及售后服务等方面较有保障,但选择范围有限,不一定可以得到价格合理、供应条件最有利的供应商。当采购时间紧迫、投标单位少、竞争程度低、订购物资规格和技术条件复杂时,采用协商选择法较招标选择法选择供应商更为合适。

4. 采购成本比较法

在质量和交货期都难以满足采购方要求的条件下,采购成本就成了选择供应商的一个非常突出的因素。采购成本比较法是通过分析各个不同合作伙伴的采购成本,以成本高低为评判的主要依据,选择成本低的供应商作为合作伙伴的方法。采购成本一般包括售价、采购费用、运输费用、运营费用等项支出的总和,对于采购的后期投入不可忽略、需要较长时间持续投入的相关费用,需要从寿命周期成本出发,运用资金的时间价值来计算其寿命周期成本,并以此作为比较依据。

5. ABC 成本法

ABC 成本法又称为作业成本分析法、作业成本计算法或作业成本和算法。ABC 成本法着眼于强化基于活动的成本管理,将人们能够看到的成本消耗与所从事的工作直接关联起来,关注具体活动及其相应的成本,从而有利于人们分析哪些成本投入是有效的,哪些成本投入是无效的。

6. 综合评分法

(1)设定供应商能力评估标准的总权重

这一过程是将评估标准转变为可用于测量的标准,如果缺乏可测量性,公司就很难客观地评价供应商。权重的设定一般根据公司对该评估项目的重视程度来进行,重视程度越高,赋予的权重越大。如用 1 代表"最低标准要求",用 10 代表"绝对需要的,对合约成功起关键作用的标准"。

(2)将总权重分配给该评估项目的各个要素

如测评标准:可靠性(10 分)

    低平均故障间隔期(3 分)

    低检修停工率(3 分)

    设备耐用性(4 分)

(3)利用测评标准和分值来评定供应商的能力等级

我们以平均故障间隔期为例(表 6-4),说明供应商能力等级的评定方法。

供应商能力等级评定表 表 6-4

	评估标准的组成要素:平均故障间隔期(3 分)				
能力等级分数	不可接受的——未符合任何适当标准的要求(0 分)	可能不会被接受——仅仅符合最低要求(1 分)	可接受的(底线)(2 分)	可接受的——符合所有要求并且还超过了部分标准的要求(3 分)	可接受的——超过了所有标准的要求(4 分)
能力描述 \ 供应商	故障平均间隔期低于 100 天	故障平均间隔期为 100～119 天	故障平均间隔期为 120～129 天	故障平均间隔期为 130～139 天	故障平均间隔期等于或大于 150 天
供应商 A				✓	
供应商 B			✓		
供应商 C				✓	

①设定能力等级得分标准。

②根据该特定测评标准的组成要素对三个供应商进行评价的结果是:供应商 A 和 C 各得 3 分,供应商 B 得 2 分。

③将供应商该项目的得分乘以该评估要素的权重,得到该供应商在该评估要素上的得分。如供应商 A 的加权分为:3×3=9(分)。

④按如上方法，我们可以得出所有供应商的各项评估要素的加权得分；将该供应商各评估要素的加权得分相加，即为该供应商的最终得分。

⑤将各评估要素的满分(如上例中平均故障间隔期这一要素的满分为4分)乘以该评估要素的总权重(3分)，即为该评估要素的总权重得分：4×3＝12(分)。将各评估要素的总权重得分相加，即为满分。

⑥计算供应商综合能力等级：

$$综合能力等级 = \frac{某供应商最终得分}{满分} \times 100\%$$

⑦确定供应商级别。

供应商级别可分为：

合格的供应商。是指已经达到采购商的选择标准的供应商，如供应商综合得分超过公司要求的最低综合得分不得低于70的标准。

可信任的供应商。是指那些已经令采购公司满意地完成了试订单交货，从而比"被认可的供应商"更让公司信任的供应商。

优选供应商。是指比"合格的"和"可信任"的供应商更让公司满意的供应商。

丧失资格的供应商。是指无法满足采购公司在供应商评估过程中制订标准的供应商。

将供应商的综合能力等级得分与预先设定的分数等级相比较，以确定该供应商的级别和是否可作为本公司的供应商。如设定的供应商综合能力得分达到70%的为可接受的供应商，经过计算，某供应商达到了72%，则该供应商的级别为可接受，该供应商可作为公司的供应商。

第五节　供应商激励与控制

为保证供应商使用期间日常采购供应工作的正常进行，要采取一系列的措施对供应商进行激励和控制。对供应商的激励与控制应当注意以下一些方面的工作。

1. 建立信息交流与共享机制

信息交流有助于减少投机行为，有助于促进重要生产信息的自由流动。为加强供应商与制造商的信息交流，可以从以下几个方面着手。

(1)在供应商与制造商之间经常进行有关成本、作业计划、质量控制信息的交流与沟通，保持信息的一致性和准确性。

(2)实施并行工程。制造商在产品设计阶段让供应商参与进来，这样供应商可以在原材料和零部件的性能和功能方面提供有关信息，为实施QFD(质量功能配置)的产品开发方法创造条件，把用户的价值需求及时地转化为供应商的原材料和零部件的质量与功能要求。

(3)建立联合任务小组解决共同关心的问题。在供应商与制造商之间应建立一种基于团队的工作小组，双方有关人员共同解决供应过程以及制造过程中遇到的各种问题。

(4)供应商和制造商经常互访。供应商与制造商采购部门应经常性地互访，及时发现和解决各自在合作活动过程中出现的问题和困难，建立良好的合作气氛。

(5)使用电子数据交换(EDI)和因特网技术进行快速的数据传输。

2.搞好绩效管理工作

供应商绩效管理的主要目的是确保供应商供应的质量,保持与优秀供应商继续合作,而淘汰绩效差的供应商。供应商的绩效管理同时可以促进供应商改善其业绩,为日后更好地完成供应活动打下良好的基础。

在进行供应商绩效管理时,应坚持下列基本原则:

(1)持续进行,要定期评估;

(2)要从供应商和企业自身各自的整体运作方面来进行评估;

(3)确立整体的目标进行评估时,要考虑外在因素带来的影响。

建立完善的供应商绩效评价指标体系:

(1)质量指标;

(2)供应指标;

(3)经济指标;

(4)支持、配合与服务指标。

3.供应商的激励机制

要保持长期的双赢关系,对供应商的激励是非常重要的,没有有效的激励机制,就不可能维持良好的供应关系。

在激励机制的设计上,要体现公平、一致的原则。给予供应商价格折扣和柔性合同,以及采用赠送股权等,使供应商和制造商分享成功,同时也使供应商从合作中体会到双赢机制的好处。

有意识地在供应商之间引入竞争机制,促使供应商之间在产品质量、服务质量和价格水平方面不断优化。

激励机制具体有以下几种:

(1)价格激励;

(2)订单激励;

(3)商誉激励;

(4)信息激励;

(5)淘汰激励;

(6)新产品/新技术的共同开发;

(7)组织激励。

4.控制供应商与防止供应商控制

(1)控制供应商的方法

①完全竞争控制;

②合约控制;

③股权控制;

④管理输出控制;

⑤供应商激励机制。

(2)防止供应商控制的方法

①全球采购;

②再找一家供应商；
③增强相互依赖性；
④更好地掌握信息；
⑤利用供应商的垄断形象；
⑥注意业务经营的总成本；
⑦一次性采购；
⑧协商长期合同；
⑨与其他用户联手。

[案例分析]

1. A 公司如何更换供应商

A 公司是一家药品连锁商店，主要销售处方药和非处方药，同时也销售其他保健产品和个人护理类产品。A 公司对于任何机会，只要有潜力增加其利润并且与零售经营有关，都会努力追寻。现在，A 公司已有 200 多种产品，他们的产品质量可以与国内品牌媲美，而价格却降低了 25%，这可以为消费者节约大量开支。产品的价格之所以能够比国内品牌产品低，是因为直接从生产商处采购，并且广告费用也相当低。

×公司为 A 公司生产去头屑香波。A 公司在从×公司采购自有品牌的去头屑香波时，必须整车订货，每车 4000 件。尽管这种洗发剂品质优良，但对常规、加香型和试验容量的产品，每年的订货数量大约只有 20000 件。A 公司的存货储存成本每月约为 2%，这些低数量的产品已经占用了公司太多资金，而且，4 个星期的提前期也带来了 A 公司中央仓库因为没有存货而处于等待中。在 A 公司几次要求更改运货条款后，×公司表示，不会改变最初达成的协议。考虑到该公司的制造工厂坐落在 600 英里以外的地方，选择一家离仓库更近的生产商或许会更为有利，A 公司宣布开始对这种产品进行新的招标，还向已知的有类似产品生产能力的企业发送了产品规格。在宣布招标之前，×公司也被通知要与其他公司一样递交投标申请。

在收到的众多投标中，最有吸引力的是本地的 B 公司。它同意承担×公司协议中的类似责任，同时在付款条件上也有优惠，付款期限为 30 天，并且 10 天内付款还可享受 2% 的现金折扣。除免费装运至仓库外，B 公司还提供了另外几个优惠条件：

第一个是产品的成本，如表 6-5 所示，B 公司降低了以前由×公司提供的三种产品的价格。而且，常规和加香型的容量是每瓶 7 盎司，试验品的容量每瓶是 3 盎司，这种价格差异就更具吸引力。因为在现有的×公司协议中，产品的容量更小，分别是 6 盎司和 2 盎司。A 公司为产品制定的零售价格是：常规和加香型每瓶 1.49 美元，试验容量的产品每瓶 0.89 美元。

价格与容量的比较 表 6-5

公司 容量及单价 产品类型	X 公司		B 公司	
	容量(盎司)	单价(美元)	容量(盎司)	单价(美元)
常规型	6	0.72	7	0.70
加香型	6	0.85	7	0.75
试验	2	0.47	3	0.35

B公司的第二个优势是送货弹性。在协议条款中,他们提出了次日送货,并且也没有最小订货数量的限制。B公司能够提供这样有利的条款,是因为他们的生产工厂位于A公司中央仓库附近。A公司认为这是支持本地小企业的一次机会。如果同意从B公司采购去头屑香波,这份合同将是B公司最大的一笔订单。

如果你作为采购主管,请分析选择与B公司合作会对企业产生什么样的影响?

2. A公司的供应商关系

A公司在俄亥俄州的生产基地,与供应商保持长期关系并支持其发展。A公司总成本的80%都是外部采购——在全球汽车制造商中比例最高。它还把发展临近工厂的供应源作为一项策略,该策略加强了A公司和供应商的紧密关系,使供应商发展更有可能成功,并保证了即时配送。A公司的大部分产品只保持不到3小时的存货。

A公司的成功离不开强大的当地供应库。A公司有雄厚的实力发展本土供应商,这样的供应商能严格满足公司的绩效标准。A公司的目标是对供应商的采购量至少占供应商总产量的30%,甚至达到100%。公司要与供应商之间创造一种彼此信赖的氛围。有时,它会得到供应商的一小部分产权,这样供应商会把它看为重要客户。

A公司对供应商的尊重使它与供应商之间能保持长久的信用关系。满足A公司标准的供应商就是其终身的供应商。即使供应商有暂时的绩效问题,A公司也依然支持供应商。A公司大规模的供应商改善和发展活动的一个主要目标是:创造和保持专一的供应库以满足A公司的要求。A公司提供不同的资源支持和发展使供应库达到一流水平。

多数公司不愿做出供应商发展和绩效改进的承诺,不参与供应商管理的公司,不愿提供供应商发展的必要资源。此外,一些供应商不接受A公司提出的安全保障要求。例如:A公司很少进行价格谈判,相反,公司只提出目标成本并与供应商一起努力实现。A公司对供应商的成本结构必须有一个细致的了解。与一些独立的美国供应商很难达到详细的成本共享,这也是对于某些产品,A公司在美国发展自己供应源的原因。

B公司和A公司间的关系就是很好的例子。A公司1986年就选择B公司为其美国出产的汽车生产所有的内部反光镜。那时,B公司是生产内部反光镜的专家。几年后,由于具有相同的文化和价值观,双方发展了密切的关系。A公司请求B公司和它们一起讨论关于外部反光镜的问题,而B公司不大了解这一领域。在A公司的帮助下,B公司建立了一个新品牌的工厂专门生产A公司所需的外部反光镜。B公司与A公司第一年的业务额为500万美元,到1997年,已增加到6000万美元。这种发展要求两个公司间有承诺,而不单是在采购和销售人员之间。

请讨论:

(1)根据A公司的生产组织方式,列举出你认为最重要的三个采购说明要素。

(2)A公司在提高供应商感知方面采取了哪些措施?其结果如何?

(3)通过B公司的例子,你认为A公司应当重点发展哪些形式的采购商与供应商关系?为什么?

3. 美国A公司与供应商的商业伙伴关系

(1)与供应商彼此共享成本模型数据

A公司通过建立成本模型方便对各种成本构成因素进行考虑,再与供应商协商,利用供应商掌握的新技术或独特技术来降低成本。如果与供应商的成本协商不顺利,A公司会派工程师去帮助供应商找出达到成本目标、同时又能维持利润水平的方法。

(2)与供应商建立伙伴关系

A 公司在北美已经发展了一个有 400 多家供应商的网络,仅在俄亥俄州就有 180 家,这些供应商给 A 公司供应了超过 80% 的零部件及材料。长期合作作为选择供应商的出发点,把充分的精力放在和供应商关系发展上,通过赢得供应商的心才能与他们一起获得成功。如 A 公司与 Tower Automotive(一个重要的压制部件和焊接组件的供应商)的关系中,运用了商业伙伴(BP)的程序。A 公司帮助 Tower 重新设计了制作某零件的工艺过程,这是一种前后门之间连接顶和底盘的金属部件。A 公司建议使用固定位置的熔焊台,只需简单的机器人围着部件转。这个新工艺设计使产量翻番,从每小时生产 63 个部件增加到每小时 125 个。同时,由于焊枪的固定,降低了损耗,减少了焊接点的撕裂,因此它们的使用寿命也从 50000 个焊接点上升到 250000 个。

A 公司在每一次的供应关系改善之后,都进行一次综合性的项目评估,用收集来的数据设定新目标和测量未来的绩效,即使在供应商关系很艰难时,也能使生产率至少以提高 50% 的程度得以改善。

(3)利用供应商进行创新

为利用供应商在研发方面的能力和技术,A 公司开发了一个名为"参与设计"的机制,直接把重点集中在供应商的早期参与上。在一个新项目的最初期,A 公司从外部供应商中"邀请"嘉宾设计师——每次 100 个之多,让他们身处 A 公司的生产车间,同在职工程师、设计师和技术人员们一起并肩工作。这个机制保证 A 公司成功地将最好的思想和最新的技术融入产品中去。A 公司对建立合作关系非常重视,在项目一开始就需要有外部设计师的投入。通过这些,供应商很早地参与设计,就可以得到他们的最新技术,并且保证将它整合运用到 A 公司的汽车之上。

在一些重点的战略上,隐含成本很大,A 公司因此建立起技术路线图,并和供应商一起予以使用。技术路线图的建立可以向 A 公司的主要供应商展示前进的方向,以便供应商协助 A 公司,使用他们的最新技术,共同把最终产品推向市场。

A 公司所采用的一系列战略采购方法,包括建立总成本模型、建立、维持供应商关系、利用供应商等工作,使公司的采购功能赢得了全球的尊重和认同。据《采购杂志》刊载:"A 公司因与供应商的共同开发而获得名声和荣誉!"

试分析:①本案例中,美国 A 公司与供应商建立商业伙伴关系时做了哪些工作?
②建立良好的伙伴关系能给企业带来什么?

实训项目:

1. 请对目标供应商进行调查、选择,拟定一份供应商管理规划报告。

2. 一家机床生产厂商最近对零部件的检测中发现了一些问题:压铸件的砂眼问题,主轴曲径,偏小,功能测试中马达支架与驱动臂的连接问题。请你为该厂商提供改善采购质量的措施。

第七章 如何进行采购谈判

引例

有一对老夫妻在一本杂志广告中看到一座老式时钟式样十分优雅。妻子说:"多漂亮啊,把它放在我们的客厅当中一定很不错吧?"丈夫也认为的确不错!但广告上没有标明价格,不知道多少钱。他们商定,去古董店找找看,如果发现那座钟,最多出价500元。

经过三个月的搜寻后,他们终于在一家古董展会场的橱窗里看到那座钟,妻子兴奋的叫起来:"没错,就是这座钟。"但当他们看见时钟上的标价是800元时,妻子开始打退堂鼓,说道:这超出了我们500元的预算,还是不买了吧。丈夫说:"我们已经找了那么久,不妨试试,跟他谈谈。"

夫妻私下商谈,价格一定要控制在500元以下。随后,丈夫鼓起勇气,对那座钟的售货员说:"我注意到你们有座钟要卖,定价就贴在钟座上,而且蒙了不少灰尘,显得的确很古老。"之后,又说,"我给你出个价,只出一次价,你可能会吓一跳,你准备好了吗?"他停了一下以增加效果,"你听着——250元。"那座钟的售货员连眼也不眨一下,说道:"卖了,那座钟是你的了。"

回家后,他把那座钟放在家里的客厅中,它看起来非常美丽,而且也似乎没什么毛病,但是他和太太却始终感到不安。他们可能半夜三度起来,因为他们没有听到时钟的声响。这种情形持续了好多天,他们的健康迅速恶化,甚至患上了高血压。那个售货员不经交涉就以250元钱把钟卖给了他们,使他们觉得自己开价太高或认为该钟质量肯定有问题。

该引例告诉我们,一方完全满足另一方的要求,这不是谈判。夫妻二人的买钟之行,由于没有经历谈判过程而不令人满意。每一个要求满足的愿望、每一项寻求满足的需要,都是引发人们展开谈判过程的诱因。

学习本章内容,可以帮助我们(但不仅仅局限于)在以下知识和技能方面得以提高:

◆了解谈判评判的标准、谈判的模式、谈判目标的选择和谈判的准备工作;
◆掌握谈判应遵循的原则和各阶段的策略;
◆安排谈判各阶段的工作;
◆灵活运用谈判的知识和技巧从事谈判工作。

第一节 理解谈判

一、谈判及其重要性

什么是谈判,不同书籍给出了多种不同的定义。我们在此对谈判作如下定义:谈判是一个由最初持有不同观点的双方或多方通过选择使用不同的说服方式在共同的目标上达成协议的过程。

有效谈判可以带来(但不仅仅只是)如下效果:
(1)更低的供应总成本;
(2)更好的品质、耐用性及性能;
(3)缩短各种提前期;
(4)使合同的执行更加容易并按时进行;
(5)改进供应商可靠性和服务;
(6)减少同供应商的争执。

谈判对于企业的利润来说,存在着"杠杆效应"。如以制造业的平均水平而言,购买原材料的费用一般会占公司营业额的60%,通过改进谈判技巧,如果一个企业能设法将采购原材料的总成本减少10%,将会使总营业额中原材料成本的份额从60%降到54%。而降低的6%将直接进入利润,从而使该公司的利润由原来的10%上升到16%,成本降低幅度为10%,而利润上升幅度为60%。如果企业在销售上下功夫,要达到利润上升60%的目标,则其销售也必须增长60%,在大多数情况下,这是很难实现的。

谈判不仅存在于采购方与供应商之间,企业内部之间也存在谈判,谈判是采购人员日常工作的一项重要活动。

通常在以下情况时,必须与供应商进行谈判:
(1)当采购价值很高时;
(2)当要求长期的供应担保时;
(3)当采购很复杂时;
(4)当只有1个或少数供应商时;
(5)在没有参照标准的场合。

通常在以下情况时,必须与内部人员进行谈判:

(1)需要明确质量要求；
(2)存在特定规格是否有助或阻碍竞争性的资源；
(3)需要确定货物提前期是否可行；
(4)需要确定邀请多少供应商提供报价；
(5)决定评估报价要考虑哪些因素。

二、谈判的评判标准

谈判的实质是沟通。通过良好的沟通寻求合作、实现双赢。因此，谈判是一项互惠的合作事业。从这个观点出发，可以把评价采购谈判是否成功的价值标准归纳为三个方面：实现目标、优化成本、建立人际关系。

(1)实现目标。衡量谈判的第一个标准是实现目标，也就是说，谈判的结果应该是达到了预期目的。因为谈判是谈判双方为了达成某种共识而进行的活动，如签订一份采购合同等。

(2)优化成本。衡量谈判的第二个标准是优化成本。一方面，通过谈判努力降低企业的采购成本；另一方面，还需注意降低谈判成本。通常涉及谈判的成本有以下三种：一是为达成协议所做的让步，也就是预期谈判收益与实际谈判收益的差距，这是谈判的基本成本；二是人们为谈判所耗费的各种资源，如投入的人力、物力和时间，这是谈判的直接成本；三是因参加该项谈判而占用了资源，失去了其他获利机会，损失了有望获得的其他价值，即谈判的机会成本。

(3)建立人际关系。衡量谈判的第三个标准是增进或至少不损害双方的利益，从而建立良好的人际关系。谈判是人们之间的交流活动。就采购谈判而言，谈判的结果不应只体现在最后价格的高低，还要体现在如何建立良好的伙伴关系上。

三、谈判的模式

(一)按谈判的对象，可分为"内部谈判"和"外部谈判"

1. 内部谈判

作为采购人员，很有可能必须就下列问题同公司内部人员"谈判"：
(1)质量要求；
(2)某些特定的规格说明是否会有助于或者妨碍寻找有竞争力的货源；
(3)所要求的交货提前期是否可行；
(4)应该邀请多少个供应商提供报价；
(5)评估报价时应考虑哪些因素。

2. 外部谈判

通过外部谈判，可以期望达到下面一个或多个目标：
(1)更低的供应总成本；
(2)更好的品质、耐用性和性能；
(3)缩短各种提前期；
(4)使合同的履行更加有效并按时进行；

(5)改进供应商可靠性和服务;
(6)减少同供应商的争执。

(二)按谈判最后可能达到的结果,可分为阵地式谈判和理性谈判

1. 阵地式谈判

阵地式谈判是指双方站在各自的立场,为自己讨价还价,最后作出一定的妥协,找到双方都能接受的折中方法。在阵地式谈判中,双方的"领地"逐步被对方"蚕食",双方很难达成一致意见,如图7-1所示。

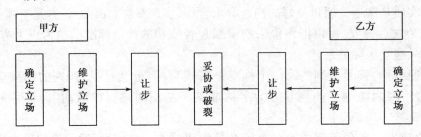

图7-1 阵地式谈判

阵地式谈判有两种类型:一种叫作软式谈判;另一种叫作硬式谈判。

(1)软式谈判模式。软式谈判是指以妥协、让步为手段,希望避免冲突,为此甚至愿意牺牲己方利益来换取合作或协议的谈判模式。这类谈判者在谈判桌上的通常表现是:

①他们不把对方看成是敌手,而是当作朋友,注重双方关系,信守"和为贵"的原则;

②他们不强调获取胜利,而是强调达成协议的必要性,为取得协议甚至愿意接受损失;

③对人对事采取温和的态度,从不使用压力,反而屈服于压力;

④开诚布公,相信对手,以善良的愿望谈判,注重礼仪。

软式谈判回避斗争,强调统一,以让步、牺牲为代价换取协议和合作。所以,软式谈判并不是普遍使用的方法,只有在为建立长期合作伙伴关系的情况或当远期合作利益高于近期局部利益时才被采用。在软式谈判下,今天的"失"是为了明天的"得",单纯的为合作而合作的谈判是不存在的。

(2)硬式谈判模式。硬式谈判是指以意志力的较量为手段,坚守己方的强硬立场,并要求对方牺牲其利益来达到己方的目的的谈判模式。硬式谈判的指导思想不是"双赢",而是"不谈则已,要谈必胜"的强权哲学。这类谈判者在谈判桌上的通常表现是:

①情绪冲动,滥施压力。通常在适当的时候,利用冲动的情绪侵犯对手,引起对手愤怒、思维混乱,从而作出顺从退让而使己方目的达到,视对方让步为软弱。

②谈判时咄咄逼人。在对方让步之前寸步不让,毫不犹豫地提出他们明知对方不能接受的要求,经常使用过激语言。

③不理期限,坚韧忍耐。这类谈判者不受谈判期限的约束,利用对方的急迫心理,采取停滞和拖延战术,使对手逐渐疲惫不堪,坚持以较长时间去获取所要的东西。

④声称权力有限。谈判代表声称被授予的权利有限,不能作任何超出所授权限的让步,使对手无奈地接受目前的谈判条件。

硬式谈判有着明显的局限性:它将谈判对手视为敌人,目标是单纯满足自身需要,不惜手段对对方施加高压和威胁,因而难以达成谈判目标,不具有效率,并常常破坏谈判双方的人际关系。一般情况下,它只适用于一次性交往或是谈判双方实力相差悬殊的情况。

硬式谈判与软式谈判的模式虽然截然相反,但同属于传统型谈判法,其特点体现在以下四个方面:

①难以达到谈判目标。谈判双方的注意力集中于维护立场,在谈判过程中常表现为持极端立场并固执己见,表现出强硬的态度,达成协议的可能性变得很小。

②产生不明智的协议。由于人们更多地注意立场而忽视如何满足各方的基本要求,达成的协议仅仅是各方在立场分歧上妥协的机械反映,而不是如何尽量满足各方的合理利益。其结果总是使各方感到不满意。

③谈判效率低。提出的立场越极端,让步的幅度就越小,需要去探求达成协议的可能性所花的时间和精力更多,导致效率低,甚至还可能使谈判崩溃。

④损害双方关系。当一方发现自己屈服于对方坚强的意志,而自己的合法利益却未被顾及时,就会产生愤懑的情绪,会影响双方关系甚至使双方关系破裂。

2. 理性谈判

理性谈判是一套将人类独特的理性思维运用于谈判过程的模式,又可称为原则谈判法。理性谈判模式的谈判双方在谈判过程中尽可能寻求共同利益。当双方利益发生矛盾时,理性谈判强调坚持独立于双方意志之外的公正标准。它对于谈判标准来说是硬式的,对谈判的人来说是软式的。

理性谈判具有如下特点:

(1)坚持区分人与问题。即通常所说的"对事不对人"。要在谈判中做到把人与问题分开,必须进行有效的人际沟通和建立信任感,具体做法是:

①尽量从对方的立场来考虑问题。在谈判中,当提出方案和建议时,要从对方的立场出发考虑提议的可能性,理解或谅解对方的观点、看法,从而缩小冲突范围,缓和谈判气氛;有利于谈判顺利进行。

②尽量阐述客观情况,避免责备对方。当出现意见分歧时,对对方的提议或见解给予某种肯定,同时,客观地指出双方的分歧所在。同时,注意语言表达技巧,使你表达的意思让对方感觉到你是提出自己的看法而非对对方的指责,避免对方产生防备心理。

③让双方都参与提议与协商。双方都参与方案的起草、协商,让对方切切实实感到自己是提议的主要参与者、制定者,达成协议就会变得比较容易。

④保全面子,不伤感情。谈判人员既代表公司,同时也存在着自己的利益,如面子。重视对方个人的利益,有利于推动谈判的进程。

(2)着眼于利益,而不是立场。利益是隐藏在立场后面的深层次的动机,促使谈判者作出决定的是利益。如果在谈判中各自坚守立场和阵地,忽略了真正的利益所在,谈判的结果不能令人满意。

(3)坚持以客观标准为基础。在谈判中,无论多么充分理解对方,多么巧妙地协调冲突,多么高度地评价彼此间的关系,谈判者都会面临利益冲突。使用客观标准,可以让双方都感觉是在采用公平、公正的方法解决冲突,因而更具有实效性和优越性。这种客观标准在实际中表现为法律、法规、市场价值、国际惯例、专家意见、伦理道德等。

第七章　如何进行采购谈判

(三)理性谈判的应用

理性谈判既可以用在只有一个问题的场合,也可以用在多个问题并存的场合;既可以用于双边的形式,也可以用于多边的形式,甚至还可以用于与劫持者的谈判。无论对方是经验丰富的老将还是初出茅庐的对手,无论对方的态度强硬还是友善,这种方法都可以适用。因此,理性谈判应该成为采购谈判的主要模式。

理性谈判是一种极其有效的谈判方法,它改革了阵地式谈判模式的指导思想和谈判策略,正被人们广泛认同并应用于各种谈判场合,表 7-1 对不同谈判模式进行了比较。

不同谈判模式的比较   表 7-1

阵地式谈判		理性谈判
软式谈判	硬式谈判	
谈判的对方是朋友	谈判的对方是敌手	谈判的对方是问题的解决者
目标是达成协议	目标是取得胜利	目标是达到明智有效的结果
为搞好关系而作出让步	要求对方让步作为建立关系的条件	把人与问题分开
对人对事采取软的态度	对人对事采取硬的态度	对人采取软的态度,对事采取硬的态度
相信对方	不相信对方	信任与否与谈判无关
轻易改变自己的立场	坚持自己的立场	着眼于利益,而不是立场
提出建议	提出威胁	寻求利益
提出自己最低限度的要求	谎报自己最低限度的要求	没有最低限度
为了达成协议而接受损失	要有所获才肯达成协议	提出互相得益的选择
找出一个对方能够接受的解决方案	找出一个自己愿意接受的解决方案	探讨多种方案,而后再作决策
坚持达成协议	坚持自己的立场	坚持使用客观标准
尽量避免意志之争	努力赢得意志之争	根据客观标准达成协议
屈服于压力	施加压力	服从原则,而不是压力

四、谈判的原则

(1)平等互利原则。平等互利原则的基本含义是:谈判双方在相互关系中应处于平等地位、等价交换;双方都应根据实际需要和客观可能,"有给有取",利益均沾,坚持双方都获益。

(2)兼容原则。兼容就是谦让、容忍、豁达。兼容原则要求谈判双方在遇到难题时,能将谈判的原则性和灵活性有机地结合起来,以退为进,避开冲突,以对方易于接受的方式,达到目的。

(3)守法原则。守法是指在采购谈判及其合同签订的过程中,应遵守相关的法律、政策、条令。

(4)守信原则。决定采购谈判进度及其结果的首要问题,是要建立谈判双方彼此间相互尊重、相互信赖的关系。谈判者在谈判过程中不要轻易许诺,这是守信的重要前提。

(5)灵活性原则。谈判的过程是一个不断思考、协调的过程,在守信的原则下,通过灵活的谈判技巧使自己在谈判中始终占据有利位置,实现总体目标。

第二节 谈判前的准备

准备一个谈判会占用相当的时间和精力,为高价值或高风险品项的谈判准备足够的时间是非常重要的。谈判前的准备包括如下内容:
①收集和分析相关信息;
②组建采购团队;
③确定谈判目标;
④制定谈判方案;
⑤模拟谈判。

一、收集和分析相关信息

1. 公司的需要

在谈判之前必须知道什么是你所需要的。这些内容包括:
(1)要求的质量;
(2)需求的数量;
(3)要求的交货时间表;
(4)期望的交货地点;
(5)对供应商所要求的服务水平;
(6)合理的采购预算。

为确认需求,必须与客户(内部或外部)和最终用户保持密切联系。也必须了解在供应过程中因为满足这些需求(如运输时刻表、库存能力等)所产生的压力。除非准确掌握公司的需求,否则不可能就最优化的交易进行谈判。

2. 采购品项的供应市场环境

在全球经济一体化形势下,对供应市场的考察也应相应地扩大到全球供应市场。在这一环节,需获取和分析如下信息:
(1)所采购产品或服务的全球供应情况;
(2)技术进步和替代产品;
(3)价格和价格走势;
(4)价格以外的主要成本因素;
(5)市场结构和竞争程度;
(6)可选择的供应商;
(7)影响特定供应市场的政策和规定、经济和社会政治环境及其前景。

3. 采购和供应战略

(1)运用供应定位模型判断采购品项的类别;
(2)确定与供应方建立的关系类型。

4. 分析供应商提供的商品或服务的价格及其成本构成

(1)获取成本和价格的市场信息;

(2)建立成本模型,分析供应商的报价;
(3)分析降低采购总成本的途径。

5. 了解供应商的组织及供应商对本公司业务态度

(1)了解供应商的技术能力、财务状况、市场运作能力、管理能力、管理文化和风格、行业关系;
(2)了解可能采取超越其竞争对手、获得优势的方法;
(3)了解供应商把公司作为一个潜在的业务伙伴来看的兴趣的大小。

6. 了解供应商谈判人员

(1)了解供应商主谈人员及其谈判风格;
(2)了解供应商谈判人员的需求和社会关系。

7. 了解你的谈判竞争对手

你的竞争对手的不同特质决定了你可能采取的谈判策略及其效果。你面临的谈判对手通常可以分为温和型、强硬型、理智型、创新型和成交型这五种类型(表 7-2),不同类型的谈判对手应对策略是不同的。

谈判对手的类型　　　　　　　　　　　　　　　　表 7-2

温 和 型		
优　势	劣　势	如何应对的建议
(1)友好易接近; (2)好的倾听者; (3)表示关心和同情; (4)寻求双赢; (5)有耐心; (6)值得信任; (7)重视个人关系	(1)过于随和; (2)可能失去重点; (3)很难处理矛盾和压力; (4)容易泄露信息; (5)可能过于重视个人问题; (6)很难与忽视个人关系的人打交道	(1)建立信任; (2)用理性来表明理解; (3)强调他们作为个人合作的重要性; (4)经常归纳和集中讨论; (5)强调长期关系; (6)询问一些开放性的问题去了解他们的需求和关注的问题
强 硬 型		
优　势	劣　势	如何应对的建议
(1)天生的领导者; (2)有强烈的达成目标的渴望; (3)持之以恒; (4)在会议中的领导者; (5)果断且能推动谈判进展; (6)能自如地应付压力; (7)武断	(1)适合强硬的职位; (2)不会在其他人的想法上思考; (3)有选择的倾听者; (4)易冲动,没有耐心; (5)对于个人关系不敏感; (6)容易制造怨恨	(1)没有得到回报就不要让步; (2)温和但是坚定(并非强硬); (3)经常休息来释放压力; (4)如果可行利用组织的力量; (5)使用有吸引力的论点,不要淡化讨论
理 智 型		
优　势	劣　势	如何应对的建议
(1)重视问题; (2)抓住细节; (3)周密; (4)讲究方法; (5)充分准备; (6)用事实图表和理由来支持论点; (7)保持良好的记录	(1)总是试图用理智说服他人; (2)没有想象力,过于依靠事实和图表; (3)不重视所涉及的人; (4)过于沉溺于细节; (5)不能轻易改变谈判风格; (6)不能总揽全局; (7)容易陷入僵局	(1)不使你自己陷入他的逻辑束缚之中; (2)开始就要得到他们的需求清单; (3)仔细倾听并评价他们提出的论据点; (4)经常休会来分析要点; (5)表明对专家意见的尊重; (6)用事实和图表来支持你的论述; (7)用情感来进行反向的说服

续上表

创 新 型		
优 势	劣 势	如何应对的建议
(1)富有创造力,擅长设想解决方案; (2)有远见,直觉感强; (3)能看到整体; (4)很容易把问题联系起来; (5)很有说服力; (6)对于实现目标有很强的驾驭能力; (7)建立合作的方法	(1)可能会有不现实的解决方法; (2)忽视短期和中长期的考虑; (3)可能忽视细节; (4)可能漠视其他人的利益; (5)对于那些没有整体观的人没有耐心; (6)过于轻视眼前的困难和障碍; (7)低估事实的重要性	(1)仔细倾听并提出很多问题; (2)利用他们具有的创造性思维能力去解决共同的问题; (3)尽力强调共同的利益; (4)尽量把讨论集中在实际的问题上; (5)利用他们的想法; (6)经常总结
成 交 型		
优 势	劣 势	如何应对的建议
(1)发现机会; (2)迅速做出决策; (3)很容易建立联系; (4)具有实现目标的强烈愿望; (5)有活力; (6)灵活; (7)喜欢讨价还价	(1)倾向于忽视长期目标; (2)可能忽视细节; (3)快速轻易的转换位置; (4)倾向于表面的人际关系; (5)试图控制人和环境; (6)可能会建议一些高风险且难以实施的解决方案	(1)尽力去发掘他们的最隐蔽的利益; (2)经常总结和检验他们的理解程度; (3)交易时做出一定的让步; (4)不要轻易行动; (5)区分事实和假设; (6)同意之前你确定你了解交易所涉及的所有隐含的问题

二、组建采购谈判团队

采购谈判团队人员构成包括组织构成、业务构成、性格构成三方面内容。

1.组织构成

采购谈判的组织由负责人、主谈人和陪谈人员构成。谈判负责人是交易一方在谈判桌前的领导者,负责本方实现谈判目标的任务。主谈人(也叫首席谈判代表)是谈判桌上主要发言人,其职责是将谈判目标和谈判策略在谈判桌上加以实施。主谈人与谈判负责人可以是同一个人,也可以不是同一人。当两者不是同一人时,两者要相互配合。陪谈人员包括各类职能专家和记录人员。他们的职责主要是辅助主谈人,提供信息或参考意见,进行本专业部分的谈判;记录谈判的主要情节,协助主谈人完成谈判任务。

2.业务构成

采购谈判的业务构成是指各类职能专家的数量及所占比例,它一般包括:采购管理专家、工程技术专家、法律专家、金融专家等。

(1)采购管理专家在采购谈判中一般是主谈人,负责组织搜集经济信息,进行可行性分析;负责合同中有关数量、价格、交货期限、风险等的谈判。他们还需和其他专家一道对谈判方案进行经济、技术论证,联系其他陪谈人员,搞好协作配合。

(2)工程技术专家主要负责合同中有关生产工艺、设备的技术性能和安装以及产品质量控制及验收办法等技术性条款的谈判,他们应熟悉本单位、本行业的专业技术水平并能决定技术问题。

(3)法律专家主要负责合同的合法性,根据谈判结果草拟合同文本,并解释合同文本及各项条款。法律专家不仅要熟悉法律顾问事务,还要精通各种经济立法和国际商法。

(4)金融专家主要负责信用保证、支付方式、证券及资金担保等条款的谈判工作。

如果是涉外经济谈判,还需要翻译人员。翻译人员不仅要精通外文,还要熟悉与谈判内容有关的技术、管理知识,以便能准确地表达原意。以上四类谈判人员在业务上虽有明确分工,但谈判活动是一个有机整体,各阶段、各环节是相互联系的,因此,所有谈判人员必须围绕谈判目标团结一致、通力协作。

3.性格构成

谈判团中谈判人员的性格应互补协调。谈判人员的性格一般可分为下列三组:

(1)独立型与顺应型。前者遇事冷静、处事果断,责任心与进取心强,善于洞察对方心理,乐于从事发挥个性的工作。后者则相反,他们表现性格温和柔顺、独立性差,为人随和大度,善于从事正常的、按部就班的工作。

(2)活跃型与沉稳型。前者性格外露、精力旺盛、思维敏捷、情感丰富、情绪易于波动,适于从事流动性大、交际性广的工作。后者性格内向、性情孤傲、不善交际、有耐心、做事沉着稳健,适于从事少交往的独立工作。

(3)急躁型与精细型。前者性格急躁、待人热情、慷慨大方、不拘小节,易激动,缺乏耐心,适合从事简单的、可以快速完成的工作。后者沉着冷静,做事有条不紊,能细心分析,冷静处理,适合从事精密细致的工作。

不同性格的人,都有与其性格适合的工作。我们将独立型、活跃型、急躁型统称为外向型,将顺应型、沉稳型、精细型统称为内向型。外向型性格的人可以安排为主谈,或分派了解情况或搜集谈判信息等。对于内向型性格的人可安排为陪谈,从事信息分析或其他内务性工作等。

三、确定谈判目标

谈判的目标是指预定通过谈判过程中所达到的结果或标准。任何一种谈判,都应当以既定目标的实现为导向。谈判人员在进行一系列与谈判有关的决策时,其首要的工作就是确定谈判的目标。

谈判目标的内容,依谈判类别、谈判各方的需求不同而不同。如价格的高低、双方关系的改善、争议矛盾的解决程度等均可作为谈判目标。

谈判目标是一种目标体系,谈判者可把自己所追求的各种目标分为三个层次:最优期望目标、可接受目标和最低限度目标。

1.最优期望目标

在谈判桌上,最优期望目标是指对谈判者最有利的理想目标,它除满足某方实际需求利益之外,还有一个"额外的增加值"。这种最优期望目标,又被谈判行家称为"乐于达成的目标",最优期望目标是谈判者追求的最高目标,在必要时,这一目标可以放弃。

2.可接受目标

可接受目标,关系到谈判一方最基本最实际的利益,是秘而不宣的内部机密,一般只在谈判过程的某种微妙阶段提出。在谈判桌上,为了达到各自的可接受目标,双方都会施展自己的技巧,运用各种策略,努力达到可接受目标。

3. 最低限度目标

最低限度目标,是人们从事谈判活动必须达到的目标。对于一般的谈判者来说,这类必须达成的目标毫无讨价还价的余地,宁愿谈判破裂也不肯放弃这个最低限度的目标。

谈判目标分为最优期望目标、可接受目标和最低目标。在谈判桌上,最低目标与最优期望目标之间有着必然的内在联系,在谈判过程中,表面上似乎一开始要价就很高,往往提出己方的最优目标。实际上,这是一种谈判策略,目的是保护最低目标或可接受目标,这样做的实际效果往往超出谈判者的最低限度的需求,然后,通过谈判双方反复的讨价还价,最终可能在最低目标和最优目标之间选择一个中间值,即可接受目标,这取决于谈判双方的实力。

目标的设定应做到:
(1)切中主题;
(2)远大但又现实;
(3)详尽;
(4)可度量;
(5)公正;
(6)协调性。

表 7-3 为某企业制订的采购目标。

某企业采购目标表　　　　　　　　　　　　　　　　　表 7-3

类　别	采购目标	潜在的谈判杠杆因素
产品	(1)保证矿石品位符合××的要求; (2)保证矿石粒度符合××的要求	(1)因矿石品位而异的价格折扣; (2)因矿石粒度而异的价格折扣
供货	(1)确保在与预测偏差20%的范围内保证供货; (2)最低运输成本	(1)供货量和时间的保证; (2)卸车时间保证; (3)协助优化运输
价格	(1)实现比市场价低5%的采购价格(12.51元/t,包括破碎费和过磅费); (2)价格保护战略避免市场波动	(1)成本结构分析; (2)付款条件; (3)价格子项谈判; (4)最低到位价格比较; (5)采购量的扩大; (6)签订长期供货合同

四、制订谈判策略

制订谈判策略包括确定那些最有利于实现谈判目标方法。

在准备阶段收集到的所有信息都有助于决定你的策略。制订谈判策略实际上是将谈判之前考虑到的所有问题都集中到一起。包括:
(1)谈判目的和目标(围绕采购战略和所希望的供应商关系);
(2)对方的立场和可能的利益;
(3)双方反映在实力对比上的优势和劣势。

制订采购谈判策略涉及要进行一系列的决策。包括:

(1) 采取双赢还是单赢的方法；
(2) 开始的立场是什么；
(3) 是否披露你的立场；
(4) 要谈判问题的顺序；
(5) 说服技巧的使用；
(6) 使用哪些谈判战术；
(7) 谈判团队的人员；
(8) 举行谈判的地点；
(9) 谈判时间的选定和谈判持续的时间；
(10) 当发生错误或者意外时应急计划是什么。

①双赢和单赢。谈判中要做出的战略性决策之一就是选择"双赢"还是"单赢"。在双赢的框架内，双方要努力达成一个都满意的协议。在单赢的情况下，一方受益于另一方的支出。

双赢并不意味着为了让对方有所获得而做出额外的让步。它实际上意味着无论如何都要达成一个使双方利益最大化的协议。

由于双方的目标没有明显的共同点而不能达成协议的情况出现时，谈判可能会失败。此时，双方去寻找目标范围之外的解决方案来满足他们各自最重要的需求也是可能的，这就是双赢的本质。

尽管双赢的方法是最好的，但不同的情况仍要求运用不同的解决方法，决定采用双赢还是单赢取决于你所希望发展的供应商关系的类型。只要能确定你有其他供应商可供选择并且以后的交易也不是必须依赖于该供应商，那么你应该倾向选择单赢。

表 7-4 显示了这两种方法的主要区别。

双赢与单赢的区别 表 7-4

方　　法	双　　赢	单　　赢
重点	合作	竞争
基础	共同的利益和目标	敌对的态度和对峙
假设	灵活性	不变性
导向	联合解决问题	较大可能的争论
最终结果	双方实现满足他们目标的协定	一方"击败"另一方
适合的情况	长期合同； 重复交易； 合作的供应商	一次性的，短期交易； 敌对的供应商

从表 7-4 可以明显看出，双赢的方法尤其适合长期合同关系。但一个短期交易的谈判，一旦环境发生了变化，你很可能会依赖于一个过去曾强硬对待过的供应商，最终会把早期的盈利全部"返还"，甚至更多！除非有强制性的原因不允许这样做，通常情况下，最好还是寻求双赢的结果。

是寻求双赢还是单赢的关键性战略决策将直接影响下面所提到的所有其他决策。

②决定初始立场。在为自己设定目标的基础上，决定在谈判的哪一点上愿意改变立场，或

者完全改变立场以保证实质性立场的实现。如资金非常紧张,为获得对方优惠的付款条件,可能会改变某些对己方不重要的立场或条件。

立场涉及以下方面:
a. 必须要获得的东西;
b. 必须做或不做的事情。

当谈判双方目标不协调可能会导致谈判失败时,需要使用双赢的方法去达成协议,即超越各自的目标和立场去寻找一种实现双方更大范围的目标和利益的解决方法。

③是否披露初始立场。

a. 如果实力的对比劣势在你这一方,通常不披露己方的立场。这样可以充分了解对方的提议是什么,并且看清楚在己方亮明立场之前它究竟会带来多大的好处。他们的报价或许会比期望的要好。

b. 对方可能会提出一些过于极端的立场,并且很难放弃他们的立场时,早些亮明己方的立场(通常是你最佳目标)并以己方的立场为基础来进行谈判,这样更容易推动谈判的进程。

如果与对方有非常公开和相互信任的关系,有时可以把接受底限告诉对方,即低于某一点己方将不会同意达成协议。谈判可以在相互摊牌的基础上继续进行。

④安排谈判的次序。在谈判中,计划讨论的问题的排序也是一个关键。例如,己方可能愿意把容易的问题放在前面,以便于快速解决问题,并在处理复杂问题之前,创造一种谈判很有进展的感觉;也可能按相反的次序进行,这样在处理完主要的问题后,让双方感觉没有什么问题不能解决。

在谈判开始之前,给对方一个草拟的议程,这将有助于己方处于有利的地位。议程草案应该包括所有己方认为重要的方面。

除了草拟"官方"的议程,或许还要有自己的"内部"议程,以提高议程的灵活性。"内部"议程主要用于:
a. 根据谈判的进展情况,提示你提出预先准备的额外问题;
b. 表明你如何规划谈判阶段的进展以及每个阶段要达到的目标;
c. 记录某些在谈判期间团队要使用的信号(如要求暂停)。

⑤说服技巧的使用。说服技巧的使用,主要取决于谈判问题的类型以及对方人员的谈判风格。有五种基本的说服技巧:

a. 情感说服。是指利用供应商的良心和感觉以获得对方的同情,让对方理解己方对于问题的感觉。这一技巧的应用需避免被对方认为是做作和不合时宜,否则会起反作用。

在使用情感说服时要注意:

情感能够对付逻辑;(对于情感型人员而言)
情感能够用于增加讨价还价的感觉价值;
夸大使用情感会导致负面效应。

b. 逻辑论证。是指通过理性的辩论来影响对方改变其立场。逻辑方法只适合在谈判双方是理性的、对逻辑的含义有同样的理解的情形。

在使用逻辑论证时要注意:

不应用太多的逻辑分析使争论陷于平淡,争论要简单化;

不对某一个不能理解逻辑的人使用逻辑分析;

在收到大量的难以拒绝的好理由时,不应过快地询问"为什么"或"为什么不"。

c. 讨价还价。是指为了达成协议而在交易时共同做出让步,即"如果你能做那个,那么我们就能做这个"。如为了鼓励供应商缩短提前期和交货进度,己方或许准备在付款上让步。

讨价还价是大多数谈判的一个基本要素,在讨价还价时要注意:

以放弃价值低的东西作为条件,获得更多的回报;

不暴露立场(至少不想这么快);

不让对手明显地察觉出己方有改变的意愿;

在确实需要做出让步时,采取"挤牙膏"的方式,只做很小的让步(除非特殊情况才一步到位);对对方做出的任何让步都表示赞赏,这可以掌握主动权。

d. 折中。是指"弥合差异",在两种观点中间找到共同点的活动,是为获得对方让步而经常使用的方法。

在使用折衷时要注意:

折中只在其他选择都失效时才使用,一般不要太急于采取折中的办法;

折中并不意味着 50/50 对半开;

持极端立场的人通常会更偏爱折中的方法;

在能接受对方的立场时,先使用建议折中的方法。

只有当立场中存在较小的差异时,用这种说服方式才能弥补差异。

e. 威胁。暗示不满足要求将导致的后果。当其他说服方式效果甚微时,采用威胁来给对方制造影响。威胁需要以实力为基础,这才能够改善己方的谈判地位。

在使用威胁时要注意:

威胁只能作为最后的手段,因为可能会导致无法预料的后果(谈判崩溃);

使用技巧性或间接而不是直接的威胁,例如,"如果你不这么做,我们就不得不……";

威胁只是对事不对人;

永远不要做出你不能实施的威胁。

在准备阶段,应认真仔细考虑哪种情况下最适合用哪种说服技巧,根据不同的情况来准备随时改变说服性技巧。在说服对方时,如果有利于达成更好的协议,必须准备好被对方说服。灵活性和创造性是说服的本质。

⑥谈判战术。谈判策略需要通过一些或者一套谈判战术来实现,但要注意战术本身不是最终的目的,不能过度使用。下面一些战术可供选择:

a. 设置障碍。这个战术很有力度,且非常简单,容易被采购商所使用。具体做法:就是在谈判桌上得到供应商的报价,然后进一步要求更好的报价(例如对额外的数量、合同期的延长、供应范围的扩大、更低的价格等),如此一步一步深入下去。

例如,购买商会说:"你在一年期合同中给了我满意的价格,但如果延长到两年会怎样呢?"

b. 沉默。沉默能给对方很大的压力。当提出一个问题时,沉默表示只想等待一个答案。

c. 重复,重复,再重复。这种战术是试图制约对方。如果多次重复同一件事情,最终对方或许就会开始相信并接受它。

d. 暂停。如果谈判陷入僵局，或者对方提出了一些己方没有预料到的问题，己方应该要求暂停。可以开一个短会来决定如何将谈判向前推进。

e. 分割和控制。是指通过向特定人员提问来割裂供应商谈判团队的观点。

f. 争取同情。这是一个希望用来获得对方理解的战术。例如，"如果你是我，你会怎么做？"该战术和情感说服同时使用会收到更好的效果。

g. 再次调整需求。这个战术可以和"威胁"一起使用。例如，"如果在这点上不能再有所改变，那么恐怕我们必须要回到最初的立场了"。

这个战术也可用于在谈判即将结束时为得到供应商更进一步的让步。可以这样来表述："好了，我认为已经差不多了，只是还有一件事情需要商讨"。当供应商很可能同意做最后的让步来保证达成协议的时候，这可以用来获取供应商更大的让步。但它可能很危险并导致谈判重新回到起点。

h. 最后期限。供应商通常会使用这样的解释："你必须在月末签署协议才能得到10%的折扣。"最后期限只是一种非常普通战术，这种战术也可以用来要求得到优惠。

i. 节制。这个战术通常与讨价还价相联系，建议你一点一点地做出让步，并且要以得到某些回报作为交换。

需要注意的是，供应商会用同样的战术来对付你。

在准备阶段，必须决定在谈判中最适合使用的战术，这能为实现己方的策略提供帮助。如果你与一个团队而不是个人一起工作，你要保证整个团队了解并同意使用这些战术，还要使用为每个特定战术设置的信号。

⑦谈判团队。每个团队成员在谈判中的角色，可以沿下面的线索展开：

a. 团队领导——谁将领导你的团队并有权做出决策？

b. 专业支持（如技术、商务和财务方面）——谁将提供所需要的"深层的"专家意见？

c. 总结人员——谁将做记录并总结讨论的结果？

d. 观察人员——谁将在倾听对方的陈述并留意一些口头和非口头的信号时扮演沉默但十分重要的角色？

每个角色并不总是需要单独由一个人来扮演。所以，你的团队或许只由两个人组成，但他们分担了这四个职能。

谈判团队中每个成员需要做到：

a. 在制订谈判目的的过程中要充分了解情况；

b. 理解谈判的目的，并同心协力工作；

c. 作为团队成员，要把团队的任务当作自己的任务，把自己的个人主动性纳入谈判目的的框架之中；

d. 在谈判中知道彼此的任务和目标并始终相互支持；

e. 谈判之外经常交流且毫不犹豫地彼此表明自己的观点；

f. 一起努力去发现团队中产生分歧的原因，并解决它；

g. 认识到彼此的贡献并寻找发生错误的原因，而不是责备别人。

⑧谈判地点。谈判地点是影响最终结果的一个不可忽视的因素。谈判按地点可分为主场谈判、客场谈判和中立地谈判。

一般来说,谈判双方都愿意在本方所在地进行谈判。一方面,本方谈判者对环境熟悉,本方谈判人员具有心理优势;另一方面,利用室内布置、座位安排乃至食宿招待安排等机会,创造某种机会和气势,给对方施加压力和影响。但主场谈判也有弊端,客方为了摆脱不利形势,可以借口资料不全或以远离工作之地等中止谈判。

在某种意义上,客场谈判也有一定的好处。第一是谈判人员可以不受承担安排其他事务的干扰而能够专心于谈判事务,第二是对方无法借口自己无权决定而故意拖延时间。在客场谈判最需要注意的问题是必须保持头脑冷静,与对方保持一定的距离。过分地接受款待、娱乐活动会使谈判人员失去斗志。

当预料到谈判双方态度非常对立,或者谈判双方陷入僵局,这时应选择中立地点谈判。中立地点有助于创造冷静气氛,缓和双方关系,便于消除误会。中立地谈判一般在商务谈判中用得不多,多用于国与国之间的外交谈判中。

⑨谈判时间安排。谈判时间的安排,应考虑满足公司的利益(例如紧急程度、市场条件、谈判人员能否出席等),其他一些实际的问题如避开假期、休假和可能干扰谈判的特别事件也应加以考虑。

安排充足的谈判时间以保证谈判圆满结束,尤其是当谈判可能很复杂或很困难时,要留出一段弹性时间。旅行时间也必须考虑。

⑩应急计划。有时,对方对安排和拟定的议题的反应是出乎意料的,有时谈判会向许多意想不到的方向发展。因此,需要全面考虑谈判期间所有可能发生的事情并制订应急方案。

五、制订谈判方案

谈判方案是指在谈判开始前对谈判目标、谈判议程、谈判对策等预先所作的安排。谈判方案是指导谈判人员行动的纲领,在整个谈判过程中起着重要的作用。

1. 采购谈判目标的选择

谈判目标是指参加谈判的目的。一般可以把谈判目标分为三个层次:必须达到的目标、中等目标、最高目标。

对于采购谈判来讲,首先是为了获得原材料、零部件或产品,所以,谈判就以能满足本企业(地区、行业或单位)对原材料、零部件或产品的需求数量、质量和规格等作为追求的目标,也就是谈判必须达到的目标;其次,采购谈判还要以价格水平、经济效益水平等作为谈判的目标,这可以作为中等目标;最后,采购谈判还要考虑供应商的售后服务情况,例如,供应商的送货、安装、质量保证、技术服务活动等,这是采购谈判追求的最高目标。

2. 采购谈判议程的安排

谈判议程即谈判的议事日程。它主要是说明谈判时间的安排和双方就哪些内容进行磋商。

(1)采购谈判主题的确定

将与本次谈判相关的、需要双方展开讨论的问题罗列出来,作为谈判的议题。然后根据实际情况,确定应重点解决哪些问题。

对于采购谈判来讲,最重要的也就是采购产品的质量、数量、价格水平、运输等方面,所以,这些问题通常会作为谈判主题重点加以讨论。

(2)采购谈判时间的安排

一般来说,在选择谈判时间时要考虑下面几个方面的因素:①准备的充分程度,要注意给谈判人员留有充分的准备时间,以防仓促上阵;②要考虑对方的情况,不要把谈判安排在对对方明显不利的时间进行;③谈判人员的身体和情绪状况,要避免在身体不适、情绪不佳时进行谈判。

3.谈判备选方案的制订

通常情况下,在谈判过程中难免会出现意外的事情,令谈判人员始料不及,影响谈判的进程。为了预防这种情况的发生,需要对整个谈判过程中双方可能做出的一切行动作正确的估计,并依此设计出几个可行性的备选方案。

表 7-5 为某一公司根据表 7-3 制订的采购谈判方案表。

采购谈判方案表　　　　　　　　　　　　　表 7-5

谈 判 点	谈判出发点	最想要的结果	可接受的目标	最低接受标准	最优替代选择
总价格 —货款 —运费 —包干价	30.50 元/t 理由:从到位价的角度,××可以取得更低成本的石灰石	31.52 元/t 理由:目前已经实现 10.32 元/t 的最低价(不包括装车费和过磅费)	32.00 元/t	32.30 元/t 理由:目前通过前期谈判已经实现的价格	29.00 元/t 理由:报价由于运输近而较低(核实供货可能性)
矿石品位	CaO 含量稳定在 51% 以上	若品位不稳定,相应扣除货款和运费(每下降 1% 扣除 5% 货款)			
矿石粒度	粒度控制在 250mm 以下	若粒度不符合要求,相应扣除货款和运费			
运输服务	能够及时出货,不会造成运输车辆的等待				

六、模拟谈判

模拟谈判是指正式谈判开始以前,谈判小组人员对本场谈判进行的预演或彩排。一般做法是,将谈判小组成员一分为二,或在谈判小组外,再建一个实力相当的谈判小组;由一方实施本方的谈判方案,另一方以对手的立场、观点和谈判风格为依据,进行实战操练和预演。

1.模拟谈判的作用

模拟谈判的作用主要表现在:

(1)检验谈判执行计划是否周密可行。在模拟谈判中,通过相互扮演角色会暴露本方的弱点和一些可能被忽视的问题,以便找到出现失误的环节及原因,及时修改和完善谈判执行计划,使谈判的准备工作更具有针对性和有效性。

(2)提高谈判人员的谈判技巧。模拟谈判能使谈判人员获得一次临场的操练与实践,达到锻炼队伍、提高本方协同作战能力的目的。谈判人员在相互扮演中,找到充当真实角色的感觉,有利于提高谈判人员的应变能力,为临场发挥做好心理准备。

2.模拟谈判的主要任务

模拟谈判的主要任务有以下几项:

(1)检验本方谈判的各项准备工作是否到位,谈判各项安排是否妥当,谈判的计划方案是

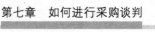

否合理。

(2)寻找本方被忽略的环节,发现本方的优势和劣势,从而提出如何加强和发挥优势、弥补或掩盖劣势的策略。

(3)准备各种应变对策。在模拟谈判中,须对各种可能发生的变化进行预测,并在此基础上制订各种相应的对策。

(4)在以上工作的基础上,制订出谈判小组合作的最佳组合及其策略等。

另外,谈判成员之间有必要事先商定一些暗号,既达到相互提示的目的,又不让谈判对手知道。

3.模拟谈判的方法

模拟谈判的方法,主要有全景模拟法、讨论会模拟法、列表模拟法等。

(1)全景模拟法

这是指在想象谈判全过程前提下,企业有关人员扮成不同的角色所进行的实战性的排练。这是最复杂、耗资最大但也往往是最有成效的模拟谈判方法。这种方法一般适用于大型的、复杂的、关系到企业重大利益的谈判。在采用全景模拟谈判法时,应注意以下两点:

①关注谈判全过程。对谈判全过程进行充分想象,这是全景模拟法的基础。依照想象的情况和条件,演习双方交锋时可能出现的一切局面,如谈判的气氛、对方可能提出的问题、我方的答复、双方的策略、技巧等问题。合理的想象有助于谈判的准备更充分、更准确。

②尽可能地扮演谈判中所有会出现的人物。这有两层含义:一方面是指对谈判中可能会出现的人物都有所考虑,要指派合适的人员对这些人物的行为和作用加以模仿;另一方面是指主谈人员(或其他准备在谈判中起重要作用的人员)应扮演一下谈判中的每一个角色,包括自己、己方的顾问、对手和他的顾问。这种对人物行为、决策、思考方法的模仿,能使我方对谈判中可能会遇到的问题有所预见;同时,进行换位思考,有助于我方制订更加完善的策略。同时通过对不同人物的扮演,可以帮助谈判者选择自己所充当的谈判角色,一旦发现自己不合适扮演某人在谈判方案中规定的角色时,可及时加以更换,以避免因角色的不适应而引起的谈判风险。

(2)讨论会模拟法

这种方法类似于"头脑风暴法"。它分为两步:第一,企业组织参加谈判的人员和一些其他相关人员召开讨论会,请他们根据自己的经验,对企业在本次谈判中谋求的利益、对方的基本目标、对方可能采取的策略、我方的对策等问题畅所欲言。不管这些观点、见解如何标新立异,都不要加以指责,有关人员只是忠实地记录,再把会议情况上报领导,作为决策的参考。第二,则是请人针对谈判中种种可能发生的情况、对方可能提出问题等提出疑问,由谈判组成员一一加以解答。

(3)列表模拟法

这是最简单的模拟方法,一般适用于小型的、常规性的谈判。具体操作过程是:通过对应表格的形式,在表格的一方列出我方经济、科技、人员、策略等方面的优缺点和对方的目标及策略。另一方则相应地罗列出我方针对这些问题在谈判中所应采取的措施。这种模拟方法的最大缺陷在于它实际上还是谈判人员的一种主观产物,它只是尽可能搜寻问题并列出对策,至于这些问题是否真的会在谈判中发生,这些对策是否能起到预期的作用,由于没有通过实践的检验,谈判人员还需要用其他方法和手段加以验证。

表 7-6 为某一企业设计的供应商回应表,表 7-7 为谈判对策表。

供 应 商 回 应 表　　　　　　　　　　　表 7-6

供应商可能提出的问题	我们的答案
多少供应商应邀参加谈判?	应邀参加的供应商数量在这个阶段没有固定
最终决策会只考虑价格因素吗?	考虑因素包括成本、质量和交货等情况
谁是××方最终的决策者?	总裁会做最后的决策
谈判一共要进行几轮?	谈判没有固定的轮数
我们在最后一轮报价中的排名怎么样?	供应商的计分卡表明其整体竞争力
什么时候会签合同?	合同会在明年初签署
……	……

注:要求采用头脑风暴的方法,利用以往的经验,站在供应商的立场上,充分考虑可能出现的问题。

谈 判 对 策 表　　　　　　　　　　　表 7-7

要素	问题	预计的供应商反馈	相关的回应	必要时的让步	优先考虑的事情
价格					
产品					
服务					
其他					

4. 模拟谈判时应注意的问题

模拟谈判的效果如何,直接关系到企业在谈判中的实际表现。而要想使模拟谈判真正发挥作用,就必须注意以下问题。

(1)科学地作出假设

模拟谈判实际就是提出各种假设情况,然后针对这些假设,制订出一系列对策,采取一定措施的过程。因而,假设是模拟谈判的前提,又是模拟谈判谈判的基础,它的作用是根本性的。

按照假设在谈判中包含的内容,可以分为三类:

①对客观环境的假设。对客观环境的假设,所包含的内容最多,范围最大,它涉及人们日常生活中的环境、空间和时间。主要目的是为了估计主客观环境与本次谈判的联系和影响的程度。

②对自身的假设。对自身的假设,包括对自身心理素质准备状况的评估,对自身谈判能力的预测,对企业经济实力的考评和对谈判策略的评价等多项内容。对自身的假设,可以使我方人员正确认识自己在谈判中的地位和作用,发现差距,弥补不足,在实战中就可以扬长避短,发挥优势。

③对对手的假设。对对手的假设,主要是预计对方的谈判水平,对手可能会采用的策略,以及面对我方的策略对手如何反应等关键性问题。

为了确保假设的科学性,首先,应该由具有丰富谈判经验的人提出假设,相对而言,这些人的假设准确度较高,在实际谈判中发生的概率大;其次,假设的情况必须以事实为基础,切忌纯粹凭想象的主观臆造,所依据的事实越多、越全面,假设的精度也越高;最后,我们应该认识到,最高明的谈判者也无法假设到谈判中会出现的所有情况,而且这种假设归根结底只是一种推测。有的谈判老手善于抓住对手的假设,出其不意地变换套路,实现己方的预期目标。因而,需要变换思维方式,灵活应对。

(2)合理选择参加模拟谈判的人员

参加模拟谈判的人员,应该是具有专门知识、经验和看法的人,而不是只有职务、地位或只会随声附和、举手赞成的老好人。一般而言,模拟谈判需要下列三种人员:

①知识型人员。这种知识是指理论与实践相对完美结合的知识。这种人员能够运用所掌握的知识触类旁通、举一反三,把握模拟谈判的方方面面,使其具有理论依据的现实基础。同时,他们能从科学性的角度去研究谈判中的问题。

②预见型人员。这种人员对于模拟谈判是很重要的。他们能够根据事物的变化发展规律,加上自己的业务经验,准确地推断出事物发展的方向,对谈判中出现的问题相当敏感,往往能对谈判的进程提出独到的见解。

③求实型人员。这种人员有着强烈的脚踏实地的工作作风,考虑问题客观、周密,不凭主观印象代替客观事实,一切以事实为出发点。对模拟谈判中的各种假设条件都小心求证,力求准确。

(3)参加模拟谈判的人员应该有较强的角色扮演能力

模拟谈判要求我方人员根据不同的情况扮演场上不同的人物,并从所扮演的人物心理出发,尽可能地模仿出他在某一特定场合下的所思所想、所作所为。

(4)模拟谈判结束后要及时进行总结

模拟谈判的目的是为了总结经验,发现问题,弥补不足,完善方案。所以,在模拟谈判告一段落后,必须及时、认真地回顾在谈判中我方人员的表现,如对对手策略的反应机敏程度、自身班子协调配合程度等一系列问题,以便为真正的谈判奠定良好的基础。

第三节 谈判的过程及策略

商务谈判的过程,一般可分为开局阶段、实质性磋商阶段、达成协议等三个阶段。由于各阶段特点不同、目的不同、所面临的任务不同,因而各有其谈判策略。

一、谈判开局阶段及其策略

谈判开局阶段是指谈判双方见面后到进入具体实质性谈判之前的那段时间和经过,主要包括把握开场、交换意见和陈述各自观点和立场三个内容。

(一)把握开场

1.布置好谈判现场环境

(1)现场环境布置的基本要求。一般来说,谈判现场布置应注意以下几个问题:谈判室内外环境要宽敞、优雅、舒适,使人心情舒畅;具有电话、电报等良好的通信工具;备有必要的记录工具、饮料、水果等;谈判室附近应有多种休息场所,以便谈判人员私下接触交流,联络感情,增进共识;除双方都同意外,不要配有录音设备。

(2)谈判座位的安排。在考虑选用什么类型时,要根据谈判双方的人数规模而定。如果参加谈判人数较少,例如双人谈判,一般采用的是长方形谈判桌,双方人员面对面而坐,给人以正规、严肃之感;如果是双方参与人数较多的谈判,如多边谈判或团体谈判,则通常采用的是长方形或椭圆形谈判桌,双方负责人应该居中坐在平等而相对的位子上,其他谈判人员一般分列于两旁就座。一般来说,离负责人越近,就表明职位越高,或权力越大。谈判准备方可事先在座位上摆放写有姓名的小牌子,以免入座时出现混乱。

在双边团体谈判中,有时也采用圆桌,给人以和平共处、轻松自在的感觉,彼此交谈方便。圆桌通常较大,可分段设置,各方负责人应该围坐在圆桌相应的位置上。翻译人员及其他成员一般围绕各自的负责人分列两旁而坐,也可坐于负责人的身后,这种安排体现了正式与平等。

(3)食宿安排。东道主一方对来访人员的食宿安排应周到细致,方便舒适,但不一定要豪华、阔气,按照国内或当地的标准即可。适当组织客人参观、浏览,参加文体活动是十分有益的,它有利于调节客人的旅行生活,增进彼此的了解与沟通,为谈判顺利进行打下基础。

2. 精心设计自我形象

首先,应根据谈判的正式程度来选择服饰。如果是正式谈判,则要穿得"正式"些,如果是非正式谈判,则可"非正式"些。其次,最好以自己一贯的风格安排着装。每次谈判时保持着装风格的一致,会给对方以稳定形象,并会有助于外界对自己形成统一的看法。

3. 努力营造开场气氛

在商务谈判中,最好是活跃、顺畅、融洽的谈判气氛,而非紧张的、严肃的、冷淡的谈判气氛。谈判者应注意把握谈判双方接触的短暂瞬间这一关键时机,力争创造良好的谈判气氛。谈判开场,双方见面握手,要把握分寸,既热情又不卑不亢。

开场时,寒暄话题的选择最好是中性且有一定的目的性,这样能引起对方关注,调动起对方的兴趣点,使双方拥有共同语言,甚至有相见恨晚的感觉,这样有利于谈判在一种轻松、顺利的环境下进行。

双方由寒暄而转入议题的过程称为破题。破题的时间根据谈判的性质和谈判的时间长短而定。如果将进行一个小时的谈判,三五分钟就够了,如果谈判将持续几天,双方则可以在进入议题之前先吃顿饭或是娱乐一段时间。

4. 交换意见

在实质性谈判开始之前,双方要交换一下意见,就谈判目标、议程安排和人员等方面达成共识。

(1)确立谈判目标。它是双方谈判的驱动力。这里的目标只是大体的、方向性的,如探索双方目标共同点的所在、寻找共同获利的可能性等。

(2)安排谈判议程。双方共同订立议程表,包括需要讨论的议题,以及双方共同遵守的规程、分阶段的谈判进度安排和每次谈判的大约时间等。

(3)熟悉谈判人员。它是指谈判小组的组成情况,以及每个谈判人员的地位与职能。

对于上述这些问题,既可以在会场上进行交换,也可以在谈判前直接沟通;既可以口头表达,也可以书面沟通。对于双方达成共识的方面,一般最好以书面形式用双方所认可的内容准

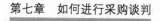

确记录下来,以备后用。

(二)开场陈述

破题后,双方就此次谈判交换意见,意味着谈判的正式开始。所谓开场陈述,即双方分别阐明己方对有关问题的看法和基本原则。开场陈述的重点不是具体的,而是原则性的,简明扼要把己方几个议题的主见摆出来。陈述的内容通常包括:己方追求的目标;谈判的进度和计划;谈判人员的情况;己方对议题的理解,包括己方认为这次会谈应涉及的问题;己方的利益所在;己方可以采取哪些方法和措施为双方共同利益而努力等。

在陈述己方的观点和立场时,应以诚挚和轻松的方式表达出来。需要做到:己方要求要合理,不要过分;原则性问题,一定要坚持,非原则性问题,则可作适当让步。开场陈述的方式应采取简短明确、感情色彩较浓厚的语言,如:"咱们先把会谈程序定下来好吗?""我们打算和你商量一下今后会谈的议题,你看行吗?"

当一方有必要打断对方的话题时,可以采取以下的语言,"请原谅我耽误几分钟,我们是否按照议程开始商谈?""我认为,这次会谈的目标是达成原则性协议。你也这样认为吧?"等,使谈判按预定的议程进行。

为了更好地达到己方目的,谈判人员还应注意以下几点:

(1)发言时,内容要简明扼要,把握重点,恰如其分地表示自己的感情倾向。要注意言辞和态度,避免一开始说话不慎或者态度不好而激怒对方,引起对方的反感,甚至发生敌意。

(2)发言之后,应留一定时间让对方发言。要注意倾听对方的意见和立场,找出双方的共同点和差别,以进一步调整,确定己方的策略。

(3)发言的时间要短,一般一两分钟即可。时间过长,人的精神受影响,必然会影响谈判的效果。

(4)要正确地估计自己的能力。不要被对方的身份地位、无理或粗野的态度吓倒,也不要惧怕数字、先例、原则或规定。要保持怀疑的态度,勇敢挑战。

(5)谨慎地作出假设。要假设对方不知道己方的弱点,再小心试探这种假设的对错,不可自己暴露弱点。要谨慎地假设你不了解对方的要求,然后再耐心地探索事实真相,千万不可根据自己未经证实的估计进行深入洽谈。

在开局阶段,只要对方的建议是合理可行的,就应该尽量同意。

(三)开局的策略

谈判者要充分利用开局的这段时间,把握好开局的各个环节,积极采取各种技巧和手段制造良好气氛,强化"谋求一致"的开局目标。

(1)控制开局过程策略。谈判双方有时会因为彼此的目标相距甚远而在开局就产生了一些麻烦。为了避免这种情况,谈判者要记住:必须要在双方对洽谈的目标和达到目标的途径有了比较一致的意见后,才能进行双方的商谈。例如,对方一开始就讲:"我们很关心价格问题,现在我们想……""好,我也很关心这个问题,不过咱们先把会谈程序和目标统一下,这样谈起来效率更高。"有时候对方出于各种目的在谈判一开始就唱反调,你可以毫不犹豫地打断他的话:"请原谅,我耽误几分钟,我们是否按议程开始商谈?我想这次会谈的目标是达成原则性协议,您说对吧?"这样双方能够比较迅速地建立起协同合作的意向,认识到有谋求共同利益的基础。

(2)留有余地策略。留有余地实际上是"留一手"的做法,它与开诚相见并不矛盾,其共同目标都是为了达成一项双方都可接受的协议,只是实现的途径不同而已。应注意的是,留有余地策略的应用应根据具体情况而定,一般在不完全了解对方的情况下或开诚布公失效之际采用。

(3)开局陈述策略。开局陈述应言简意赅,诚挚友好,以使双方相互信任并容易把握要点。在陈述时机的把握上应视具体情况而定,一般有两种策略:一是抓住时机抢先发言,争取主动,并为以后谈判框定方向。这样可占先入为主之利,在宣传己方观点和论据时可进行必要的暗示或影射,从而在心理上取得优势。二是保持沉默,迫使对方先发言,以给对方造成心理压力,使之失去冷静,在慌乱中暴露隐藏的真实情况。在实践中,如果双方都保持沉默就会形成冷场,这时东道主应主动发言以打破僵局。

二、谈判的实质性阶段及其策略

谈判的实质性阶段是指谈判双方对所提的交易条件进行广泛磋商的阶段。这个阶段通过对交易条件的报价和讨价还价,从分歧、对立到让步与协调一致,从而决定谈判的速决、拖延或是破裂。

(一)报价

谈判中的"报价",不仅是指产品在价格方面的要价,而且也泛指谈判一方向对方提出的所有要求,包括商品的质量、数量、包装、装运、支付、保险、商检、索赔、仲裁等,尽管其谈判内容各不相同,但谈判双方都会向对方提出各种要求,这种要求即为报价,它是谈判的中心议题。

1. 报价的原则

谈判中,由于谈判双方的地位和利益不同,卖方总希望成交价越高越好,而买方则希望价格越低越好。因此,无论谈判的哪一方,他的报价只有在被对方接受的情况下,交易才可能达成。因此谈判者在报价时,不仅要考虑按此价所能获得的利益,还要考虑报价能否被接受。报价决策的基本原则是:谈判者通过反复比较和权衡,设法找出报价所得利益与该报价被接受的概率之间的最佳平衡点。

2. 确定报价起点

谈判者在基本掌握了市场行情,并对此进行分析预测之后,可参照近期的成交价格,结合己方的谈判目标,拟定出价格的掌握幅度,确定一个大致的报价范围。

无论报价起点是高是低,其表达都必须十分肯定、干脆。为了不使对方感到报价不实,不在报价时使用"大概"、"大约"、"估计"一类含糊的词语。

3. 进行价格解释

价格解释是指开价方就其商品及其报价的价值基础、市场供需状况、附加因素等所做的说明。通过价格解释,出价方可以表明所报价格的真实性和合理性,接受方也可以据此了解报价的基础。

在进行报价解释时,必须遵守一定的原则,即不问不答,有问必答,避虚就实,能言不书。

4. 进行价格评论

价格评论就是在谈判中,一方对报价方就其报价解释中不明之点、不妥之处所作的批评性或咨询性反应。价格评论通过对报价方的价格解释加以研究,寻找并针对其漏洞或不合理点进行抨击,以便在讨价还价前,预先扫清谈判中的某些障碍。评论对方既有试探的作用,又可能使己方的洞察力和判断力显露出来。

5. 报价的策略

报价阶段的谈判策略主要体现在三个方面:谁先报价、怎样报价和如何对待对方的报价。

(1) 谁先报价。按照国际惯例,一般由卖方或是谈判的发起人先报价。先报价的有利之处在于:先行报价对谈判的影响较大,它实际上等于为谈判划定了一个基准线;此外,首先报价如果出乎对方的预料和设想,往往会打乱对方的原有部署,甚至动摇对方原来的期望值。而不利之处在于:对方听了我方的报价后,可以不动声色地对自己原有的想法进行调整,有可能使我方丧失条件更为优越的交易机会。另外,先报价会给对方树立一个攻击的目标。在后续的磋商过程中,对方有可能会集中力量对价格进行攻击,使首先报价的一方处于不利的境地。

(2) 怎样报价。报价的基本策略是己方报价要"狠"。但"狠"是有基础的,不能让对方感觉你没有诚意。作为买方,报价策略是"出价要低"。在以下情况下常采用这种方式:

由于不能完全了解对方的实际情况,己方预期的价格比对方愿意接受的价格要低,如不出低价,则受损的是自己;己方开低价,可有更多的谈判空间与让步余地,能避免使谈判陷入僵局;采用低报价策略,一开始就能削弱对方的信心,能乘机摸清对方的实力和立场。

(3) 如何对待对方的报价。如果是对方先报价,可以根据自己掌握的相关信息,了解对方的报价策略,并根据自己的利益进行合理的讨价还价;对于对方的报价不合理,应及时指出对方报价不合理的地方,并予以讨价还价。

由于不能完全了解对方的实际情况,己方预期的价格比对方愿意接受的价格要低,如不出低价,则受损的是自己。

己方开低价,可有更多的谈判空间与让步余地,能避免使谈判陷入僵局。

采用低报价策略,一开始就能削弱对方的信心,能乘机摸清对方的实力和立场。

(二) 讨价还价

1. 讨价

讨价是指对报价方的价格解释进行评价后,认为其报价离自己的期望目标太远,而要求报价方重新报价或改善报价的行为。还价是指报价方应评价方的讨价作出重新报价后,向评价方要求给出回价的行为。

讨价还价的基本规则如下:

(1) 经常尝试做出谈判条件的让步。如:"如果我们做这个,你们会做那个吗?"
(2) 尝试在对你没有赦免价值而面对供应商很有价值的变量上做出让步;
(3) 关注所有变量,并将其尽可能地联系起来考虑;
(4) 做一些小的让步,但关键问题上不让步;
(5) 记录议价过程中所做的所有让步;
(6) 不做无计划的让步;
(7) 不能迷失你的谈判目标。

2. 还价

首先,在还价之前必须充分了解对方报价的全部内容,准确了解对方提出条件的真实意图。要做到这一点,还价之前要设法摸清对方报价中的条件哪些是关键的、主要的;哪些是附加的、次要的;哪些是虚设的或诱惑性的。要注意倾听对方的解释和说明,不可主观地猜度对方的动机和意图,以免造成误会。

其次,准确、恰当的还价应掌握在双方谈判的协议区内,即谈判双方互为底线和期望值之间的范围,一般不超过此范围,否则谈判便难以成功。

如果对方的报价与己方的价格条件相差太大,不必草率地提出自己的还价,而应首先拒绝对方的报价。必要时可以中断谈判,让对方在重新谈判时另行报价。

还价时应注意:

不要对与谈判毫无关系的事情进行争执;

不能流露出急于求成的心理;

在谈判中一旦出现僵局,双方都应有诚意地调整自己的目标,做出必要的妥协和让步,向着成交的目标努力。

三、谈判结束阶段及策略

对于谈判者来说,如何把握结束谈判的时机,正确运用相关技巧,做好谈判的收尾工作,同样是决定谈判成败的关键。

1. 谈判结束阶段的主要标志

一般来说,谈判进入结束阶段,往往有以下两个明显标志:

(1)达到谈判的基本目标。经过实质性的磋商阶段,交易双方从原来出发的立场作出了让步,此时,谈判人员较多地谈到实质性问题,甚至亮出了此次谈判的"底牌"。如果双方都确定在主要问题上达到了基本谈判目标,谈判成功就有了十分重要的基础,就可以说促成交易的时机已经到来。

(2)出现了交易信号。各个谈判者实际使用的信号形式是不同的。谈判人员通常使用的成交信号有以下几种:

①谈判者用最少的言辞阐明自己的立场。谈话中可能表达出一定的承诺意愿,但不包含讹诈的含义。

②谈判者所提的建议是完整的、明确的,并暗示如果他的意见不被接受,除非中断谈判,否则将没有别的出路。

③谈判者在阐述自己的立场、观点时,表情不卑不亢,态度严肃认真,两眼紧紧盯住对方,语调及神态表现出最后决定和期待的态度。

④谈判者在回答对方的问题时,尽可能简单,常常只回答一个"是"或"否",很少谈论论据,表明确实没有折中的余地。

2. 最终出价

一般在谈判的结束阶段,谈判双方都要做最后一次报价,即最终出价。最终出价应在具有建设性的讨论中提出,并且要进行合情合理的陈述。谈判者在做出最终出价时,要注意把握如下方面:

(1)最后出价,不急于表态。谈判者一定要正确地评估谈判迈向协议的形势,在各种达成协议的条件都具备的时候,才做出最终出价。最好能够在对方做出最后报价之后再亮出自己的最终出价。

(2)做很小的让步。谈判者可以以上次的出价作为最后出价,明确地告诉对方"这是我方的最后出价";也可视谈判的具体情景再作些让步作为最后出价。但最后这次让步的幅度一般要小于前次让步的幅度,以便使得对方感到不再有进一步让步的可能。

(3)最后一次,也有条件。即使在作最后让步时,也不要忘记附加条件。这里的"附加条件"应包含两层意思:一是以要求对方作出某种让步为条件;二是以需经我方决策层批准为条件。这样既为是否兑现让步留下余地,也是为了争得对方的积极回应。

四、谈判的收尾工作

一项商务谈判活动不管进行多久、多少次,最后总有一个全部结束的阶段,其结果不外乎有两种可能:破裂与成交。

1. 谈判破裂的收尾

谈判破裂意味着谈判的失败,是谈判双方所不愿发生的事情。但是,谈判破裂又是经常出现的正常现象,其根本原因往往是交易双方的交易条件差距较大,导致无法达成统一的协议。当谈判出现这种情况时,谈判人员应注意采用适当的方法正确处理。

(1)正确地对待破裂。谈判双方达不成一致协议,往往意味着一方对另一方提议的最后拒绝或是双方相互拒绝。谈判中的最后拒绝必然会在对方心理上造成失望与不快,因而要将由此造成的失望与不快控制在最小限度内,尽量使对方在和谐的气氛中接受拒绝,所谓"生意不成仁义在",双方应含笑握手离开。

(2)把握最后可能出现的转机。当对方宣布最后立场后,谈判人员要做出语言友好、态度诚恳的反应,并争取最后的转机。如在分析对方立场后,可以做以下陈述:"贵方目前的态度可以理解,回去后,若有新的建议,我们很乐意再进行讨论。""请贵方三思,如果贵方还有机动灵活的可能,我们将愿陪贵方继续商讨。"这样,对于那种以"结束谈判"要挟对方让步的人网开一面,留条活路,有时也会使谈判出现"柳暗花明又一村"的局面。

2. 谈判成交的收尾

谈判取得了成果,双方达成了交易,谈判者应该善始善终,做好谈判记录的整理和协议的签订工作。

(1)谈判记录及整理。每一次洽谈之后,都应该就达成共识的议题拟定一份简短的报告或纪要,并向双方公布,得到双方认可。这样可以确保该共识以后不被违反。在长期而复杂,甚至需要若干次会谈的大型谈判中,每当一个问题谈妥之后,都需要通读双方的记录,查对一致,避免存在任何含混不清的地方。

(2)签订书面协议(或合同)。交易达成后,一般都要签订书面协议(或合同),协议经双方签字后就成为约束双方的法律性文件,双方都必须遵守和执行。谈判协议签订,必须注意以下问题:

协议的文字要简洁,概念要明确,内容要具体。涉及专业术语时,双方应共同确认其定义,避免引起分歧。必要的项目切勿遗漏,应全部罗列写清,并将可能发生的变化情况考虑周全。

正式签字前,应该对协议的内容进行细致的审核,以免文本中出现与双方达成的共识有不一致的地方。在审核中如发现问题,要妥善进行解决,决不可退让和迁就,使自己蒙受不必要的损失。

当谈判双方达成一份符合法律规范的书面协议后,双方当事人或其授权的代表要在书面协议上签名,使其成为一份有效的法律文件。在谈判中,一般应由企业的法人代表签字,但也可能由主谈人、部门经理、公司最高层领导或被授权的人来签。重大的谈判协议签订以后,还应该将协议经过公证部门的公证。

重大的谈判协议签订以后,绝不可以高枕无忧,必须密切注意对方的经营状况,看有无影响协议执行的因素发生,并继续不断地研究协议,发现漏洞,及时采取对策。

可见,协议的签订并不是结束,而是一个新的起点,只有协议执行完毕,才可以说"结束"这两个字。否则,任何一方违反协议的规定,都必须承担法律责任。

3. 谈判结束阶段的策略

在谈判的结束阶段,谈判目标主要有两方面:一是力求尽快达成协议;二是尽量保证已经取得的利益,在可能的情况下争取最后的利益收获。为达到这些目标,可以采取以下谈判策略。

(1)提供选择。为了尽快达成协议,谈判者要提供两种或两种以上的不同选择,引导对方选择成交方案。这种策略通过把成交的主动权交给对方,来促使对方消除疑虑,做出结束谈判的决定。具体的做法是在不损失己方基本利益的前提下,提供单一条款的不同选择,或是多项条款的不同选择,也可以是一个与原有方案大同小异的,而且又容易被对方接受的选择方案。

(2)分段决定。为了避免谈判在定局时产生比较大的矛盾和阻力,可以把谈判的结束工作分段进行,即把需要决定的较大规模的买卖或重要的条件分成几部分,让对方分段决定。特别是在大型和高级谈判中,应将重大原则问题和细节问题区别开来,让高级人员洽谈基本原则,中、低级人员则洽谈辅助事项;容易解决的问题先谈,有重大争议的问题最后解决,以巩固谈判成果,加快谈判进程。

(3)利益诱导。谈判的一方可以通过许诺,给对方以某种利益来催促对方结束谈判。如提供价格折扣、分期付款、附加赠品、提前送货、免费试用等特定的优惠,以诱使对方尽快做出最后决定。采用这种策略,一要注意强调这种利益的许诺幅度不宜过大,而且是与最后定局紧密联系的,即以对方同意定局为条件;二是可以寻找适当的机会,要求对方管理部门的高级人员出面谈判,可能更容易达到目的。

(4)分担差额。在谈判的最后时刻,如果双方对一些重要条件仍有分歧,为了加速交易的达成,谈判双方都可以通过采用"分担差额"的策略来解决最后的难题。"分担差额"并不一定是双方各自承担一半,也可以是2/3给自己,而1/3给对方。如果是己方首先提出这种解决办法的话,那么要确保尽快结束谈判带来的好处足以弥补己方在此条件上作出的让步。

(5)结果比较。在谈判结束阶段,一方可以为对方分析签约与不签约的利害得失,并强调现在的时机是有利的。要注意语言得当,不要让对方产生受威胁感。

(6)截止期限。谈判对于双方来说,通常都有一个截止期限的问题。这个截止期限往往是克服最后障碍、达成协议的好时机。当然,这个截止期限对谈判双方的约束力和所能产生的影响是有差异的。对于截止期限,无所谓的一方一般都不急于定局,有时还会利用这一时间因素增加谈判筹码,给对方施加某种压力。而对于截止期限约束力很强而且会因此遭受损失的一方来说,要求对方确定交易的迫切性就比较强,往往会主动地在截止期限到来前提出成交的暗

第七章 如何进行采购谈判

示。在这种情况下,应注意不要给对方造成急于求成的印象,以免给对方造成可乘之机,而应巧妙地运用各种手段和技巧,顺其自然地提出成交的要求。

思考与练习题

1. 谈判计划的拟定:

   某县医院采购一台中央空调设备,共有10家供应商参加了资格预审。由于付款方式将使成交供应商承担较大的资金利息成本和机会成本,因而谈判当日,前来参加谈判的4家供应商均向采购人提出,付款方式过于苛刻,无法接受,并出现整体"罢谈"的现象。经采购人代表几次回去请示研究,亮出底线:"调试运转验收正常后首付80%,无重大质量问题,6个月后再付10%,余款使用一年后付清。"供应商们才表示接受,可以谈判。从而因修改付款方式延长采购时间达10天以上。

   请你根据此案例,谈谈为了获得满意的谈判结果,采购人员在谈判前应如何制订谈判计划?

2. 如果你代表一家电脑制造商去参加广交会,你如何进行电脑报价的价格解释?如果你是采购方,你将如何针对报价进行价格评论?

3. 下面是两位不同公司的采购员与一家生产皮夹克的服装厂经理的对话,阅读后讨论后面的问题。

   (1)甲采购员:多少钱一件?

   经理:500元一件。

   甲采购员:400元行不行?

   经理:不行,我们这是最低售价了,再也不能少了。

   甲采购员:咱们商量商量,总不能要什么价就什么价,一点也不能降吧。

   经理:(因冬季马上到来,正是皮夹克的销售旺季)不能让价,没什么好商量的。

   (甲采购员见话已说到这地步,没什么希望了,扭头就走了。)

   (2)乙采购员:多少钱一件?

   经理:500元一件。

   乙采购员:我们会多要你的,采购一批,最低可多少钱一件?

   经理:我们只批发,不零卖。今年全市批发价都是500元一件。

   乙采购员:(不急于还价,而是不慌不忙检查产品)你们皮夹克的式样有些过时了,而且颜色也单调。今年皮夹克的流行色是棕色与天蓝色的,而你们只有黑色的。(他边说边看其他产品,突然看到有一个口袋有裂缝),你看,你们这衣服的皮子质量也不好,怎么能卖这么高的价钱呢?

   经理:(沉不住气了,并对自己产品的质量产生了怀疑)你要真想买,而且要得多的话,价钱可商量,你给个价吧!

   乙采购员:这样吧,我们也不能让你吃亏,我们购50件,400元一件,怎么样?

   经理:价钱太低,而且你们买的也不多。

   乙采购员:那好吧,我们再多买点,买100件,每件再多30元,行了吧?

   经理:好,我看你也是个痛快人,就依你的意见办吧!

   案例问题讨论:

   ①甲采购员与经理的谈判为什么失败?其原因是什么?

   ②乙采购员为什么会取得谈判成功?他采用的是什么方法或策略?

[案例分析]

1. 一次不寻常的家具采购竞谈

2013年5月,某县交警大队一栋全新的办公大楼落成。政府要求2个月之内要完成搬迁工作。为此,该县交警大队要对购于20世纪90年代的老旧家具进行置换,初步估算采购所需金额为70万元。由于所要采购的办公家具款式不明、材质繁杂、时间紧迫,经政府研究批准,该项目采购方式为竞争性谈判,由县采购办、纪委与采购人单位共同组织采购小组负责采购。

怎么才能将每一分钱花在刀刃上、采购到符合需求的办公家具呢?采购小组顶着压力开始了工作。

为了了解市场,采购小组先用2天时间跑遍县城所有的家具店,搞了一次价格大摸底。随后,将原来估算的70万元预算压缩到了65万元左右。

但是采购小组对采购仍然忧心忡忡。原来他们在市场调查中发现,在该县,符合条件的供应商就那么几家,招标的话,串标行为很容易发生。怎么才能杜绝串标行为的发生呢?此时,有人提出,是否可以去广州等家具生产集中地进行采购。这个大胆的设想很快就被采购小组采纳了。相较于本地家具店,广州的供应商多为生产商,且厂家数量多、厂子规模大,可以保证供应商之间的有效竞争。

他们用了4天时间随机挑选了8家注册资金在5000万元以上的生产厂家,对市场情况进行了新一轮摸底。通过对各家产品的款式、材质、颜色等的比较,竞争性谈判文件的框架基本确定了,6家拟邀请供应商名单也被确定了下来。考察的过程也是学习的过程,他们不仅了解了各个厂家的生产流程与产品特点,还知晓了各类家具的选材、加工中的门道。"这对我们估算利润与后期验收都非常有帮助。"采购办吴女士说。

怎么才能防止这6家供应商在竞争性谈判过程中相互勾结哄抬价格呢?除在调查过程中做好保密工作外,采购小组对竞争性谈判程序进行了创新:第一轮谈判采取分别谈判的方式进行,即逐一通知各家供应商分别前来谈判,以确保他们难以知晓竞争对手。在第一轮谈判中,各家供应商带来了样品画册,提出了售后服务方案和首次报价,谈判小组通过这些信息基本确立竞谈文件和标底。

竞争的白热化出现在第二轮谈判中。在该轮谈判中,采购小组要求供应商进行背靠背报价。为防止相互打听报价,采购小组组织供应商集中在一个固定的区域,并有工作人员为其提供服务。

"谈判不限制报价次数,各家可以不限次数地进行报价,直到不愿意报价为止。"经过三轮报价之后,各家基本停止了报价。最终,广东某家具厂以42万元的报价成为成交供应商。

当这个远远低于预算价的成交价被公布出来后,采购小组的工作人员们欢呼了。"真没想到可以以这个价格成交。"采购办吴女士说。时隔5个月,再谈起这次采购,她认为,竞争性谈判对采购金额较大的家具项目是比较合适的采购方式。此外,她认为,对市场的前期调研、分析,竞争性谈判现场的把握、报价轮次的控制,都会对采购结果起到重要作用。

(资料来源:http://www.ccgp.gov.cn/cgzn/alfx/201310/t20131016_3057122.shtml)

试分析:(1)本案例中,该采购办是如何成功进行竞争性谈判的?
(2)进行竞争性谈判需要哪些条件?

2. 农机设备谈判中的竞争与合作

中国某公司与日本某公司在上海著名的国际大厦,围绕进口农业加工机械设备,进行了一场别开生面的竞争与合作、竞争与让步的谈判。

谈判一开局，按照国际惯例，首先由卖方报价。首次报价为1000万日元。

这一报价离实际卖价偏高许多。日方之所以这样做，是因为他们以前的确卖过这个价格。如果中方不了解谈判当时的国际行情，就会以此作为谈判的基础，那么，日方就可能获得厚利；如果中方不能接受，日方也能自圆其说，有台阶可下，可谓进可攻、退可守。由于中方事前已摸清了国际行情的变化，深知日方是在放"试探气球"。于是中方直截了当地指出：这个报价不能作为谈判的基础。日方对中方如此果断地拒绝了这个报价感到震惊。他们分析，中方可能对国际市场行情的变化有所了解，因而己方的高目标恐难实现。于是日方便转移话题，介绍起产品的特点及其优良的质量，以求采取迂回前进的方法来支持己方的报价。这种做法既回避了正面被点破的危险，又宣传了自己的产品，还说明了报价偏高的理由，可谓一石三鸟，潜移默化地推进了己方的谈判方案。但中方一眼就看穿了对方在唱"空城计"。

因为，谈判之前，中方不仅摸清了国际行情，而且研究了日方产品的性能、质量、特点以及其他同类产品的有关情况。于是中方运用"明知故问，暗含回击"的发问艺术，不动声色地说："不知贵国生产此种产品的公司有几家？贵公司的产品优于A国、C国的依据是什么？"此问貌似请教，实则是点了对方两点：其一，中方非常了解所有此类产品的有关情况；其二，此类产品绝非你一家独有，中方是有选择权的。中方点到为止的问话，彻底摧毁了对方"筑高台"的企图。中方话未完，日方就领会了其中含意，顿时陷于答也不是、不答也不是的境地。但他们毕竟是生意场上的老手，其主谈人为避免难堪的局面借故离席，副主谈也装作找材料，埋头不语。过了一会儿，日方主谈神色自若地回到桌前，因为他已利用离席的这段时间，想好了应付这一局面的对策。果然，他一到谈判桌前，就问他的助手："这个报价是什么时候定的？"他的助手早有准备，对此问话自然心领神会，便不假思索地答道："以前定的。"于是日方主谈人笑着解释说："唔，时间太久了，不知这个价格有否变动，我们只好回去请示总经理了。"老练的日方主谈人运用"踢皮球"战略，找到了退路。中方主谈人自然深谙谈判场上的这一手段，便采取了化解僵局的"给台阶"方法，主动提出"休会"，给双方以让步的余地。中方深知此轮谈判不会再有什么结果，如果追紧了，就可能导致谈判的失败。而这是中日双方都不愿看到的结局。

此轮谈判，从日方的角度看，不过是放了一个"试探气球"。因此，凭此取胜是侥幸的，而"告吹"则是必然的。因为对交易谈判来说，很少有在开局的第一次报价中就获成功的。日方在这轮谈判中试探了中方的虚实，摸清了中方的态度。同时也了解了中方主谈人的谈判能力和风格。从中方角度来说，在谈判的开局就成功地抵制了对方的"筑高台"手段，使对方的高目标要求受挫。同时，也向对方展示了己方的实力，掌握了谈判中的主动。双方在这轮谈判中，互通了信息，加深了了解，增强了谈判成功的信心。从这一意义上看，首轮谈判对双方来说都是成功而不是失败。

第二轮谈判开始后，双方首先漫谈了一阵，调节了情绪，融洽了感情，创造了有利于谈判的友好气氛。之后，日方再次报价："我们请示了总经理，又核实了一下成本，同意削价100万日元。"同时，他们夸张地表示，这个削价的幅度是不小的，要中方"还盘"。中方认为日方削价的幅度虽不小，但离中方的要价仍有较大距离，马上"还盘"还很困难。因为"还盘"就是向对方表明己方可以接受对方的报价。在弄不清对方的报价离实际卖价的"水分"有多大时就轻易"还盘"，往往造成被动，高了己方吃亏，低了可能刺激对方。"还盘"多少才是适当的？中方一时还拿不准。为了慎重起见，中方一面电话联系，再次核实该产品在国际市场的最新价格，一面对日方的二次报价进行分析。

根据分析，这个价格，虽日方表明是总经理批准的，但根据情况看，此次降价是谈判者自行决定的。由此可见，日方报价中所含水分仍然不小，弹性很大。基于此，中方确定"还盘"价格为750万日元。日方立即回绝,认为这个价格很难成交。中方坚持与日方探讨了几次,但没有结果。鉴于讨价还价的高潮已经过去,因此,中方认为谈判的"时钟已经到了",该是展示自己实力、运用谈判技巧的时候了。于是,中方主谈人使用了具有决定意义的一招,郑重向对方指出:"这次引进,我们从几家公司中选中了贵公司,这说明我们成交的诚意。此价虽比贵公司销往C国的价格低一点,但由于运往上海口岸比运往C国的费用低,所以利润并没有减少。另一点,诸位也知道,我国有关部门的外汇政策规定,这笔生意允许我们使用的外汇只有这些。要增加,需再审批。如果这样,那就只好等下去,改日再谈。"

这是一种欲擒故纵的谈判方法,旨在向对方表示己方对该谈判已失去兴趣,以迫使其做出让步。但中方仍觉得这一招的分量还不够,又使用了类似"竞卖会"的高招,把对方推向了一个与"第三者竞争"的境地。中方主谈人接着说:"A国、C国还等着我们的邀请。"说到这里,中方主谈人把一直捏在手里的王牌摊了出来,恰到好处地向对方泄露,把中国外汇使用批文和A国、C国的电传给了日方主谈人。日方见后大为惊讶,他们坚持继续讨价还价的决心被摧毁了,陷入必须"竞卖"的困境;要么压价握手成交,要么谈判就此告吹。日方一时举棋不定,握手成交吧,利润不大,有失所望;告吹回国吧,跋山涉水,兴师动众,花费了不少的人力、物力和财力,最后空手而归,不好向公司交代。这时,中方主谈人便运用心理学知识,根据"自我防卫机制"的文饰心理,称赞日方此次谈判的确精明强干,中方就只能选择A国或C国的产品了。

日方掂量再三,还是认为成交可以获利,告吹只能赔本。这正如本杰明"富兰克林的观点"所表明的那样,"最好是尽自己的交易地位所能许可来做成最好的交易。最坏的结局,则是由于过于贪婪而未能成交,结果本来对双方都有利的交易却根本没有能成交"。

(资料来源:http://blog.sina.com.cn/s/blog_4a2f3985010006hr.html)

实训项目:

以4人左右为一小组,围绕某一品牌商品进行双方利益及优势劣势分析,设立谈判目标、程序及具体策略,拟定一份模拟谈判方案。

第八章 如何拟定采购合同

引例

甲、乙双方于 2013 年 7 月 12 日签订了一份简单的购销合同,约定乙方向甲方购买 50 万 m 涤纶哔叽,由于当时货物的价格变化大,不便将价格在合同中定死,双方一致同意合同价格只写明以市场价而定,同时双方约定交货时间为 2013 年年底,除上述简单约定,合同中并无其他条款。

合同签署后,甲方开始组织生产,到 2013 年 11 月底甲方已生产 40 万 m 货物,为防止仓库仓储货物过多,同时为便于及时收取部分货款,甲方遂电告乙方,要求向乙方先交付已生产的 40 万 m 货物。乙方复函表示同意。货物送达乙方后,乙方根据相关验收标准组织相关工作人员进行了初步检验,发现布料跳丝、接头太多,遂提出产品质量问题,但乙方同时认为考虑到该产品在市场上仍有销路,且与甲方有多年的良好合作关系,遂同意接受该批货物,并对剩下的 10 万 m 货物提出了明确的质量要求。在收取货物的 15 天后,乙方向甲方按 5 元/m 的价格汇去了 200 万元人民币货款。甲方收到货款后认为价格过低,提出市场价格为 6.8 元/m,按照双方合同约定的价格确定方式,乙方应按照市场价格,乙方按照 1.8 元/m 补足全部货款,但是乙方一直未予回复。

2013 年 12 月 20 日,甲方向乙方发函提出剩下货物已经生产完毕,要求发货,并要求乙方补足第一批货物货款。乙方提出该批货物质量太差,没有销路,要求退回全部货物,双方因此发出纠纷,并诉之法院。

各个采购主体之间的交易是通过采购合同的形式进行的,由于采购合同的签订、变动等影响采购商的采购、运营效率,同时这些相关内容也与法律相关,所以在采购过程中应给予足够的重视。学习本章内容,可以帮助我们(但不仅仅局限于)在以下知识和技能方面得以提高:

◆了解合同的基本知识及合同的重要作用；
◆掌握各合同条款拟定的内容及作用；
◆能针对买方和卖方的主要义务拟订合同和进行合同条款的审核。

第一节　采购合同的概述

一、合同的概念和重要性

合同是双方或多方当事人之间的一份法律协议，这份协议可在当事人之间为实现一定的经济目的、明确双方权利义务关系而建立一种具有法律约束力的关系。一份有效的合同必须满足以下要求：
（1）要约；
（2）承诺；
（3）当事人的合同签约资格（能力）；
（4）某种价值的对价；
（5）受法律约束的关系。

知识链接：对价

对价（Consideration）原本是英美合同法中的重要概念，其内涵是一方为换取另一方做某事的承诺而向另一方支付的金钱代价或得到该种承诺的承诺。即指当事人一方在获得某种利益时，必须给付对方相应的代价。

二、采购合同的特征

（1）合同的基本特征在于：
①其主体限于法人；
②其内容限于法人之间为进行经济行为的各种事项。
（2）采购合同具有以下主要特征：
①它是转移标的物所有权或经营权的合同。
②采购合同的主体比较广泛。
③采购合同与流通过程联系密切。

三、采购合同的组成

合同、合约、协议等作为正式契约，应该条款具体、内容详细完整。一份买卖合同主要由首部、正文与尾部三部分组成。

（一）首部

合同的首部主要包括以下内容：

(1)名称。如生产用原材料采购合同、品质协议书、设备采购合同、知识产权协议、加工合同。

(2)编号。如2014年第1号。

(3)签订日期。

(4)签订地点。

(5)买卖双方的名称。

(6)合同序言。

(二)正文

1. 主要内容

合同的正文主要包括以下内容：

(1)商品名称。商品名称是指所要采购物品的名称。

(2)品质规格。该条款的主要内容有：技术规范、质量标准、规格和品牌。

(3)数量。该条款的主要内容有：交货数量、单位、计量方式等。必要时还应该清楚地说明误差范围以及交付数量超出或不足的处理。

(4)单价与总价。该条款的主要内容包括：计量单位的价格金额、货币类型、国际贸易术语(如FOB、CIF、CPT等)、物品的定价方式(固定价格、浮动价格)。

(5)包装。该条款的主要内容有：包装标识、包装方法、包装材料要求、包装容量、质量要求、环保要求、规格、成本、分拣运输成本等。

(6)装运。该条款的主要内容有：运输方式、装运时间、装运地与目的地、装运方式(分批、转运)和装运通知等。在FOB、CIF和CFR合同中，卖方只要按合同规定把货物装上船或者其他运输工具，并取得提单，就算履行了合同中的交货义务。提单签发的时间和地点即为交货时间和地点。

(7)到货期限。到货期限是指约定的到货最晚时间。

(8)到货地点。到货地点是货物到达的目的地。

(9)付款方式。付款条款的主要内容有：支付手段、付款方式、支付时间、支付地点。

(10)保险。该条款的主要内容包括：确定保险类别及其保险金额，指明投保人并支付保险费。根据国际惯例，凡是按照CIF和CIP条件成交的出口物资，一般有供应商投保；按照FOB、CFR和CPT条件成交的进口物资由采购方办理保险。

(11)商品检验。指商品到达后按照事先约定的质量条款进行检验。

(12)纷争与仲裁。仲裁协议的主要内容有：仲裁机构、适用的仲裁程序、仲裁地点、裁决效力等。

(13)不可抗力。不可抗力条款的主要内容包括：不可抗力的含义、适用范围、法律后果、双方的权利义务等。

2. 选择内容

合同正文的选择性内容包括：

(1)保值条款；

(2)价格调整条款；

(3)误差范围条款；

(4)法律适用条款，买卖双方在合同中明确说明合同适用何国、何地法律的条款称作法律适用条款。

(三)尾部

合同的尾部包括：

(1)合同的份数；

(2)使用语言及效力；

(3)附件；

(4)合同的生效日期；

(5)双方的签字盖章。

第二节　拟定采购合同

以下为某一公司采购热水器、水箱组(零件)的采购合同。

××股份有限公司

【热水器 水箱组(零件)交易合约书】

合编：(中)7B0004

立约人　××股份有限公司　　　　　（以下简称甲方）

　　　　××市对外贸易有限公司　　　（以下简称乙方）

兹甲方拟向乙方订购热水器:水箱组(零件)及其他零件,乙方同意制造提供甲方生产销售,经双方同意订定条款如下：

（本合约书所有内容之附件，均视为本合约之有效部分）

第1条　订购标的产品

1.1　品名：水箱组(零件)及其他要项。

1.2　规格：依甲方提供之图面(如附件一)及样品。

1.3　零件价格(FOB 宁波港)。

1.4　电解铜基价依公元 2002 年 1 月 11 日之 LONDON METAL EXCHANGE 公告期货现金价格为基价,价格变动正负 15％以内,零件价格依附件二计,超过正负 15％,零件价格双方再协议之。

第2条　订购方式

2.1　甲方依货柜装载量开立订购单向乙方订购本合约标的物品。

2.2　如有临时订购需求时,甲方得以电话传真先行向乙方订货,但甲方同意一周内补寄订购单给乙方,经双方同意,订购单视为本合约之部分。

第3条　包装方式

以甲方指定之包装材料及方式包装。

第 4 条　订购标的物之交货期限

4.1　依甲方订购单之交货日为交货期限,交货的前置时间应有 45 日,但甲方有特别要求时,乙方同意全力配合提前完成生产及交货。

4.2　分批交货则依甲方订购交货之安排为依据,并于订购单上注明批量交货明细。

4.3　甲方如需变动交货日,应由双方协议,并于变动日的前七天以书面通告乙方变动的延迟日期,最多以 45 日为限。

4.4　分批交货以货柜装载量(20 英尺或 40 英尺)基数为订购之个别单位。零件的试样订购量不受此限。

4.5　乙方供应甲方样品,数量在 10 个以下,甲方不予支付货款,但甲方需负担因乙方交运过程中产生的海(空)运费用及甲方之通关费用。

第 5 条　交货方式及地点

5.1　FOB(宁波港)。

5.2　浙江省宁波港为交货地点。

5.3　船公司及保险公司由甲方指定,乙方在预定出口前 14 天应以传真主动通知甲方并由甲方通知乙方船公司结关日讯息。

5.4　交货时,由船公司以电报放货方式,透过甲方在海外子公司(B.V.I)之名义文件形式,径行运交台湾的甲方。

5.5　乙方委托之进出口公司应于装运前将 I/V、P/L、FAX 予甲方确认无误后,配合船期,将货物送交指定船公司,并将文件以甲方在海外子公司(B.V.I)名义之 I/V、P/L 保单正本,及船名、船次、B/L NO 等资料以 FAX 通知甲方后,并以快递方式寄送甲方(甲方详细地址)。

第 6 条　验收

6.1　产品之验收规格,以附件一甲方所提供之图面及测试规格为准,并依下列各条款之约定完成验收程序。

6.2　量产验收:

为确保日后量产质量之稳定,甲方将派出质量检查代表,于乙方进行生产过程中,依附件三之抽验计划进行产品之质量检验,及依附件四(试量产工程质量稽查表)执行质量稽查。若发现乙方存在质量重大缺失时,甲方有权中止乙方之出货,直至督促乙方改善之质量获得甲方许可同意出货。

第 7 条　质量保证

7.1　质量(质量)目标:

(1)交货不良率 0.1%。

$$交货不良率 = \frac{甲方工厂验收不良数 + 甲方工厂制程批退数}{甲方订单累计交货数} \times 100\%$$

(2)保固期不良率 0.05%。

$$保固期不良率 = \frac{售后保固期间退货数}{乙方工厂累计出厂销货数} \times 100\%$$

7.2 质量保证:

7.2.1 售后保固期限:装货起 20 个月。

7.2.2 不良率每月统计一次,超过目标值,乙方除应提不良原因分析及改善计划外,将依下列条件执行扣款,甲方并有权减少计划订单,或终止交货契约。

(1)超过目标值 0.05%～0.24%(扣交易总金额 0.5%)。

(2)超过目标值 0.25%～0.44%(扣交易总金额 1%)。

(3)超过目标值 0.45% 以上(扣交易总金额 2%)。

7.2.3 质量若发生严重瑕疵,产生客诉退货或发生客户财产损失、人员伤亡等重大客诉案件,乙方除负担不良品全数回收更新责任外,有关本公司商誉损失之赔偿另议之。

7.2.4 于保固期间或非保固期间更新之零件须确保质量有效期间至少一年,否则除免费更新外,另需罚扣该零件售价 100%。

第 8 条 付款方式

8.1 甲方支付乙方之货款于甲方依程序完成验收后,按 1.3 条之人民币价格依开立《销售确认书》的当日中国人民银行人民币兑换美元之"中间"牌价折算成美元乘以订货数量之总金额,由甲方之海外子公司×× 以 T/T 付款方式在甲方收到货物后 15 天内,汇交乙方委托之进出口公司。

8.2 甲方海外分公司:

全名:

地址:

法定代理人:

TEL:

账户:

账号:

8.3 乙方委托之进出口公司资料:

全名:

地址:

TEL:

开户银行:

银行地址:

账户:

账号:

第 9 条 延迟交货

9.1 乙方违反第 4 条订单交货日或双方协议交货日期之行为时即视为延迟交货。甲方若受纳乙方延迟交货时,乙方同意每逾一日得依该次 T/T 付款之货价总额罚扣百分之一给予甲方,甲方得径自 T/T 货款中扣抵,乙方不得异议。

9.2 双方若征得对方同意延迟交货,或若因自然灾害或人力无法抗拒之因素而延迟交货,则不在此限。

第 10 条　转包规定

10.1　乙方在事前(指在双方签订本交易合约书前)经甲方书面同意,可将甲方所供应产品或有关之模具全部或一部分委托给第三者(以下简称"转包工厂")制造或加工。

10.2　乙方依据前项委托转包予第三者时,乙方负有使受托者遵守本合约及个别合约之规定之责任,如受委托者违反本规定时,视同乙方违反本合约。

10.3　在甲方认为必要时,可前往转包工厂做调查或索取有关之资料,乙方不得借故回避,并应指派业务及有关人员提供相关之协助。

10.4　对于转包工厂供应之配件或有关之模具,在质量或纳期不能配合甲方需求时,乙方除须负担全部责任外,甲方有权要求乙方停止该转包工厂之承制权,乙方应予配合并迅速处理或依甲方指示解决该配件或模具之供应问题,以确保甲方之需求。否则甲方有权终止乙方之承制权,其所造成之乙方损失由乙方自行负担外,乙方应仍负责赔偿甲方因纳期延误或其他所遭致之一切损失。

第 11 条　质量异常处理

11.1　乙方保证所交之货品均为新品,若日后甲方发现其中有隐含旧品,不论验收与否,乙方均应负责于接获甲方通知后七天内无偿给予更换。

11.2　货品在上市后,依使用说明书正常使用下,若发现货品潜在瑕疵或功能异常时,甲方得全数自市场回收该批货品,并退货予乙方;乙方应全数受纳并依甲方之要求限期改善,否则甲方有权径自取消订单。

11.3　发现质量异常之货品时,乙方应配合甲方在最短时间内给予确认,否则甲方可进行认定,所产生的其他费用,概由乙方负责。

第 12 条　保密责任

12.1　乙方对于甲方提供之产销计划、技术数据及采购有关之质量、成本、纳期等信息,不论以有形之文字、图形、照片、实物、协议记录等或无形之口述、联系等方式直接或间接取得,均应负保密责任,非经甲方事前书面同意,不得泄露予第三者。

12.2　甲方所提供之图面、规格、样品及相关之技术资料,为甲方智能财产权,禁止以任何形式之复制、流用。

12.3　乙方违反上述规定,除赔偿甲方之损失外,甲方有权终止交易合约书。本合约终止时,乙方即无权再使用由甲方所提供之所有数据及信息,并应即刻将所持有之甲方所提供之数据送还甲方。

第 13 条　特别限制

乙方依甲方提供的图面及数据进行开模与生产,其产品之使用权属甲方。乙方贩卖之产品,若其机构、外观、测试条件、功能规格等,近似于甲方产品者,乙方必须经甲方同意后,方可转售予非甲方以外之第三者,但其销售价格于同样交易条件下,应高于售予甲方价格至少10%以上,其不足之价差应回馈于供应甲方之零件价格降低上。

第 14 条 履约保证

本约因系承续(中)5A0004 之交易合约书,乙方同意将该约所留置于甲方之履约保证金(首批货款之 30%)继续保留至本合约终止日,若乙方无法履约时,甲方有权径行处置。双方并协议,本履约保证金甲方应于合约到期日起算三十日内无息返还乙方。

第 15 条 解约与赔偿规定

15.1 甲乙任一方当事者若违反本契约中第 1 条至第 13 条中各项条款时,他方当事者可设立一期限催告其更正,而在该期间内当事者未更正前已违约事情时,可解除契约。且因一方当事者之违约而使他方当事者受有损害时,他方得向违约之一方请求赔偿。

15.2 甲方或乙方之一有下列任一项原因时,不须催告得解除本合约及所有的个别合约:
(1)接受票据或所开出票据遭受无法付款处分时。
(2)停止付款或不能付款时。
(3)遭受强制执行或公开拍卖处分时。
(4)宣告破产,公司重整时。
(5)违反法令遭受停止营业或取消营业许可时。
(6)自然灾害、劳资争议或其他不可抗拒事由导致不能履行,或有困难履行合约时。
(7)违反本合约或个别合约规定时。

依上述诸因素解除本合约或个别合约时,解约者不问偿还期已否届至,均得将持有之对方债权,与应付对方之债务抵偿。

第 16 条 情报提供

16.1 甲方对于乙方供应零件或有关之模具、设备之生产制作、质量保证、供应价格、改善措施、供应状况等情报,认为有必要了解时,得随时安排有关人员(含甲方技术提供者)至乙方公司或工厂查询,并得要求乙方提供有关资料及人员之协助,乙方应予配合不得借故推拒。对于上述调查,甲方认为有必要改变时,得要求乙方提出改善措施,乙方必须依据此要求限期改善。

16.2 乙方有下列任一情况发生时,须事前通知甲方:
(1)经营管理权之让渡、合并、解散。
(2)商号、资本、地址、组织、经营者等各项变更时。
(3)接受票据或所开出支票遭退票处分时。
(4)陷于停止付款或不能支付时。
(5)遭受强制执行或公司标售时。
(6)违反法令遭受营业停止或是取消营业许可处分时。

(7) 技术合作之变更或取消时。

(8) 其他有关公司经营之重大变动事项。

第 17 条　有效期间

本合约有效期间自公元 2002 年 1 月 11 日至 2004 年 12 月 31 日止共 3 年,但有必要延长及变更有效期间时,双方得于契约终了之 3 个月前互以书面通知对方。

第 18 条　纷争解决

甲乙双方在执行本合约时,如产生争执应本着友好的态度采取仲裁方式解决,并以上海的仲裁机构为最后裁决机构。

本合约正本贰份,由甲、乙双方各执一份,合约签订以经双方立约人正式签认,并加盖印章始为有效。合约签订日起,本合约生效。

立约人	立约人
甲方:	乙方:
代表人	代表人
姓　名:	姓　名:
地　址:	地　址:
电　话:	电　话:

2002 年 1 月 11 日

附件:

料　号	品　名	规　格	单　位	厂　商	单价(人民币:万元)
C07-0099-A0	水箱主体 SH820		PC	神驰	10.3284
C07-0123-A0	水箱主体 SH526		PC	神驰	9.8118
C07-0143	水箱 SH887		EA	神驰	9.4572
C49-0082-A0	不锈钢安装配管组 SH568		PC	巍山	0.9081
K20-0050-A0	电池盒(含盖)SH890		PC	发达	0.0954
K20-116-A0	左护片 SG688		PC	发达	0.36
K20-117-A0	右护片 SG688		PC	发达	0.36
L30-106-A0	电池指示灯 SH863	187 端子	PC	昌达	0.1197
Y45-0003	铭板 SH0651		PC	莆英	0.1431

一、拟定合同需要明确的问题

(1)买卖双方的权利、义务是什么?
(2)你的公司想要得到什么?
(3)你的公司想要避免什么?

(一)买方、卖方的必须遵守的义务

1. 卖方(即为别人制造产品者)的基本义务

卖方的基本义务主要有以下几个方面:

(1)在当事人指定的场所,按一定方式、及时地交货或提供服务。
(2)交付与商品或服务有关的单证,如物权凭证、原产地证明、提单、保险单、使用手册等。
(3)转移商品所有权。所有权的转移或许可发生在签订合同时、交付时、全部付款之后。
(4)确保商品与合同规定的要求一致。
(5)诚信与公正。卖方有责任对买方如何顺利地履行合同给予建议。
(6)产品责任。在商品给人身和物品造成损害时,商品制造商将承担相应的民事责任。一般而言,在这种情况下,制造商以及供应商必须为商品造成的损害承担责任。

2. 买方(即接收别人产品者)的基本义务

买方的基本义务主要有以下几个方面:

(1)接受商品或服务。除非产品存在缺陷,否则,买方无保留地接受与合同要求相符的物品。
(2)按议定价格支付。包括支付金额、时间和方式。
(3)诚信与公正。诚信与公正还扩展成一种义务,即在买方意识到会出现增加卖方工作难度的问题时,他应向卖方进行通报。
(4)在商品给人身和物品造成伤害时,承担民事责任。在这种情况下,买方可以追究制造商以及供应商的责任。

3. 卖方和买方的共同义务

合同关系产生于双方当事人之间的对等义务。例如,当事人一方必须全面恰当地履行自己的义务,才能在司法程序上强制他方履行其义务。只有这种权利义务的平等,合同才得以顺利履行。一旦双方义务出现不平衡时(即不能达到双赢状态),合同就不容易顺利履行。因此,对于合同的所有当事人来说,合作是保持交易顺利进行的最好的方法。

(二)通过合同,你的公司想要获得什么

产品、服务或资本投资的获取是有一系列前提的。采购什么将直接影响着公司核心业务的成功。必须十分清楚想要通过合同获得什么,才能有针对性地拟定出相应的合同条款。这需要你了解采购的类型(重复采购还是一次性采购)、供应市场资源的状况,以此来决定拟定的是长期合同还是短期合同和拟定合同的关键条款。

(三)你的公司想要避免什么

已经确定了公司想要什么,接着你必须明确想要避免什么。

一项采购的结果,因缺货、供应商变化或质量不符合要求等都会使你的企业处于风险之中;公司倾向于选择往来账户的结算方式,在 30 天之内,或在 90 天内付款给供应商,而支付预付款和以预付款保证金方式与供应商交易是公司做生意想要避免的付款方式;如果你想使用

单一供应渠道,你就希望避免被供应商安排在次要的地位上等,如何避免上述情况,在拟定合同条款时是需要考虑的。

(四)如果出现问题,如何保护公司利益

知道想要获得什么和避免什么后,对特定的合同来说,设立相应合同条款使本公司在面对问题时能方便地从合同中脱离出来是绝对必要的。如果资源是充裕的、可方便获得的,使合同保持较短的持续时间是有利的;设立对履约和完成保证金的处理方式和适当的终止条款;定义特定合同环境中的不可抗力,清楚的争议解决条款可使寻求救济的工作简单化。

知识链接:国际采购与供应合同中遇到的问题

(1)适用的法律:如当事人在合同中没有选择适用的法律,每个当事人往往趋向于在合同中应用自己的法律观点。当各国商法有差异时,每一当事人可能曲解自己的义务。如果对术语的解释产生歧义,则没有可选择的法律背景帮助确定如何解释相应的合同条款。

另一个所关注的问题是已选择适用的法律的情形。选择可能是在感觉的基础上做出而没有分析该法律包含了什么内容。当采购合同出现问题时,实际的法律可能对买方是不利的。

(2)出价策略:竞标时,供应商提出较低的价格只是为赢得合同,一旦合同被接受后,供应商通过各种变化和附加试图提高供应价格。买方或许不同意这些条件和附加,并认为这些工作或产品应包括在原始价格中。这些差异导致争议,从而需要解决争议。

(3)所有权/管理的变化:由于重组,供应商(或采购方)或资产(包括合同)可能被出售给第三方。在这种情况下,至少管理部门和管理文化发生了变化。仍根据以前对管理部门的信任水平,继续履行重要的合同,实践证明,这种情况将损失惨重。

(4)变化的环境:合同可能根据一些经济标准订立(例如,汽油或电的价格)。由于一些无法预料的事件超出当事人的控制范围,成本会发生重大的变化,有可能因不可预料的意外使采购者受益。为避免损失,供应商可能推迟履行合同或试图替代履行。相反的情况也可能发生。典型的例子是石油产品的供应。

(5)币值波动与外汇管制:币值波动和外汇管制的变化对履行合同的当事人的现金流转有不利的影响,从而导致不履约或违约。

(6)延期:由于国际运输问题,供应商不能及时提供商品或把商品运送到合同中要求的地方。在协同生产战略中,依据买方需要在特定地点获得供应品的重要性程度,这种延迟对买方向其客户的履约能力会造成加倍的影响。

(7)交付:协议交付地点可能正在建设中,在交付期,交付地点可能没有做好接收即将到来的商品的准备。作为这样的结果,可能会出现延期卸货,增加交付的成本。

(8)不同的商业文化:当采购方希望严格遵守合同的条款,而供应商的商业文化更为灵活,在涉及合同的实际履行时,不协调就此产生,从而导致损失惨重。在洽谈合同时,你需要意识到这种情况。如果特定的合同是供应商的大笔销售的话,最终结果有可能导致采购方接受劣质物品,而供应商则可能破产。

(9)支配:采购方处于确定供应商条件的优势地位,如合同太不利,无利可图,供应商可能有意识或无意识地利用每一个机会减少履行合同的优先权。相反,如供应商处于占优势的地位,就会给没有其他供应机会选择的买方强加一些条件。

(10)缺乏明确说明:尤其是新产品或当供应是为买方的最终客户做的一部分工作时,所供应商品的实际特性易受变化或更改的影响。产品描述的方式缺乏明确性,将导致持续的重新设计和返工的费用。供应合同必须考虑这些风险。

(11)语言:当事人讲不同的语言,用两种(或更多)语言(甚至用第三语言)起草合同可能会遇到这种情况,即当事人都错误地认为他们理解了彼此的意图。事实上,以一种语言表达的术语和用另一种语言表达的术语所指的意思可能是不相同的。如果没有确定哪种语言为标准,可能带来更多的风险。当没有用任一当事人的母语时,将带来深层次的问题。每一当事人都要把合同条款规定的义务翻译成自己的母语,翻译中的误译可能带来加倍的风险。

(资料来源:《如何准备合同》,注册采购师职业资格认证系列教材)

二、合同条款的拟定

(一)合同准备和条款拟定时需注意的要点

当你准备合同时,应注意以下要点:

(1)知道你要获得什么、避免什么,以及如果事情做错,你的备选方案是什么。明确上述问题,将帮助你明确合同中处理问题的类型和提高合同文件的质量。

(2)了解你的供应商。如果起草合同时不能很好地了解供应商,会增加你的风险。例如,最低出价投标人有长期意图,即低价投标得到合同,然后加压迫使买方接受附加条件;一些特殊的国家,在进行国际贸易中有特种关税。供应商实际履行合同的能力取决于其公司的生产和分销设施,而不是取决于市场服务。了解这些情况有助于帮助你避免合同履行中的困难。

(3)着眼于双赢。如果各方都对促成合同没有足够的兴趣,那么,就会增加合同失败的风险。当每个当事人都为合同完成服务,就有更大的弹性去解决分歧,强调要始终保持按时交付。长期合作关系可能从最初合同发展而来。

(4)尽量使用术语。这样做可以使所有阅读本文的人都会对义务有着相同的理解。

(5)在考虑文件和设计条款之前,考虑"基于知识"的资源范围(商标、版权、专利权、技术秘诀和商业秘密)是非常必要的,而这些资源可能会为公司带来战略优势。

(6)设立明确的争议解决条款。尤其是在不可能使用尽可能清楚的语言时,明确的解决争议条款可以使所有各方都知道如果出了问题解决的程序和方法。

(7)有明确的终止条款。

(8)牢记文化。在国际环境条件下,意识到与供应商的文化差异有助于确保起草的合同令人满意。

(二)拟定合同条款

1. 确认当事人

(1)范例:

> 立约人××股份有限公司　　　　　　　（以下简称甲方）
> 　　　××市对外贸易有限公司　　　　　（以下简称乙方）
> 兹甲方拟向乙方订购热水器：水箱组（零件）及其他零件，乙方同意制造提供甲方生产销售，经双方同意订立条款如下：

(2)设立目的：确定同意签订合约的当事人（个人和组织）。明确分辨其他实体身份，有助于确定与证实该实体是否有能力为即将到来的特定交易类型订立合同；当发生与合同有关的争议时，合同索赔是否会存在困难。

(3)内容：条款的内容包括合同中每个当事人确切名称的陈述、公司类型、公司注册地和注册编号（如果有的话）、公司授权代表的姓名及其职务。此外，每个国家的地方法规可能有特殊要求的也应包括在内。

2．标的物说明

(1)范例：

> 第1条：订购标的产品
> 1.1　品名：水箱组（零件）及其他要项。
> 1.2　规格：依甲方提供之图面（如附件一）及样品。

(2)设立目的：对所供应的商品/服务/资本投资的说明，这将有助于确定商品是否符合质量要求。

(3)内容：条款的内容应尽可能地详细。应包括以下内容：关于质量等级的信息（包含可能接受的缺陷和损耗百分比）、重量（含正负偏差）、规格（含允许公差）、花色（含允许偏差）、检验方法等。

3．合同价格

(1)范例：

> 第1条：订购标的产品
> ……
> 1.3　零件价格（FOB 宁波港）。
> 1.4　电解铜基价依公元2002年1月11日之LONDON METAL EXCHANGE公告期货现金价格为基价，价格变动正负15%以内，零件价格依附件二计，超过正负15%，零件价格双方再协议之。

(2)设立目的：确定买方支付货款的数量或货款的计算方式。

(3)内容：所购标的物的单价或合同总价款、货币种类、计算方式和价格调整等内容。

4．交付

(1)范例：

第 4 条：订购标的物之交货期限

4.1 依甲方订购单之交货日为交货期限，交货的前置时间应有 45 日，但甲方有特别要求时，乙方同意全力配合提前完成生产及交货。

4.2 分批交货则依甲方订购交货之安排为依据，并于订购单上注明批量交货明细。

4.3 甲方如需变动交货日，应由双方协议，并于变动日的前七天以书面通告乙方变动的延迟日期，最多以 45 日为限。

4.4 分批交货以货柜装载量(20 英尺或 40 英尺)基数为订购之个别单位。零件的试样订购量不受此限。

4.5 乙方供应甲方样品，数量在 10 个以下，甲方不予支付货款，但甲方需负担因乙方交运过程中产生的海(空)运费用及甲方之通关费用。

第 5 条：交货方式及地点

5.1 FOB(宁波港)

5.1.1 浙江省宁波港为交货地点。

5.1.2 船公司及保险公司由甲方指定，乙方在预定出口前 14 天应以传真主动通知甲方并由甲方通知乙方船公司结关日讯息。

5.1.3 交货时，由船公司以电报放货方式，透过甲方在海外子公司(B.V.I)之名义文件形式，径行运交台湾的甲方。

5.1.4 乙方委托之进出口公司应于装运前将 I/V、P/L、FAX 予甲方确认无误后，配合船期，将货物送交指定船公司并将文件以甲方在海外子公司(B.V.I)名义之 I/V、P/L 保单正本，及船名、船次、B/L NO 等资料以 FAX 通知甲方后，并以快递方式寄送甲方(甲方详细地址)。

(2)设立目的：明确卖方应在何时、何地交货，买方应在何时、何地接收货物，以及确定卖方是否履行其义务。

(3)内容：规定交货的地点、时间(给定的日期，例如 2013 年 6 月 15 日)或给定的一段时间(例如，"6 月 15 日的那一星期")、交货方式(海运、空运、铁路运输、公路运输)和手段。在国际采购合同中，该条款将包括对国际商会国际贸易术语解释通则的选择。

5. 买方的商品检验

(1)范例：

第 6 条：验收

6.1 产品之验收规格，以附件一甲方所提供之图面及测试规格为准，并依下列各条款之约定完成验收程序。

6.2 量产验收：

6.2.1 为确保日后量产质量之稳定，甲方将派出质量检查代表，于乙方进行生产过程中，依附件三之抽验计划进行产品之质量检验，及依附件四(试量产工程质量稽查表)执行质量稽查。若发现乙方存在质量重大缺失时，甲方有权中止乙方之出货，直至督促乙方改善之质量获得甲方许可同意出货。

第八章 如何拟定采购合同

第7条:质量保证

7.1 质量(重量)目标:

(1)交货不良率0.1%。

$$交货不良率=\frac{甲方工厂验收不良数+甲方工厂制程批退数}{甲方订单累计交货数}\times100\%$$

(2)保固期不良率0.05%。

$$保固期不良率=\frac{售后保固期间退货数}{乙方工厂累计出厂销货数}\times100\%$$

7.2 质量保证:

7.2.1 售后保固期限:装货起20个月。

7.2.2 不良率每月统计一次,超过目标值,乙方除应提不良原因分析及改善计划外,将依下列条件执行扣款,甲方并有权减少计划订单,或终止交货契约。

(1)超过目标值0.05%~0.24%(扣交易总金额0.5%)

(2)超过目标值0.25%~0.44%(扣交易总金额1%)

(3)超过目标值0.45%以上(扣交易总金额2%)

7.2.3 质量若发生严重瑕疵,产生客诉退货或发生客户财产损失、人员伤亡等重大客诉案件,乙方除负担不良品全数回收更新责任外,有关本公司商誉损失之赔偿另议之。

7.2.4 于保固期间或非保固期间更新之零件须确保质量有效期间至少一年,否则除免费更新外,另需罚扣该零件售价100%。

第11条:质量异常处理

11.1 乙方保证所交之货品均为新品,若日后甲方发现其中有隐含旧品,不论验收与否,乙方均应负责于接获甲方通知后七天内无偿给予更换。

11.2 货品在上市后,依使用说明书正常使用下,若发现货品潜在瑕疵或功能异常时,甲方得全数自市场回收该批货品,并退货予乙方;乙方应全数受纳并依甲方之要求限期改善,否则甲方有权径自取消订单。

11.3 发现质量异常之货品时,乙方应配合甲方于最短时间内给予确认,否则甲方可进行认定。所产生的其他费用,概由乙方负责。

(2)设立目的:使买方能够检验商品、服务的结果或资本投资是否满足合同的要求,使卖方知晓怎样履行其义务来提交商品给买方检验。

(3)内容:首先要明确什么时候开始商检,其次应明确是否由第三人进行商检,最后应明确在哪里进行商检。如果不是在卖方所在地进行商检的话,随之而来的问题是,谁来承担将商品、劳动或资本投资项目送至商检地的费用。

合同这部分内容应明确约定检验的一般方法和如何进行检验。如果有必要增添新的检验项目,可在买方的采购间歇期,按预先要求对合同条款进行修改。

6.所有权保留
(1)范例：

条款8：保留所有权
　　双方同意在买方支付完货款之前，货物的所有权归卖方所有。

---

(2)设立目的：决定谁拥有商品、工程或资本投资的所有权，并决定拥有所有权的期限。
(3)内容：明确当事人保留所有权资格的意图。
7.支付条件
(1)范例：

　　第8条：付款方式
　　8.1　甲方支付乙方之货款于甲方依程序完成验收后，按1.3条之人民币价格依开立《销售确认书》的当日中国人民银行人民币兑换美元之"中间"牌价折算成美元乘以订货数量之总金额，由甲方之海外子公司××以T/T付款方式在甲方收到货物后15天内，汇交乙方委托之进出口公司。
　　8.2　甲方海外分公司：
　　　　　　　　全名：
　　　　　　　　地址：
　　　　　　　　法定代理人：
　　　　　　　　TEL：
　　　　　　　　账户：
　　　　　　　　账号：
　　8.3　乙方委托之进出口公司资料：
　　　　　　　　全名：
　　　　　　　　地址：
　　　　　　　　TEL：
　　　　　　　　开户银行：
　　　　　　　　银行地址：
　　　　　　　　账户：
　　　　　　　　账号：

　　条款10：支付
　　基于合同条款，在不损害买方有关权利的情况下，应以不可撤销的、可分割的、无追索权的信用证方式支付，如果涉及代理佣金，支付额应从总额中减去该佣金。在船舶指定后的15天内必须开出以卖方为收益人的信用证，该信用证的支付额度应是该船装运货物的总价值，同时要保证该信用证的效期为90天。但是信用证按照100%发票价值支付时必须提交下列文件：

(a)

（ⅰ）三份可议付的清洁提单中的一份和在上面指明××××为收货人的不可议付提单副本中的一份。租船提单也是可以接受的,条件是该提单应背书指明相关的租船合同所有条款和状况并入该提单条款。

（ⅱ）四张有保证的商业发票。

（ⅲ）有关货物原产地证明书的正本。

（ⅳ）商检证的正本。该正本出具有卖方提供并由买方检查机构鉴定的分析和称重。如果需要,买方检查机构可以单独出具一个检查证明。

（ⅴ）来自于卖方关于数量、费率、总价值的材料供应的证明是正确的,并且显示期间与合同条件相符合的支付是适当的。

（ⅵ）根据前面ⅶ(b)条款,提供有效的证明,证明另外两套(每套内有10个文件)可议付文件已经递送给了卖方。

（ⅶ）卖方发给买方的装船通知的电报副本。

（ⅷ）四份船图和验水尺报告。

（ⅸ）由依情况而定,由装货港的港务局,有执照的质量测量员提供的质量证明。

在买方国家所发生的信用证的开证费用和银行手续费用应计入买方账户。在卖方国家的所有银行费用则应计入卖方账户。信用证展证期和改证费计入对造成展期和改证有责任的一方当事人的账户中。

(b)

（ⅰ）卖方应公开给买方在买方国家代表卖方的代理商/代理机构(包括卖方和代理商或代理机构之间精确的关系)的名称、地址、数量以及其委托费用或报酬的种类,同样还应提供代理商有关此合同所提供给买方/代销人的服务。包括与此合同相关的由卖方支付的所有的委托费用或其他报酬以及连同他们永久的所得税账户号码在内,卖方保证把他们的代理商/代理机构全部透露给买方。

（ⅱ）当买方向卖方支付货款,应当从合同价值中扣除掉当地代理商的委托费用,用汇票/支票的方式直接支付。

注释:在上面的(b)(ⅰ)段落所需要获得的信息也应当包括位于买方国家的这些代理商,他们有某些商业关系,并且不属于通常的"代理商"的定义。在没有代理商的情况下,如果卖方有任何当地机构、辅助机构或者关系密切的具有金融关系的机构,也应告知买方。这也应包括被支付一般专业劳务费的当地代理商,以及并不与这一特定的合同相关的当地代理商。也就是说,如果卖方已经得到任何代理商/代理机构在买方国家的无论什么名称、地址以及作为提供该卖方任何形式服务在买方国内或国外得到的支付或设施,他们应该告知买方。

（ⅲ）由于卖方没有透露在买方国家与他们相关的代理商的名称和其他细节,难道买方就要承受因此所遭受的任何损失或该国有关当局的惩罚吗?买方应要求卖方承担这些惩罚的责任,有权对因违背合同规定而造成的损失进行索赔,同样也可以采取他们认为合适的其他行为。

(c)由于卖方或其委托者的疏忽,造成买方货物交割或交货被延误从而导致码头费用或滞期费用,这些在卸货码头发生的费用应计入卖方账户。这些疏忽包括未及时发送与合同相关的运送材料的正确文本。与此项类似,由于买方的疏忽或不履行责任所造成的任何码头上的滞期费用都应计入买方账户。
(资料来源:《如何准备合同》,注册采购师职业资格认证系列教材)

(2)设立目的:解释买方如何支付相应的款项。
(3)内容:详细列举支付条件和方式、方法。
8.文件
(1)范例:

条款8:文件
卖方向买方或买方指定的银行递交下列文件:
商业发票(一份原件,五份复印件);
运输文件(装箱单、保险单、原产地证明、检验证明,仅限正本)
海关文件(各复印两份,需确认)
所有复印件都经过有关的权威部门证明。
(资料来源:《如何准备合同》,注册采购师职业资格认证系列教材)

(2)设立目的:明确卖方应提供哪些文件以便其完成合同义务。
(3)内容:这些文件包括一系列货运单证和其他文件,诸如发票、装箱单、保险单、货物原产地证明、检验合格证书、形式发票等。文件随合同项下商品的不同而有所变化,或随交货地所属国的不同而不同。
9.延期交货、到期未交及补救措施
(1)范例:

第9条:延迟交货
9.1 乙方违反第4条订单交货日或双方协议交货日期之行为时即视为延迟交货。甲方若受纳乙方延迟交货时,乙方同意每逾一日得依该次T/T付款之货价总额罚扣百分之一给予甲方,甲方得径自T/T货款中扣抵,乙方不得异议。
9.2 双方若征得对方同意延迟交货,或若因自然灾害或人力无法抗拒之因素而延迟交货,则不在此限。

条款18:供应商履约的延误
18.1 供应商交货应当与合同中买方详加说明的时间表相一致。
18.2 供应商在履行其交货义务时出现的未经允许的延误,应当承担下列任何或全部惩罚:丧失抵押、接受规定的违约金和(或)因违约终止合同。

18.3 如果在合同执行的任何时间内,供应商会不时遇到阻碍交货的情形,那么供应商应迅速用书面形式通知买方延误的事实、可能的期限和造成的原因。在接到供应商的现实通知后,买方应评估形势,基于自己的判断延长供应商的履约时间。在这种情况下,通过合同的补充条款允许期限延长。

条款19:违约金

19.1 根据条款21,如果供应商在合同规定的期限内没有完成部分或全部货物的交割,那么在没有造成其他损害的情况下,买方应从合同价款中扣除一部分作为违约金。在实际完成交货前,延误的每一星期的违约金总额应相当于( )合同价款,直至百分之( )扣除上限为止,从货物合同价款中扣除。一旦达到最大违约金数量,买方可以考虑终止合同。

条款20:违约终止

20.1 合同违约在没有造成其他损害的条件下,买方可以书面通知供应商要求终止全部或部分合同:

(a)如果供应商在合同规定的期限内没有完成部分或全部货物的交割或任何延期得到供应商依据条款18的同意;

或

(b)如果供应商没有履行合同规定的任何责任。

20.2 如果买方依据20.1段终止全部或部分合同,买方可以采取适当的条件和方式获得与这些未交货的货物相似的货物,供应商应承担由于这些相似货物的购买给买方造成的额外费用。然而,供应商在合同被终止以前仍应继续履行合同。

(资料来源:ITC概要,卷Ⅱ,56页)

(2)设立目的:明确交货中出现问题的处理办法。

(3)内容:一般而言,条款应明确如何处理交货中有关问题的框架结构。交货日期应在前面的交货条款中有明确规定,如果需要的话,也包括允许的偏差。

该条款应明确如果交货迟延,买方应向卖方出具相应的迟延通知,以及这种延迟的后果(既约定按照到期合同总额的每天/周/月的百分比计算,直到到达某个上限为止)。

该条款也应约定,如果卖方未在合同约定的某日内交货,买方是否有权单方面终止合同的权利,以及终止合同的通知方式。

终止合同还要考虑的问题是卖方是否还须向买方支付违约金,以及违约金的具体数额或违约金的比例,最后还要明确这种赔偿的排他性内容。

10.交货不符的责任范围

(1)范例:

条款10:交货不符的法律责任

条款10.1 除非有不侵权保证,关于不符产品、缺陷产品或者保修的违约的卖方责任和对买方的全部赔偿,在此明确规定了卖方的几项选择:(1)对不符产品、缺陷产品进行修理;(2)用符合合同条款的产品更换;(3)降低不符产品、缺陷产品价格。修理、更换和降价时需返还不符产品或缺陷产品,这些成本经卖方检查和买方接到卖方的装船指示后由买方承担。

> 条款10.2 买方从接到卖方提供的货物开始有15日的检验期,以确定货物是否符合约定、是否有缺陷或是否有其他问题存在。如果买方想要对交货不符、缺陷货物或货物短少提出索赔,则必须在15日到期之内提前以书面的形式通知卖方,并允许卖方对该货物的检验,在没有得到卖方的书面认可之前不能退回货物。
>
> (资料来源:《如何准备合同》,注册采购师职业资格认证系列教材)

(2)设立目的:为使合同公平合理,当事人希望在法律允许的范围内,事先约定当交货不符合约定时的后果。

(3)内容:明确买方检验商品的职责,如果买方认为某项目不符合要求,买方必须通知卖方。检验方式已经在本单元涉及买方商品检验的内容中进行了介绍。

通常,买方既可接收(获得降价的回报)又可拒收不符合要求的商品。如果买方拒收商品,卖方只能选择更换、修理或退款。

因更换或修理而导致迟延交货时,买方有权要求卖方支付违约金,有关内容已在延期交货、到期未交及赔偿责任中进行了讨论。

卖方对不符合要求商品所承担的责任应约定一个期限,规定应从确定时起的一段时间内履行,如可约定从交货日期开始计算。某些国家法律更进一步地规定了卖方对商品缺陷应承担的责任。

11.产品责任索赔或其他要求

(1)范例:

> 条款11:产品责任索赔
>
> 11.1 买方在对卖方提供的产品进行处理之前,有义务对它们进行质量检验。如果质量与合同约定不符或买方有理由认为该质量会增加使用难度时,买方不能对货物进行处理,除非得到卖方的书面或电传的确认。
>
> ……
>
> 11.3 买方可能的索赔:
>
> 如果货物从外表或包装上可以确定缺陷,可以立即索赔;
>
> 通过取样,发现质量、尺寸、颜色、清洁、长度或其他方面有缺陷时应尽快或者30日内索赔;
>
> 当不能通过肉眼或与样品校对而发现缺陷时应尽快或至少应在3个月内索赔;
>
> 所有日期从货物到达目的地卸货开始计算。
>
> (资料来源:《如何准备合同》,注册采购师职业资格认证系列教材)

(2)设立目的:在消费者因该商品提出索赔要求时,在当事人之间产生一种合同性协助义务。

(3)内容:一方当事人的基本义务成为他方作为索赔要求时,应通知另一方当事人,除此之外,当事人可以约定当买方的客户提出索赔要求时,双方当事人应相互协助。

还可约定更复杂的问题,当事人许诺在诉讼上给予援助,如果问题由卖方引起,则由卖方代替买方处理该问题,卖方也同意承担这种诉讼的全部费用。

12. 不可抗力

（1）范例：

> 条款 12：不可抗力
>
> 因为任何与采购、转售、运输和交货有关的 Force Majeure（以下称为"不可抗力"）如天灾、战争、武装冲突或其他任何相似事件直接或间接严重影响买方或其客户的事件发生时，买方对因此导致交割的延误、全部或部分无法交货或者对履行合同的违约均不予追究。
>
> 如果发生不可抗力，买方应书面通知卖方所发生的不可抗力，并且通过谨慎判断或者终止合同，或终止由该事件所影响到的部分合同，或者延迟全部或部分合同的履行以待在一个合适的时期再履行，并且通知卖方。
>
> 如果卖方如上所述出于同样的原因而无法履行合同规定的全部或部分时，在卖方没有违约的条件下，买方应在得到卖方要求的条件下，在这些事件不再影响卖方交货的前提下同意延长运送时间。然而，如果上述提及的事件造成的交货延误超过30天，那么通过谨慎考虑以及给卖方的通知，买方或者终止合同或终止由该事件所影响到的部分合同，并且卖方退还未交货部分的买方已付货款。
>
> （资料来源：《如何准备合同》注册采购师职业资格认证系列教材）

（2）设立目的：在合同执行过程中出现买卖双方不可控制的因素导致合同不可履行或没有履行的必要时，如何进行处理以规避或减少公司的损失。

（3）内容：如果发生不可抗力或履行合同的背景发生重大变化导致合同履行没有必要时，买方应如何处理。

13. 法律适用

（1）范例：

> 条款 13：法律适用
>
> 买方和卖方之间的合法关系由卖方国家的法律决定
>
> 或
>
> 合同应当以买方国家的法律进行解释
>
> 或
>
> 合同受中国法律制约

（2）设立目的：帮助当事人如何解释他们的合同义务，帮助法官或仲裁员如何去确定合同义务。

（3）内容：本条款详细说明了合同可适用的法律。

14. 争议解决

（1）范例：

> 条款14：纷争解决
> 甲乙双方在执行本合约时，如产生争执应本着友好的态度采取仲裁方式解决，并以上海的仲裁机构为最后裁决机构。

(2)设立目的：确定解决争议的程序。
(3)内容：本条款可涉及调解、鉴定和其他各种争议解决方法的使用。还涉及选择适用仲裁机构或普通法院的问题。如果选择仲裁机构，且前面还没有规定的话，还可规定仲裁规则、仲裁地点、仲裁语言和可适用的法律。

15. 合同语言
(1)范例：

> 条款15：合同语言
> 合同应该以招标说明用的语言书写，双方交换的属于合同的所有通信和其他文本都应以相同的语言书写。

(2)设立目的：规定当事人在交易过程中所用的语言。尤其是在对外贸易合同的拟定时，合同语言的规定尤为重要，这样可以避免在翻译上出现错误。
(3)内容：规定合同使用的语言。如果约定了多种语言，则应明确以某一种语言为准。

16. 合同生效的条件
(1)范例：

> 条款16：合同生效的条件
> 假如买方能在三个月之内从指定的政府机构获得要求的进口许可证，双方能够就买卖的货物达成一致，合同即可生效；否则，合同无法生效。

(2)设立目的：如果合同的生效实施需要有其他条件的实现为前提，则需明确合同生效的条件。
(3)内容：本条款的主要内容包括详细规定谁有义务办理正式批准手续、正式批准手续对合同生效的影响，还包括某一段合理时间内没有获得批准的后果。

17. 界定术语
(1)范例：

> 条款17：界定术语
> (a)"合同"指代表委托人利益的"The Crown Agents"和订约人就合同中涉及的，或者"The Crown Agents"和(或)其委托人以及订约人之间的函件涉及的所有计划、设计图、其他文件或条件而达成的协议。合同应当在订约人接受由皇家海外全权代理送到订约人手中的供应订单时才能成立，或皇家海外全权代理或委托人同意订约人提交的投标或报价时，合同才能确立。

第八章 如何拟定采购合同

(b)"The Crown Agents"指处理英国政府海外和行政事务的全权代理。

(c)"委托人"指制定合同的政府、组织或行政管理部门,而且据此作为合同当事人的委托人在合同中可以显名或者隐名,可以在任何阶段直接或者只通过"The Crown Agents"与订约人打交道。

(d)"订约人"指根据合同提供物品的人,或者提供合同可能需要的服务的人,这里的订约人可以是单独的,也可以是合伙性质的,也就是说包括其他参与者或其他参与者的合伙人和该单独或合伙的参与者的私人代表,这需要根据情况而定。还可以认为包括由"The Crown Agents"提前书面认可的,任何从订约人那里分享合同利益的人。

(e)"物品"指合同项下订约人需要提供的所有货物,或者还他在合同项下提供的任何服务。

(f)"合同价格"指订约人完全并且正确地将合同规定的需要其履行的内容完成后所得到的价款。

(g)"检验员"指得到"The Crown Agents"或者委托人充分授权的在合同项下担当检验员的代表。

(h)条例、指令、规则或类似工具可以参照其他条例、指令、规则或者类似工具制定、修改或者替换。

(2)设立目的:在合同正文中,确定当事人对某些术语的特定解释。

(3)内容:合同这部分内容包括当事人认为需要明确界定的任何名词。当事人将查看核实合同的不同部分,以避免因疏忽而使同一名词在合同不同条款中有两种或三种含义。

18. 通知和联系方法

(1)范例:

条款18:通知

18.1 依照合同,一方当事人给予另一方当事人的通知应当以书面形式、按照合同首页所列地址经由"次日送达"的方式或用挂号信寄给当事人。

18.2 生效日期以通知送达或通知生效日期中较晚的时间来确定。

(2)设立目的:确定当事人之间如何以有效的方式互相保持联系。

(3)内容:当事人确定和谁进行联系,以什么方式联系(挂号信、平信、有确认副本的传真件、电报、电子邮件等),联系什么类型的问题。当事人还规定副本需要发送到确定的地方。当事人有责任互相告诉地址的变化情况,如按所给的原地址进行联系,即便没有联系上,在法律上也被认定为有效的联系。通常情况下,当事人应列出有权代表自己去和对方进行与合同有关联系的人名单。

19. 把标题含义排除在责任之外

(1)范例:

> 条款19：法律解释
> 19.1 条款标题仅仅代表一种信息，除非在正式的合同中存在其他一致同意的解释，否则，不能以条款标题来进行相关合同内容的解释。

(2)设立目的：避免通过参考每一条款的标题来理解和解释该条款下的合同内容。
(3)内容：当事人说明标题使用只是为了方便，而不是对合同的分析和解释。
20. 合并
(1)范例：

> 条款20：先前的谈判
> 所有先前的协商，无论是口头的还是书面的，凡是与本合同相触的都是无效的。

(2)设立目的：阐明初期协商结果对合同的影响。
(3)内容：明确在双方当事人之间哪些文件或备忘录更重要，以及合同与附件之间的效力体系。
21. 合同的变更
(1)范例：

> 条款21：协议的完成和修改
> 21.1 本协议取代了以前当事人之间的所有谈判约定。买方和卖方之间在此不存在没有完全解释清楚的理解或共识。到此为止，在签字之前或签字当时也不存在任何约束当事人口头或书面的声明或协议。除非本协议当事人在此以书面形式特定一致声明对本协议做出一致的更改，否则本协议的条款不得改动。

(2)设立目的：本条款应明确合同的变更应经双方协商一致，并签署书面文件后方可有效。
(3)内容：说明变更合同程序的通行做法。
22. 当事人的改变
(1)范例：

> 条款9：违约
> 如果卖方没有按照本合同或者与买方的其他任何合同的任何规定履约，或者卖方在本合同或者与买方的其他任何合同中的任何条款、条件和担保方面有违约行为；如果卖方发生破产，或者倒闭，或者正在被起诉；如果为卖方指定了托管方或接收方；如果卖方陷入解散、清算或者在对其交易或资产进行转让的地步，买方可以通知卖方：(i)终止或暂停本合同，或者和卖方的任何合同的履行；(ii)拒绝运输和交付货物；(iii)如果配送费用由卖方办理，在这种方式下，由于买方认可，并以收益分配来补偿因卖方任何和全部违约造成的灭失和损坏时，买方可以处置货物，和(或)(iv)买方取消本合同或者与卖方的任何其他合同的全部或部分内容。但不限于买方转售货物的利润损失，以及因货物问题造成买方客户的损失。

(2)设立目的：一般买方都不再愿意和"变化了的卖方"发生合同关系，或者为这一变化寻求补偿。这类条款有助于保护买方的权益不因卖方的变化而遭受损害。

(3)内容:如果发生实质性的变化,买方有权利选择是终止合同,或要求赔偿。

23. 保险

(1)范例:

> 条款22:保险
> 如果合同要求并授权卖方投保,除非对此有文字形式的认可,卖方将就以下内容投保:(i)保险额为CIF货价的110%;(ii)一切险(附带货物保险条款)或者相当条款;(iii)商誉良好的承保人和保险公司。卖方在买方提出特殊要求并承担费用时,投保附加险种。

(2)设立目的:确定由谁负担保险费,甚至保险费用的支付方式。
(3)内容:谁来支付保险费、保险费支付的方式以及选择保险公司。

24. 保密

(1)范例:

> 第12条:保密责任
> 12.1 乙方对于甲方提供之产销计划、技术数据及采购有关之质量、成本、纳期等信息,不论以有形之文字、图形、照片、实物、协议记录等或无形之口述、联系等方式直接或间接取得,均应负保密责任,非经甲方事前书面同意,不得泄露予第三者。
> 12.2 甲方所提供之图面、规格、式样书、指示书、样品及相关之技术资料,为甲方智慧财产权,禁止以任何形式之复制、流用。
> 12.3 乙方违反上述规定,除赔偿甲方之损失外,甲方有权终止交易合约书。本合约终止时,乙方即无权再使用由甲方所提供之所有数据及信息,并应即刻将所持有之甲方所提供之数据送还甲方。
>
> 第13条:特别限制
> 乙方依甲方提供图面及数据进行开模与生产,其产品之使用权属甲方。乙方贩卖之产品,若其机构、外观、测试条件、功能规格等,近似于甲方产品者,乙方必须经甲方同意后,方可转售予非甲方以外之第三者,但其销售价格于同样交易条件下,应高于售予甲方价格至少10%以上,其不足之价差应回馈于供应甲方之零件价格降低上。

(2)设立目的:维护公司的知识产权。
(3)内容:明确需保密的内容、保护的具体措施。

25. 合同终止

(1)范例:

> 条款15:解约与赔偿规定
> 15.1 甲乙任一方当事者若违反本契约中第1条至第13条中各项条款时,他方当事者可设立一期限催告其更正,而在该期间内当事者未更正前已违约事情时,可解除契约。且因一方当事者之违约而使他方当事者受有损害时,他方可向违约之一方请求赔偿。

15.2 甲方或乙方之一有下列任一项原因时,不须催告得解除本合约及所有的个别合约:
(1)接受票据或所开出票据遭受无法付款处分时。
(2)停止付款或不能付款时。
(3)遭受强制执行或公开拍卖处分时。
(4)宣告破产,公司重整时。
(5)违反法令遭受停止营业或取消营业许可时。
(6)天然灾害、劳资争议或其他不可抗拒事由导致不能履行,或有困难履行合约时。
(7)违反本合约或个别合约规定时。

依上述诸因素解除本合约或个别合约时,解约者不问偿还期已否届至,均得将持有之对方债权,与应付对方之债务抵偿。

(2)设立目的:详述买方在哪些情况下有权利终止合同。
(3)内容:本条款应对买方有权终止合同的各种情况进行明确的约定。不管这些情况是累积发生(一起发生),还是单独发生,都应明确界定。同时,也应明确终止合同的通知程序,并应明确是否给予违约方采取补救措施的期限,此外,还应明确当合同终止后,如何处理有关文件单据、知识产权、付款等问题。

知识链接:国际贸易术语

- EXW:英文全称 Ex Work,意为(生产厂家)工厂交货(价)。
- FCA:英文全称 Free Carrier,意为离厂(价)。
- FAS:英文全称 Free Alongside Ship,意为码头(船头)交货(价)。
- FOB:英文全称 Free On Board,意为离岸(价)。
- CPT:英文全称 Carriage Paid To,意为目的地(不含保险)交货(价)。
- CIP:英文全称 Carriage and Insurance Paid to,意为目的地(含保险)交货(价)。
- C&F:英文全称 Cost and Freight,意为到岸(不含保险)交货(价)。
- CIF:英文全称 Cost, Insurance, Freight,意为到岸(含保险)(价)。
- DAF:英文全称 Delivered At Frontier,意为关前交货。
- DES:英文全称 Delivered Ex Ship,意为到岸船上交货(价)。
- DEQ:英文全称 Ddivered Ex Quay,意为到岸码头交货(价)。
- DDU:英文全称 Delivered Duty Unpaid,意为送货上门(不含进口关税)(价)。
- DDP:英文全称 Delivered Duty Paid,意为送货上门(已付进口关税)(价)。

以上各运输与保险术语可根据不同的运输方式划分成四种类型:出发(离开)类、主要运费未付类、主要运费已付类以及到达类,如表 8-1 所示。

国际贸易术语分类　　　　　　　　　　　　　表 8-1

运输方式	术语代表的条款类型			
	出发类	主要运费未付类	主要运费已付类	到达类
(海)船运	EXW	FOB FAS	CIF C&F	DES DEQ
其他运输	EXW	FCA	CPT CIP	DAF DDU DDP

在 EXW 情况下，采购商必须到供应商工厂或仓库提货并负责所有运输、保险等事项及费用。对"主要运费未付类"，供应商应负责将货物送到出发港码头(FAS)，或者送上船(FOB)，或指定的运输(提货)地点(FCA)。"主要运费已付类"的特点是主要的运输均由供应商承担，CIF 是指供应商负责将货物送到目的港并承担所有的装卸、运输及保险费用，而 C&F 与 CIF 不同的是其保险由采购商承担。CPT/CIP 与 C&F/CIF 意义一致，只是运输的方式不同而已。同 EXW 相对的则是 DDU 和 DDP，两者都是由供应商将货物负责送到采购商处，DDU 是指进口关税未付，需由采购商承担，而 DDP 则由供应商付清所有费用包括关税。DES、DEQ 则分别指供应商负责将货物送到目的港船上(未下船)、目的港码头以及边境线(海关)前面。以上各术语可用图 8-1 表示如下：

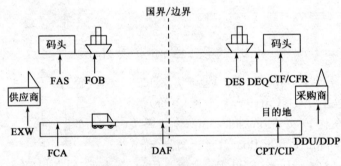

图 8-1　国际贸易术语图解

资料来源：《工业企业的采购与采购管理》朱水兴著。

第三节　采购合同的订立

采购合同的订立，是采购方和供应方双方当事人在平等自愿的基础上，就合同的主要条款经过协商取得一致意见，最终建立起物品采购合同关系的法律行为。

一、采购合同订立前的准备工作

合同依法订立后，双方必须严格执行。因此，采购人员在签订采购合同前，必须审查卖方当事人的合同资格、资信及履约能力，按经济合同法的要求，逐条订立采购合同的各项必备条款。

1. 审查卖方当事人的合同资格

为了避免和减少采购合同执行过程中的纠纷,在正式签订合同之前,采购人员首先应审查卖方当事人作为合同主体的资格。所谓合同资格,是指订立合同的当事人及其经办人必须具有法定的订立经济合同的权利。审查卖方当事人的合同资格,目的在于确定对方是否具有合法签约的能力,这一点直接关系到所签合同是否具有法律效力。

(1)法人资格审查

认真审查卖方当事人是否属于经国家规定的审批程序成立的法人组织。法人是指拥有独立的必要财产,有一定的经营场所,依法成立并能独立承担民事责任的组织机构。判断一个组织是否具有法人资格,主要看其是否持有工商行政管理局颁发的营业执照。经工商登记的国营企业、集体企业、私营企业、各种经济联合体、实行独立核算的国家机关、事业单位和社会团体,都可以具有法人资格,成为合法的签约对象。

在审查卖方法人资格时应注意:没有取得法人资格的社会组织,已被取消法人资格的企业或组织,无权签订采购合同。要特别警惕一些根本没有依法办理工商登记手续或未经批准的所谓的"公司",它们或私刻公章,冒充法人,或假借他人名义订立合同,旨在骗取买方的货款或定金。同时,要注意识别那些没有设备、技术、资金和组织机构的"四无"企业,它们往往在申请营业执照时弄虚作假,以假验资、假机构骗取营业执照,虽签订供货合同并收取货款或定金,但根本不具备供货能力。

(2)法人能力审查

审查卖方的经营活动是否超出营业执照批准的范围。超越业务范围以外的经济合同属无效合同。

法人能力审查还包括对签约的具体经办人的审查。采购合同必须由法人的代表人或法定代表人授权证明的承办人签订。法人的法定代表人就是法人的主要负责人,如厂长、经理等。他们代表法人签订合同。法人代表也可授权业务人员如推销员、采购员作为承办人,以法人的名义订立采购合同。承办人必须有正式授权证明书,方可对外签订采购合同。法人的代表人在签订采购合同时,应出示身份证明、营业执照或其副本;法人委托的经办人在签订采购合同时,应出示本人的身份证明、法人的委托书、营业执照或副本。

2. 审查卖方当事人的资信和履约能力

资信,即资金和信用。审查卖方当事人的资信情况,了解当事人对采购合同的履行能力,对于在采购合同中确定权利义务条款具有非常重要的作用。

(1)资信审查

具有固定的生产经营场所、生产设备和与生产经营规模相适应的资金,特别是拥有一定比例的自有资金,是一个法人对外签订采购合同起码的物质基础。准备签订采购合同时,采购人员在向卖方当事人提供自己的资信情况说明的同时,要认真审查卖方的资信情况,从而建立起相互依赖的关系。

(2)履约能力审查

履约能力是指当事人除资信以外的技术和生产能力、原材料与能源供应、工艺流程、加工能力、产品质量、信誉高低等方面的综合情况。总之,就是要了解对方有没有履行采购合同所必需的人力、物力、财力和信誉保证。

第八章　如何拟定采购合同

如果经审查发现卖方资金短缺、技术落后、加工能力不足,无履约供货能力,或信誉不佳,都不能与其签订采购合同。只有在对卖方的履约能力充分了解的基础上签订采购合同,才能有可靠的供货保障。

审查卖方的资信和履约能力的主要方法有:通过卖方的开户银行,了解其债权债务情况和资金情况;通过卖方的主管部门,了解其生产经营情况、资产情况、技术装备情况、产品质量情况;通过卖方的其他用户,可以直接了解其产品质量、供货情况、维修情况;通过卖方所在地的工商行政管理部门,了解其是否具有法人资格和注册资本、经营范围、核算形式;通过有关的消费者协会和法院、仲裁机构,了解卖方的产品是否经常遭到消费者投诉,是否曾经牵涉诉讼。对于大批量的性能复杂、质量要求高的产品或巨额的机器设备的采购,在上述审查的基础上,还可以由采购人员、技术人员、财务人员组成考察小组,到卖方的经营加工场所实地考察,以确知卖方的资信和履约能力。采购人员在日常工作中,应当注意搜集有关企业的履约情况和有关商情,作为以后签订合同的参考依据。

二、采购合同订立的原则

(1)平等原则。《中华人民共和国合同法》第3条规定:合同当事人的法律地位平等,一方不得将自己的意志强加给另一方。

(2)自愿原则。《中华人民共和国合同法》第4条规定:当事人依法享有自愿订立合同的权利,任何单位和个人不得非法干预。

(3)公平原则。《中华人民共和国合同法》第5条规定:当事人应当遵循公平原则确定各方的权利和义务。

(4)诚实信用原则。《中华人民共和国合同法》第6条规定:当事人行使权利、履行义务应当遵循诚实信用原则。

(5)遵守法律、行政法规,尊重社会公德的原则。《中华人民共和国合同法》第7条规定:当事人订立、履行合同,应当遵守法律、行政法规,尊重社会公德,不得扰乱社会经济秩序,损害社会公共利益。

三、采购合同签订的程序

签订采购合同的程序根据不同的采购方式而有所不同,这里我们主要谈谈采购合同订立的一般程序。普遍运用的采购合同签订程序要经过要约和承诺两个阶段。

1. 要约阶段

这是指当事人一方向他方提出订立经济合同的建议。提出建议的一方叫要约人。要约是订立采购合同的第一步,要约应具有如下特征:

(1)要约是要约人单方的意思表示,它可向特定的对象发出,也可向非特定的对象发出。当向某一特定的对象发出要约,要约人在要约期限内,不得再向第三人提出同样的要约,不得与第三人订立同样的采购合同。

(2)要约内容必须明确、真实、具体、肯定,不能含糊其词、模棱两可。

(3)要约是要约人向对方做出的允诺,因此要约人要对要约承担责任,并且要受要约的约束。如果对方在要约一方规定的期限内做出承诺,要约人就有接受承诺并与对方订立采购合同的义务。

(4)要约人可以在得到对方接受要约表示前撤回自己的要约,但撤回要约的通知必须在要约到达前。对已撤回的要约或超过承诺期限的要约,要约人不再承担法律责任。

2.承诺阶段

承诺表示当事人另一方完全接受要约人的订约建议,同意订立采购合同的意思表示。接受要约的一方叫承诺人,承诺是订立合同的第二步。它具有如下特征:

(1)承诺由接受要约的一方向要约人作出。

(2)承诺必须是完全接受要约人的要约条款,不能附带任何其他条件,即承诺内容与要约内容必须完全一致,这时协议即成立。如果对要约提出本质性意见或附加条款,则是拒绝原要约,提出新要约。这时要约人与承诺人之间的地位发生了互换。在实践中,很少有对要约人提出的条款一次性完全接受的,往往经过反复的业务洽谈,经过协商,取得一致的意见后,最后达成协议。

供需双方经过反复磋商,经过要约与承诺的反复,形成具有文字的草拟合约。再经过签订合同和合同签证两个环节,一份具有法律效力的采购合同便正式形成了。签订合同是在草拟合约确认的基础上,由双方法定代表签署,确定合同的有效日期。合同签证是合同管理机关根据供需双方当事人的申请,依法证明其真实性与合法性的一项制度。在订立采购合同时,特别是在签订金额数目较大及大宗商品的采购合同时,必须经过工商行政管理部门或立约双方的主管部门签证。

四、采购合同签订的形式

1.口头合同形式

口头合同是指合同双方当事人只是通过语言进行意思表示,而不是用文字等书面表达合同内容来订立合同的形式。采用口头形式订立物品采购合同的优点是:当事人建立合同关系简便、迅速,缔约成本低。但这类合同发生纠纷时,当事人举证困难,不易分清责任。

《中华人民共和国合同法》在合同形式的规定方面,放松了对当事人的要求,承认多种合同形式的合法性,将选择合同形式的权利交给当事人,对当事人自愿选择口头形式订立物品采购合同的行为予以保护,体现了合同形式自由的原则,这与旧合同法的规定有很大不同。但是《中华人民共和国合同法》同时规定:"法律规定采用书面形式的合同,必须采用书面形式。"这是法律从交易安全和易于举证的角度考虑,对一些重要合同要求当事人必须签订书面合同。

2.书面合同形式

《中华人民共和国合同法》第11条明确规定:"书面形式是指合同书、信件和数据电文(包括电报、电传、传真、电子数据交换和电子邮件)等可以有形地表现所载内容的形式。"简单地说,书面形式是以文字为表现形式的合同形式。书面合同的优点在于有据可查、权利义务记载清楚,便于履行,发生纠纷时容易举证和分清责任。在我国目前市场经济制度尚未完善之际,当事人订立物品采购合同,适宜采用书面合同形式。

书面合同是采购实践中采用最广泛的一种合同形式。《中华人民共和国合同法》第10条第2款规定:"法律、行政法规规定采用书面形式的,应当采用书面形式。当事人约定采用书面形式的,应当采用书面形式。"可见,书面形式是一种十分重要的合同形式,书面合同形式具体

分为以下四类：

(1)合同书。合同书是记载合同内容的文书。它是书面合同的一种,也是物品采购合同中最常见的一种。当事人采用合同书形式订立采购合同的,自双方当事人签字或者盖章时成立。

(2)信件。信件是当事人就合同的内容相互往来的普通信函。信件的内容一般记载于纸张上,因而也是书面形式的一种。它与通过电脑及其网络手段产生的信件不同,后者被称为电子邮件。在采购合同中,经常是当事人在签订合同书的基础上,又围绕合同条款发生一系列信件往来,这些信件构成书面合同的一部分。

(3)数据电文。这是与现代通信技术相联系的书面形式,包括电报、电传、传真、电子数据交换和电子邮件。其中,电报、电传和传真是通过电子方式来传递信息,它们的最终传递结果,都被设计成纸张的书面材料。而电子数据交换和电子邮件则不同,它虽然也是通过电子方式传递信息,但它的传递结果可以产生以纸张为载体的书面资料,也可以被储存在磁带、磁盘、激光盘或其他接收者选择的非纸张的中介物上。这些由中介载体载明的信息记录,构成了明确、可靠的书面资料,能够充分证明合同的存在。这完全符合书面合同的概念和要求,因此,电子数据交换和电子邮件也是书面合同形式的一种。这种合同形式在订立涉外物品采购合同时比较多见。随着电子计算机和互联网技术的发展和普及,这种书面合同形式会越来越多。

(4)确认书。确认书是通过信件和数据电文的方式订立物品采购合同时,在承诺方承诺生效之前,当事人以书面形式对合同内容予以确认的文件。它实质上是一种合同书的形式。《中华人民共和国合同法》第33条规定:"当事人采用信件、数据电文等形式订立合同的,可以在合同成立之前要求签订确认书。签订确认书时合同成立。"

确认书的适用条件有:①当事人采用信件或数据电文形式订立合同;②有一方当事人要求签订确认书;③确认书一般是在合同成立前签订,因为确认书是对合同内容的最终确认,如果合同已经成立,再签订确认书就没有意义了。确认书属于承诺的一种意思表示。

3. 其他合同形式

这里指除口头合同与书面合同以外的其他形式的合同。主要包括默示形式和推定形式。

第四节 采购合同的履行管理

采购合同的履行是指采购合同当事人按照合同完成约定履行其约定的义务的过程,如交付货物、提供服务、支付报酬或价款、保守秘密等。履行合同是实现采购合同目的的最重要的和最关键的环节,直接关系到采购合同当事人的利益。为确保签订的采购合同得以顺利履行,企业应当设置专门机构或专职人员,建立合同登记制、汇报检查制度,统一保管合同、统一监督和检查合同的执行情况,及时发现问题采取措施,处理违约、提出索赔、解决纠纷。同时,需要加强与合同对方的及时联系,做好双方的协调工作。

一、采购合同履行的原则

1. 全面履行的原则

全面履行原则,又称适当适当履行原则或正确履行原则。《中华人民共和国合同法》第60

条第1款规定:"当事人应当按照合同约定全面履行自己的义务。"这一规定确立了全面履行原则,它要求采购合同当事人按照合同约定的标的及其质量、数量、合同约定的履行期限、履行地点以及适当的履行方式,全面完成合同义务的履行。

2. 诚实信用原则

《中华人民共和国合同法》第60条第2款规定:"当事人应当遵循诚实信用原则,根据合同的性质、目的和交易习惯履行通知、协助、保密等义务。"诚实信用被理解为在采购合同履行问题上的一个基本原则。

3. 情势变更原则

情势变更原则是指采购合同成立起至履行完毕前,合同存在的基础和环境发生了不可归属于当事人的原因变更,若继续履行合同将显失公平,则应允许变更采购合同或者解除采购合同。

二、采购合同的变更

1. 采购合同变更的概念

广义的采购合同的变更是指采购合同主体和内容的变更,是采购合同债权或债务的转让,即由新的债权人或债务人替代原债权人或债务人,而合同的内容没有变化,可以理解为合同的转让;狭义的采购合同变更是指采购合同当事人权利义务发生变化,是合同内容发生变化,从《中华人民共和国合同法》第五章有关规定来看,采购合同的变更仅指狭义的采购合同的变更,即合同内容的变更。

2. 采购合同变更的条件

(1)只针对原已存在有效的采购合同关系。采购合同的变更是改变原采购合同关系,必须有原已存在的采购合同关系为前提。原有采购合同是非法无效的,如采购合同无效、采购合同被撤销、追认权人拒绝追认效力未定的采购合同,也无采购合同变更的余地。

(2)采购合同当事人愿意就采购合同内容作相应的变更。《中华人民共和国合同法》第77条第1款规定:"当事人协商一致,可以变更合同。"采购合同的变更通常是当事人双方合议的结果,也可以基于法律规定或法院裁决而变更,如《中华人民共和国合同法》第54条规定,一方当事人可以请求人民法院或者仲裁机构对重大误解或不公平的合同予以变更。

(3)法律、行政法规规定变更采购合同应当办理批准、登记等手续,应遵守法律法规的相关规定。

3. 采购合同变更的效力

采购合同变更的实质是将变更后的采购合同替代原采购合同。因此,采购合同变更后,当事人应当按变更后的采购合同内容履行合同。

采购合同变更原则上对将来发生效力,未变更的权利和义务继续有效,已经履行的债务不因采购合同的变更而失去合法性,对于因采购合同变更致使某一当事人受到损失,原则上应由提出变更的一方负责赔偿责任。

三、采购合同的解除

1. 采购合同解除的概念

采购合同解除是指采购合同生效后,在一定的条件下,通过当事人的单方行为或双方合意终止合同效力或者解除合同关系的行为。

采购合同解除具有以下法律特征：

(1)是对有效合同的解除。与合同无效、合同撤销及要约或承诺的撤回等制度不同，合同解除以有效成立的合同为标的，解决有效成立的合同提前解除的问题。

(2)必须有解除的事由。采购合同一经有效订立，即具有法律的约束力，当事人双方必须信守约定，不得擅自变更或解除，这是合同法的重要原则。只有在主客观条件发生变化，采购合同履行成为不必要或不可能的情况下，才允许解除采购合同，否则便构成违约。

(3)必须通过解除行为实现。具备解除采购合同的条件，采购合同并不是自然就可以解除的。要使采购合同解除，一般需要通过以下两种类型的解除行为才能实现：一是当事人双方协商同意；二是享有解除权的一方单方意愿表示。

(4)采购合同解除的效果是使采购合同当事人合作关系消失。

2. 采购合同解除的分类

(1)单方解除与协议解除。单方解除是指享有解除权的一方当事人依单方面的意愿表示解除合同关系；协议解除是指当事人双方通过协商同意将合同解除的行为。

(2)依法解除与约定解除。依法解除是指采购合同解除的条件由法律直接加以规定；约定解除是指当事人以合同形式约定为一方或双方设定解除权的解除，解除权的设定可以在订立合同时约定，也可以在合同成立后另外订立解除权的合同。

3. 采购合同解除的法定条件

(1)因不可抗力致使合同不能实现。因不可抗力致使合同履行不可实现或继续履行已失去意义，在此情况下，我国合同法允许当事人通过行使解除权的方式解除合同关系。

(2)债务人拒绝履行、毁约。当事人一方明确表示或者以自己的行为表明不履行主要债务，即债务人拒绝履行或毁约。作为采购合同解除的条件，一是确定债务人有过错，二是拒绝违法行为(无合法理由)，三是有履行能力。

(3)供应方延迟履行。一般来说，履行期限在采购合同的内容中非属特别重要时，在履行期届满后履行也不至于使采购合同目标落空时，原则上不允许采购方立即解除合同，采购方应向供应方发出履行催告，给予适当的履行宽限期。但在宽限期届满时仍未能履行的，采购方有权解除采购合同。

(4)违约行为致使合同目标不能实现。供应方出现延迟履行外的其他违约行为致使采购合同目标不能实现时，采购方有权解除采购合同。

四、违约责任

1. 违约责任的概念

违约责任是违反合同的民事责任的简称，是指采购合同当事人一方不履行采购合同义务或履行采购合同义务不符合采购合同约定所应当承担的民事责任。

2. 违约责任的形式

《中华人民共和国合同法》第107条规定，当事人一方不履行合同义务或者履行合同义务不符合约定的，应当承担继续履行、采取补救措施或赔偿损失等违约责任。

(1)继续履行也叫强制履行，是指违约方根据对方当事人的要求继续履行采购合同规定的义务的违约责任形式。

(2)采取补救措施,是指矫正采购合同不适当履行、使履行缺陷得以消除的具体措施,是一种独立的违约责任形式。这种责任形式,与继续履行和赔偿损失具有互补性。

(3)赔偿损失,在合同法上也称违约损害赔偿,是指违约方以支付金钱的方式弥补受害方因违约行为所减少的财产或者所丧失的利益的责任形式。赔偿损失的确定方式有两种:法定损害赔偿和约定损害赔偿,一般有支付违约金或罚没定金等赔偿形式。

[案例分析]

1. 细节决定成败

东北某林区木材厂(以下称中方)是一个近几年生意红火的中型木器制造厂。几年来,依靠原材料有保证的优势,就地制造成本比较低的传统木器,获得了可观的经济效益。但是该厂的设备落后,产品工艺比较陈旧,限制了工厂的发展。因此,该厂决定投入巨资引进设备技术,进一步提高生产效率,开拓更广阔的市场,于是他们通过某国际经济技术合作公司代理与外国某木工机械集团(以下称外方)签订了引进设备合同,总价值110万美元。

2013年4月,外方按照合同规定,将设备到岸进厂,外方人员来厂进行调试安装。中方在验收中发现,该机部分零件磨损痕迹严重,开机率不足70%,根本不能投入生产。中方向外方指出,外方产品存在严重质量问题,没有达到合同机械性能保证的指标,并向外方征询解决办法。外方表示将派强有力的技术人员赴厂研究改进。2个月后,外方派来的工作组到厂,更换了不符合标准的部分零件,对机器进行了再次的调试,但经验收仍然不符合合同规定的技术标准。调试研究后外方应允回去研究,但一去三个月无下文。经代理公司协调,外方人员来厂进行一次调试,验收仍未能通过。中方由于安装、调试引进的设备已基本停产,半年没有效益。为了尽快投入生产,中方认为不能再这样周旋下去,准备通过谈判,做出一些让步,只要保证整体符合生产要求即可。这正中外方下怀,外方马上答应,签署了设备验收备忘录,并进行三次调试。但调试后,只有一项达到标准,中方认为不能通过验收。但外方公司认为已经达到规定标准,双方遂起纠纷。

本来,外方产品质量存在严重问题,中方完全有理由表示强硬态度,据理力争,但双方纠纷发生后,外方却显得理直气壮,反而搞得中方苦不堪言。其症结到底何在呢?

原来,双方签署的备忘录中,经中方同意,去掉了部分保证指标,并对一些原规定指标进行了宽松的调整,实际上是中方做出了让步。但是让步必须是有目的的和有价值的,重新拟定的条款更需做有利于中方的、明确清晰的规定,不然可能造成新的波动。但该备忘录中竟然拟定了这样的条款标准:某些零部件的磨损程度"以手摸光滑为准";某某部件"不得出现明显损伤"等。这种空泛的、无可量化的、无可依据的条款让外方钻了空子。根据这样的模糊规定,他们坚持认为达到了以上标准,双方争执不下。你中国人摸着不光滑,我外国人摸着就是光滑。拿什么来做共同依据呢?中方面对自己同意的条款义正词严,但对于白纸黑字却说不清道不明。显然,掉在人家设的圈套里面了!

外方采取的是精心炮制好了的策略,一段套着一段走。一开始,他们给你一套不合格的设备,能蒙就蒙,能骗就骗,如果骗不过去,就采取第二步,就是拖,逼着你主动让步。结果就拖出一个备忘录来。外方的调试显得很有耐心,但中方的效益却随之流失。这时候,中方的一位负责人说,签订合同时,有关索赔条款的很多内容他都不是很清楚,也未请律师,当时只把索赔看成了一种合同形式要求,也根本未想到会出现纠纷。可见这位负责人的意识是多么的淡薄,而没有正确的纠纷意识,又怎会有强烈的竞争意识呢?

中方在外商一改"耐心诚恳"的态度,拒不承认产品质量不符合标准的情况下,终于被迫求助于法律,聘请了律师,要求外方按原合同赔偿损失。外方在千方百计地拖延一个月之后,才表示愿意按实际损失来赔偿。中方认为,赔偿后至少可以保本,但结果又是南柯一梦!在原合同中,精明的外方在索赔条款中写进了一个索赔公式,由于这个公式相当复杂,签约时中方人员根本没有认真研究就接受了。他们没有想到会有纠纷,也根本没有把这公式当回事。现在,外方拿来这个公式,面对面地给你细算账。结果一出来,外方看着屏幕微笑,中国人看着屏幕发呆。原来,按照这个公式计算,即使这套设备完全不符合要求,视同报废,外方也仅仅赔偿设备引进总价的 0.8%!还不说你已承认其中一项指标符合标准!110 万美元的损失只赔偿约 1 万美元,中方负责人被激怒了,外方却如终彬彬有礼地微笑……

此时,纠纷的解决已无可能,律师写上建议依法提出仲裁。但查看合同有关仲裁的条款时,令人大吃一惊。如按合同进行仲裁,吃亏的仍然是中方。因为合同中写道:"如果在本合同中,发生一切纠纷,均需执行仲裁,仲裁在被诉一方所在国进行。"这就是说,如果中方提出仲裁,只能在对方所在国进行,中方将要付出巨大的代价。但如果不提出仲裁,将受到巨大的损失。但外方不可能提出仲裁。如果中方向外方提出仲裁,中方只能有一种手段,就是拒付货款。在国际贸易中,中国银行出具的不可撤销的保证函已与合同一起生效,银行方面保证信誉,遵守国际惯例,根本不可能拒付。也就是说,中方违约不存在客观可能性。在这种情况下,仲裁与否,中方真是进退两难。

外方对此胸有成竹,他们深深了解中方想仲裁而又不愿意到外国仲裁的矛盾。当中方每次提出干脆以仲裁的方式解决时,他们马上旁敲侧击提醒你他们国家仲裁历时要多么长,花销要多么大等。而中方一次次望而却步时,外方却又耍新的花招,开始新的进攻。外方趁中方这种欲进不能、欲罢不止的情况下,一再提出所谓的新的解决妥协。最后,中方在万般无奈的情况下,接受了外方总额为 12%的赔偿,同时提供另外 3%零件的最终方案。那台机器两年来根本就不能运转,没有创造任何经济效益。现在,虽然能勉强运转,仍需要不断地调整修理。即便如此,也只有 60%左右的生产效率。

讨论分析:

(1)在这个案例中,中方为什么会落到如此尴尬的地步?

(2)在签订采购合同时应注意哪些细节?

(3)在签订采购合同时应怎样维护双方的利益?

2. FOB 术语出口合同致损案

广州甲公司与香港乙公司达成出口某货物合同,付款条件:FOB 广州,D/P 见票后 60 天。

甲公司按合同规定将货物交付给买方指定的承运人香港丙公司驻广州办事处,并由该公司负责运往荷兰鹿特丹。

香港丙公司驻广州办事处接管货物后即签发联合运输提单正本一式三份,通过广州办事处交给甲公司。

联运提单所示的托运人为甲公司,并载明货物"凭香港乙公司指示交付"。

甲公司随即将全套提单连同其他单据委托广州的银行收款。广州银行又通过香港的代收行向乙公司收款。但由于乙公司到期拒不付款,香港代收行只得将全部单据通过广州银行退回给甲公司。

甲公司经向香港丙公司查询货物下落时才获悉,丙公司已按联运提单所载"凭香港乙公司指示交付"的文字,将从香港把货物运至鹿特丹的船公司出具的正式提单交给香港乙公司,货物也早已被荷兰的收货人凭香港船公司的提单提走。

甲公司遂以承运人无单放货为由,在广州法院对丙公司提起诉讼,并要求赔偿全部损失。法院判决支持原告的全部理由和请求。但是由于丙公司已经宣告破产清理,驻广州办事处早已撤销停业。而乙公司在不久前也已倒闭歇业,甲公司要追回损失,事实上已无可能。

这是一起与承运人勾结共同欺诈我出口方的案件。使用 D/P 方式签订 FOB 合同,对于出口方来说存在很大的风险。

试利用 FOB 价格术语和 D/P 远期付款交单方式的特点分析以上案例的问题。

实训项目:

1."一份在法律上可实施的合同必须是书面的",这句话是对还是错?请给出你的理由。

2.如果合同中的一个重要部分被分包给另一个公司,那么供应商是否就违反了合同?给出你的理由。供应商将合同分包对购买者可能有什么样不利的危害,如何避免这种情况?

第九章 如何进行生产过程中的物料控制

引例

小王在大学学的是自动化控制专业,毕业后小王进入了某公司被安排接管物料管理工作。上一任的物料管理员因为将 A 原材料发给了生产部门人员干了私活(用公司的物料做自己的东西)而被公司开除了。一天,生产部门的一个材料员来到小王这里要增领 A 原材料,小王通过查证发现,根据公司的生产计划,月初时该原材料已经全数被该生产部门的材料员领取了,便拒绝了该材料员增领的要求。但该材料员坚持要增领,说之前领的不够用,如果耽误了生产,要小王负责。小王一时不知道怎么办才好,如果同意增领,他可能会重复他前任被开除的命运,如果不同意增领,耽误了生产,他同样也无法负责。他该怎么办呢?

要搞好物料控制,必须熟知生产消耗及其规律,严格进行限额发料制度。学习本章内容,可以帮助我们(但不仅仅局限于)在以下知识和技能方面得以提高:

◆了解生产作业计划的内容、生产控制部门的责任、生产物料控制的概念、物资消耗定额;
◆熟悉生产物料控制需要的基础数据、生产物料控制的内容、限额发料的作用与依据;
◆掌握物料控制的方法、限额发料的组织方式;
◆能对生产过程中的物料供应进行控制和分析。

第一节 PMC 的内涵

在实际生产过程中,对物料的控制是由 PMC(Production Management Control)来进行的。因为生产过程中,对物料的控制与生产安排有着密切的关系,因此,为理解方便,PMC 有时又可以拆分为 PC 和 MC,PC 可理解为生产计划,MC 可以理解为物料控制。要做好 PMC,必须了解生产及生产安排情况,另一方面必须了解物料的使用规律。生产过程中的物料控制的前提是保证生产的连续不间断进行,与生产作业计划密切相关。

PMC 的工作内容及流程可以用图 9-1 来进行描述。

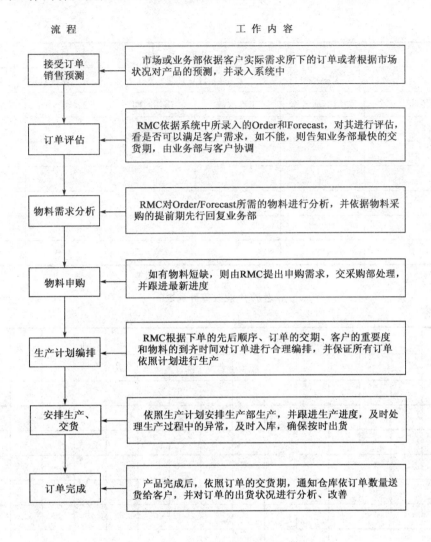

图 9-1 PMC 内容和流程图

第二节 生产作业计划与作业排序

一、作业计划的内容和目标

生产作业计划直接决定了什么时候需要物料、需要什么物料以及需要多少。生产作业计划的合理安排与否直接影响生产成本及顾客满意度。物料需求计划是对每天需要完成的订单以及将要完成哪些生产任务(生产指令)进行物料保障所做的安排。生产作业计划地制订需要在对生产进程分析(表 9-1、表 9-2)的基础上编制一张作业时间进程表(图 9-2)。

第九章 如何进行生产过程中的物料控制

生产过程分析明细表 表 9-1

产品名称：
编号：

负责部门		部门代号		机器名称		机器编号	
件名		件号		订立日期		修改日期	
工作说明		使用工具名称		工作次数	需用时间	工具编号	备注

页次　　　　　　　　　　　　审核　　　　　　　拟定

生产作业改善计划表 表 9-2

月份　　　　　　　　　　　　　　　　　　　　　　　　　　　　　页次

项次	产品名称	预定生产日程		作业名称	待改进理由					作业时间	目标	负责人	配合人员
		自	至		瓶颈	费力	配合	品质	人力				

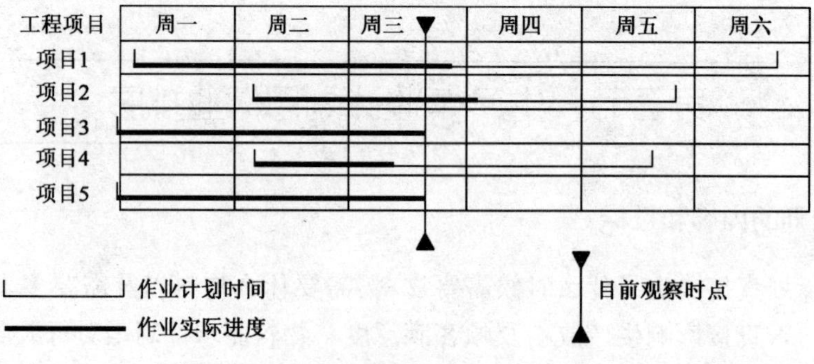

图 9-2　甘特图（作业进度安排）

1. 生产作业计划的内容

生产作业计划的主要内容包括如下几个方面：

(1) 确定订单的加工顺序（优先顺序），即对订单进行排序；

(2) 确定机器加工每个工件的开始时间和完成时间；

(3) 情况变化时，对计划进行调整或修改。

2. 生产作业计划的目标

制订生产作业计划可以有很多目标：

(1) 根据顾客要求，按时完成作业加工；

(2) 提高库存周转率，降低库存，实现在制品库存最小化；

(3) 生产异常时，及时对计划做出修改，实现反应时间最短化；

(4) 调控生产计划，使其既能满足客户需求，又能使生产计划最优化，实现完成时间最小化；

(5) 合理调配时间，避免频繁更换作业，使系统时间最小化；

(6) 通过生产产能最大化，实现全部时间最小化；

(7) 设备利用率、人员支配率最大化，实现设备和劳动力利用最大化；

(8) 减少待机、待料时间，实现闲置时间最小化；

(9) 作业延迟最小化。

要使作业计划的目标得以很好的实现，需要对物料有个科学的控制。

二、生产控制部门的责任

制造企业通常都会有一个生产控制部门，其责任主要有如下几个方面：

1. 安排负荷

检查可供使用的物料、设备和工人的数量；确定对机器设备和工人的需要，以及确定资源是超负荷还是低于负荷；将作业分配给每台机器和工人，致力于使生产负荷趋于均衡化。

2. 生产订单的排序

排序，就是将加工订单分发到车间并为每台机器制订作业计划文件。当需要将几个订单安排给同一机器设备时，需要确定订单的优先顺序，以明确应该先加工哪些订单。

优先顺序的安排主要基于以下几个方面：每个作业的操作和顺序要求，在每个机器设备现有的作业状态，每个机器设备前的作业队列，作业优先级、预计的今天晚些时候要分布的作业订单、资源能力（劳动力或机器）。为此，排序者必须利用前一天的作业状态信息以及由生产控制中心、工艺技术等部门提供的外部信息，同时还要和部门主管协商排序的可行性，尤其需要掌握哪些是制约排序的瓶颈。

3. 生产进度的控制

需要随时掌握每项作业的进度情况，甚至要对作业进度适时进行调整，直到作业完成。这需要及时收集数据，通常需要运用甘特图和投入/产出控制图等技术。

三、作业计划的影响因素

在制订生产作业计划时，需考虑以下几个方面的影响因素：

第九章　如何进行生产过程中的物料控制

1. 作业到达模式

作业到达模式主要有两种:静态模式和动态模式。静态模式主要是指将一段时间的订单收集后,才开始制订生产作业计划。动态模式是指订单到达时立刻安排生产加工,因为新到达的作业会影响生产设备,同时也会有生产上的、设备上的、物料上的异常,需要对生产作业计划进行及时调整。

2. 设备的数量和种类

设备的数量和种类是决定企业生产能力的重要因素,会明显地影响生产作业计划编制的复杂程度。在具体操作过程中,通常会将相同部门的工序安排成一个 Work Order,也就是说,将一张订单分成多个工令单来生产,以减少生产作业计划的复杂性。

3. 工人和机器的比例

设备的数量越多,生产作业计划就越复杂。我们按照工人和机器的比例的不同,可分为机器限制系统和劳动限制系统。如果工人＞机器,称为机器限制系统,生产计划的编制主要考虑机器的使用;如果工人＜机器,称为劳动限制系统(即1个工人操纵几台机器),在编制生产计划时,主要考虑有没有足够的劳动力安排。

4. 作业的流动模式

作业的流动模式有流程式和随机式等多种类型。流程式是指所有作业(加工订单)从一台机器到下一台机器进行加工时,具有相同的加工路线。

随机式(随机加工中心)是指从一台机器到下一台机器的加工路线是随机的。

大多数的流动模式介于两者之间,确切的模式取决于一台机器到下一台机器的概率。

5. 分配作业的优先规则

优先规则是指决定作业加工顺序的规则。处理时间、到期日或者订单到达时间等因素是决定订单作业优先的一些常见的因素。

四、作业排序规则及其评估准则

1. 排序规则

在生产过程中常常会出现两种情况:工件等待和机器空闲。工件的某道工序完成后,下道工序的机器正在加工其他工件,这时要等待一段时间才能开始加工,这种情形称为工件等待。机器已完成对某个工件的加工,下一个加工工件还未到,这种情形称为机器空闲。

良好的排序就是要使工件等待和机器空闲最小化,最常见的排序规则如下:

(1) 先到先服务(FCFS)。先到先服务(First Come First Served,简称 FCFS),即加工的下一项作业是所有等待加工的订单中最早承接的。这一排序规则显得比较公平,所以是一个常见的排序规则。

(2) 最短加工时间(SPT)。最短加工时间(Shortest Processing Time,简称 SPT),即加工的下一项作业是所有等待加工的订单中加工时间最短的作业。这一排序规则的结果是平均流程时间最短,在制品库存减少。

(3) 最早交货日期(EDD)。最早交货日期(Earliest Due Date,简称 EDD),在这一规则下,优先选择所有等待加工的订单中工期最紧交货时间最早的作业。

(4) 关键率(CR)。关键率(Critical Rate,简称 CR),可以用关键率(CR)＝交货日期的时间÷剩余加工所需的时间来表示。

CR>1.0,意味着作业进度较计划提前;

CR<1.0,意味着作业进度晚于计划;

CR=1.0,意味着作业进度与计划同步。

在这一规则下,加工的下一项作业是在所有等待加工的作业中关键率最低的作业,即优先选择临界比(关键率)最小的工件。

2.评估排序规则的准则

实际中的排序规则很多,常见的准则有:

(1)平均流程时间最短;

(2)系统中的平均任务数波动最小;

(3)平均延迟时间最小;

(4)调整成本最低。

下面我们通过不同的排序规则的排序情况来进行比较。例如,某艺术公司彩扩部周一上班陆续接到5个用户提出的交货要求,见表9-3。

5个用户的订单数据　　　　　　　　　　　　　　　　　表9-3

任务	作业时间(天)	交货期(当天算起)
A	3	5
B	4	6
C	2	7
D	6	9
E	1	2

(1)如按"先到先服务(FCFS)"规则进行排序,先到先服务就是加工的第一个订单,是所有等待加工的订单中最早承接的。这样,该彩扩部的加工订单的顺序为"A-B-C-D-E"。表9-4为按先到先服务规则排序后的流程时间和延误的情况。

按先到先服务规则的排序情况　　　　　　　　　　　　表9-4

任务	作业时间(天)	交货期(当天算起)	流程时间(天)	延误(天)
A	3	5	3	0
B	4	6	7	1
C	2	7	9	2
D	6	9	15	6
E	1	2	16	14

平均流程时间=(3+7+9+15+16)÷5=50÷5=10(天)

平均延误时间=(0+1+2+6+14)÷5=23÷5=4.6(天)

(2)如按最短加工时间(SPT)规则进行排序,即优先选择加工时间最短的工件,这样,该彩扩部的加工订单的顺序为"E-C-A-B-D"。

表9-5为按最短加工时间规则排序后的流程时间和延误的情况。

第九章　如何进行生产过程中的物料控制

按最短加工时间规则的排序情况 表 9-5

任 务	作业时间(天)	交货期(当天算起)	流程时间(天)	延误(天)
E	1	2	1	0
C	2	7	3	0
A	3	5	6	1
B	4	6	10	4
D	6	9	16	7

平均流程时间＝(1＋3＋6＋10＋16)÷5＝36÷5＝7.2(天)

平均延误时间＝(0＋0＋1＋4＋7)÷5＝12÷5＝2.4(天)

(3)如按最早交货日期(EDD)规则进行排序，即优先选择(交货)时间最短的工件。这样，该彩扩部的加工订单的顺序为"E-A-B-C-D"。表 9-6 为按最早交货日期规则排序后的流程时间和延误的情况。

按最早交货日期规则的排序情况 表 9-6

任 务	作业时间(天)	交货期(当天算起)	流程时间(天)	延误(天)
E	1	2	1	0
A	3	5	4	0
B	4	6	8	2
C	2	7	10	3
D	6	9	16	7

平均流程时间＝(1＋4＋8＋10＋16)÷5＝39÷5＝7.8(天)

平均延误时间＝(0＋0＋2＋3＋7)÷5＝12÷5＝2.4(天)

选用平均流程时间和平均延误时间作为评价的准则，很容易就可以判断出按"最短加工时间(SPT)"规则安排订单的加工顺序最优。

第三节 生产物料控制

一、生产物料控制的概念及内容

生产物料控制，是通过系统计划来控制物料的流动，包括对从需求识别直到转化为最终产品的整个过程的所有物料的控制。生产物料控制包括如下内容：确定需求，对生产过程中的物料的控制，物料的采购、存储和分发。

(一)确定需求

为了得到客户需求以确定生产量的大小，首先必须进行需求预测。有了这种预测就可以规划所需的人力、材料、资金、生产率和库存水平。需求预测属于市场预测范畴，是一种侧重中短期的、以一个企业为基本出发点的微观预测，主要是预测在年度、季度和月度等期间企业所生产的产品的市场需求量。

1. 产品

各种产品或服务有着各不相同的需求方式。对消费品的需求就不同于对工业用品的需求。在消费品的需求中,耐用品也不同于非耐用品。例如,预测对食品(如牛奶)的需求要比预测对电视机的需求容易。即使是同一产品,由于它处于生命周期的阶段不同,其市场需求量也不同,如成长期的销售增长率远远大于投入期的销售增长率;成熟期的市场需求相对稳定,且销售总量要大于其他各个阶段。

2. 工艺技术

工艺技术的革新,往往能够猛烈地并且常能在相对短的时期内改变需求的方式。工艺技术的革新能够削弱甚至中断某一产品的使用,并且淘汰那些不适应这一变革的企业。例如,小型计算机的使用,确实消灭了活动计算尺的制造业。工艺技术进步是很难预测的,因为某项工艺技术进步经常是在与它不太相关的另一个行业和另一领域里诞生的,而在它突然出现于市场之前,又总是以技术秘密的形式掩盖起来。

3. 经济与市场

个人收入、利率、货币发行量、信贷政策以及一般商业活动等经济因素,对各种商品的需求会产生不同程度的影响。个人收入、货币供应量和商业活动越多,对商品和劳务的需求也会越大;利率与税收则起相反的作用,利率与税收越高,对商品和劳务的需求就会越低。此外,需求非常容易受到经济周期性波动的影响,在通货膨胀的情况下,或在经济衰退期间减少需求之后,通常会出现较高的需求。市场的所在地、结构、状况和行为,在很大程度上可以决定需求的模式。一个企业分享的市场越大,它对需求的预测就会越正确,因为它可以对其竞争者施加影响,以维持和增大需求。对一项产品的需求,可能由于商标、价格、质量或销售地区不同而有所差异。在国内和国外市场之间、南方和北方市场之间,由于顾客的偏好不同,需要使用不同的方式来估计需求。

4. 企业的政策与战略

上述几种因素都是影响需求的外部因素,除这些外部因素外,企业的某些内部政策和战略决策,也会对需求产生影响。诸如价格、广告、分销渠道和手段、市场对象、产品地位或市场份额等有关营销策略,对需求的方式都会产生较大影响。基于同样的原因,诸如质量标准、生产与交货率、技术设计以及信贷政策等方面的生产经营与金融政策,也会对需求产生影响。

(二)对生产过程中物料的控制

这部分内容在下面将有详细的叙述。

(三)物料的采购、存储和分发

由于原材料和外购件的价值占产品成本的份额通常相当大,因此采购活动就显得特别重要。

采购活动的主要目标是:

(1)确定原材料和外购件的供应地区和厂家,对供应地区和厂家进行评价;

(2)同供应厂家建立良好的关系,保证供货质量、交货期和不合格品的退货和替换;

(3)寻求新的原材料和产品以及供应商;

(4)进行市场分析,随时掌握所需物资的价格和可获性等。

第九章 如何进行生产过程中的物料控制

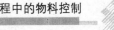

物料存储的基本要求是,摆放科学、数量准确、确保质量不变、消灭差错。

物料的分发,即将生产车间所需的物料及时、迅速、准确地发放出去,是仓库为生产服务的一项重要工作。通常可以采用限额发料方式按生产需要进行物料的发放。

二、生产物料控制需要的基础数据

生产物料控制需要一些基础数据,如客户需求、物料需求、设备需求、劳动力需求、生产周期、库存订货提前期以及成本,需依据这些数据来制订生产计划,以保证生产能满足客户的需求。生产物料控制与生产计划密切相关,生产物料控制需要的基础数据,实际上也就是制订生产计划所需要的基础数据。

生产一旦开始,就需要更多的数据来确保生产的连续性,包括物料可得性的不断更新、劳动力的变化、设备的停工期、产品规格的变化等。

1. 物料需求

根据客户需求完成所安排的生产计划,需要根据总生产进度计划中规定的最终产品的交货日期,规定必须完成各项作业的时间,编制所有较低层次零部件(构成最终产品的装配件、部件、零件)的生产进度计划,对外计划各种零部件的采购时间与数量,对内确定生产部门应进行加工生产的时间和数量,这就是物料需求计划(即在本书第六章中讨论的 MRP)。当作业不能按时完成时,MRP 系统可通过重新计算,对采购和生产进度时间与数量加以调整,使各项作业的优先顺序符合实际情况。

2. 设备需求

在编制生产计划的过程中,要检查设备能力同生产计划任务是否相适应。如果设备能力小于生产计划,说明生产任务可能得不到落实,需要采取措施提高生产能力或修改计划任务;如果设备能力大于生产任务,说明虽然完成生产任务有充分保证,但设备能力会出现未能充分利用的问题。

3. 劳动力需求

劳动力也是生产计划的一个影响因素,现有劳动力数量、劳动力水平与各时期、各车间的生产任务是否相适应,将直接影响生产计划能否按期完成。企业应通过定编定岗,优化劳动组合,使各生产环节劳动力配备齐全且相对稳定。但在生产任务和技术条件发生变化时,劳动力的工种结构、技术等级水平结构等可能会出现不平衡状态。这时,企业可采取改进劳动组织、适当调配人员、压缩工时定额以及提前做好劳动力的技术培训等措施,以满足生产任务和技术条件变化的要求。

4. 物资供应

在生产能力有保证的前提下,物资供应状况是制约生产计划能否实现的一个主要因素。由于产业结构不尽合理,将会导致物资短缺状况时有发生,特别是在经济高速增长时期,物资供应将面临很多问题。因此,企业在编制生产计划时,要充分考虑燃料(煤炭、石油等)、动力(水、电、风、气)、原材料等的供应条件。企业在物资供应方面,要根据市场情况,预测物资供应保证的可能程度。

5. 成本

除上述的考虑因素以外,还必须考虑以下成本因素。

(1)正式人员的人工成本。包括正常工资和正式人员的各种福利待遇。

(2)加班成本。加班工资通常是正常工资的1.5~2倍,但可以不考虑其他福利待遇。

(3)聘用和解聘费用。聘用费用包括招聘广告费用、面试费用、手续费用、新职工培训费用,以及新职工的非熟练引起的生产率下降、质量低下所带来的成本等。解聘费用包括最后面谈费用和解聘津贴。当一个企业因为某些工作任务减少或取消而需裁减相应的熟练人员时,所发生的成本还包括长期培训费用。

(4)库存成本(持有库存所发生的成本)。这是指随库存投资而变化的那些成本,其中包括资金占用成本、各种仓储成本(仓库费用、仓储管理人员费用等)、构成产品的自然和非自然损耗(丢失、被盗、侵蚀等)、保险费用等。

(5)订单积压成本和库存缺货成本。在订单积压的情况下,可能会发生合同延期罚款,还可能因失去顾客而发生潜在机会成本。在某些情况下,订单是不允许被拖延的,如果缺货,将导致顾客到别处购买,而不会等待来货。这时,缺货成本还包括失去的销售利润和失去的信誉等机会损失。

三、生产过程中物料控制方法

对生产物料的控制其重要部分是对生产过程中物料的控制,需要了解生产作业控制以及用甘特图来控制生产过程。

1. 生产作业控制的内容

生产作业控制包括下列内容:

(1)确定每个订单的优先权,即评估每个订单的相对重要性,目的是为了对订单的加工顺序进行排序。

(2)向每个加工中心发出计划表,该计划表通知生产部门管理人员,说明哪个机器设备需要完成哪些订单、订单的优先权以及每个订单的加工作业应该如何完成。

(3)随时更新在制品的加工情况,包括每个订单的位置和零部件的数量。同时还需要跟踪订单在机器设备之间的运动,了解每个加工步骤所需的零部件的号码、废料的数量、需要重新加工的数量和短缺的零部件的数量。所有这些信息必须定期向有关部门报告。

(4)对所有加工中心进行投入——产出控制,即比较到达机器设备作业的计划数量和实际数量,离开机器设备作业的计划数量和实际数量。根据这些信息,使生产部门管理人员能够对机器设备的能力和工作负荷进行管理。

(5)评价加工中心的人工和机器的效率、利用情况和生产率。

生产计划人员进行这些控制工作,并将结果向生产运作管理人员报告。以便当订单可能延迟或机器设备的能力和负荷不相适应时,能够及时采取正确的措施。

2. 甘特图

甘特图是利用作图的方法描述机器设备的作业计划和生产负荷的情况,如图9-3所示。图中表述的是某车间的5台设备每周生产作业计划完成情况。每周的生产作业计划描述了各作业的起始时间、处理时间和完成时间。

计划人员和管理人员从甘特图上可以很容易地了解到机器设备生产作业计划进展和完成情况。例如图9-3中显示观察时间是周三下午,设备3和设备5按时完成计划,而设备1、设备

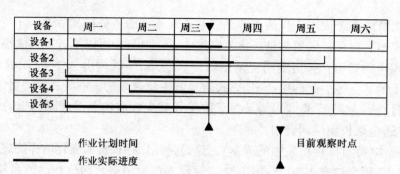

图 9-3 某车间的 5 台设备的甘特图

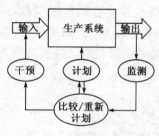

图 9-4 控制活动的示意图

2 提前完成了任务,设备 4 则未完成计划。管理者应该根据这些信息采取行动,对作业计划进行适当调整。

图 9-4 是一个控制活动的示意图。首先,生产管理部门将对一个工作中心(或一台设备)的输出进行监测,并将监测结果与计划比较。如果发现实际运行情况与计划有偏差,管理部门必须重新制订计划。并对该工作中心进行必要的干预,以保证新的计划能够得到认真的落实。但是,与新计划偏离的情况随着时间推移还会出现,新一轮的控制循环也将重新开始。

第四节 物资储备定额与供应计划

一、物资储备定额的形成和种类

1. 物资储备定额的形成

企业生产经营活动所需的物资,是分批进货陆续消耗使用的。因此,企业仓库中应经常保持一定合理的物资储备,称为库存物资。过多的储备会造成物资积压,影响资金周转,而储备量过少,则会造成停工待料。因此,需要在先进合理的原则下确定合理的库存量标准。

2. 物资储备定额的分类

(1)按定额计算单位的不同,可分为相对储备定额和绝对储备定额。

①相对储备定额以储备天数为计算单位,它表明应保有可供多少天使用的物资。利用相对储备定额,可比较不同物资、不同单位的储备水平。

②绝对储备定额是按实物计量单位(如吨、套、台、个、件、立方米等)作为定额单位的。它用于物资计划编制、库存量控制和仓库保管面积的计算等。相对储备定额和绝对储备定额可以互相换算,用平均每日需要量乘以储备天数就得出绝对储备定额。

例如:企业某种物资全年需用 14400 件,相对储备定额为 40 天,求绝对储备定额。

解:绝对储备定额=平均一日需要量×储备天数=14400 件÷360 天×40 天=1600(件)

(2)按定额综合程度的不同,可分为个别储备定额和类别储备定额。

①个别储备定额是按物资的具体规格型号查定的,用以编制明细规格的物资计划,进行具

体物资的库存量管理。

个别储备定额的查定，一般按其构成分别查定经常储备定额和保险储备定额，个别储备定额是这两者之和：

$$个别物资储备定额 = 经常储备定额 + 保险储备定额 \tag{9-1}$$

②类别储备定额是按物资大类品种查定的，由于物资类别的划分是相对的，因而类别储备定额也有综合程度大小的区别。类别储备定额用以编制类别物资计划，确定仓库保管面积和仓库设施，以及类别物资的库存量控制。类别物资包括若干个具体规格物资，类别储备定额是从总体上反映各种具体规格物资自储备状态，反映整个类别物资的平均储备水平。其计算公式为：

$$类别物资储备定额 =（平均供应期天数 \times 调整系数 + 保险储备天数）\times 平均每日需要量 \tag{9-2}$$

式中，平均每日需要量为该类别各个物资平均每日需要量之和；平均供应期天数和保险储备天数是根据各个别储备定额的相应天数，通过加权平均方法求得。

(3)按定额的作用不同，可分为经常储备定额、保险储备和季节储备定额。

此外，除查定实物储备定额外，企业物资部门和财务部门还要查定储备资金定额，用价值单位，规定总体的物资储备水平。储备资金定额对加强内部核算、实施财务监督有重要作用。对某些不便按实物单位查定的，如各类物资储备的汇总，一般就采用储备资金定额来控制。

二、储备定额的制定

1. 经常储备定额

企业的库存物资，总是经常在最大和最小之间变动，从而形成了经常储备。

经常储备定额制定方法有两种：

日期定量法。即先确定物资的供应间隔天数（即物资的储备天数），然后，据以确定物资的经常储备。其计算公式如下：

$$经常储备定额 = 平均每日需要量 \times 经常储备合理天数 \tag{9-3}$$

经济订购批量法。经济订购批量法是指通过计算经济合理的订购批量，从而确定企业存储总费用最低的物资储备定额的方法。它是侧重于从企业本身节约费用的角度来考虑物资储备的一种方法。经济订购批量的具体计算见第五章相关内容。

2. 保险储备定额

保险储备是指当发生到货误期等不正常情况时，为了保证生产正常进行所需要的物资储备。保险储备量主要取决于保险储备天数。其计算公式如下：

$$保险储备量 = 平均每日需要量 \times 保险储备天数 \tag{9-4}$$

3. 季节储备定额

某些物资，由于受自然条件的影响（如有的物资在河道冰冻期受交通运输的影响，农副产品的进料受生产季节的影响等），需要在发生困难的季节之前提早准备好，以保证生产正常需要。季节储备定额计算公式为：

$$季节储备定额 = 平均每日需要量 \times 季节性储备天数 \tag{9-5}$$

第九章　如何进行生产过程中的物料控制

三、物资供应计划

物资供应计划,是企业在计划期内,为保证生产任务的完成,确定各种物资需要量而编制的计划,是企业进行订货采购工作和组织厂内物资供应工作的依据,是促进生产发展,做好物资管理工作的重要手段。

企业编制物资供应计划的主要内容有:确定各种物资的需用量;确定期初库存量和期末储备量;确定物资供应量等。

(1)计算物资需用量。物资需用量是指企业在计划期内为满足生产经营活动的各方面需要而应消耗的物资数量,它不仅包括基本生产的需要,也包括辅助生产、新产品试制、技术革新以及其他各种需要。物资需用量的确定,是按照每一类物资、每一种具体规格分别计算的。

(2)计算期初库存量和期末储备量。计划期初库存量和期末储备量由于生产任务和供应条件变化而往往不相等,因而尽管物资需用量不变,但供应的物资数量却要发生相应的增减。当计划期初库存量大于计划期末储备量时,供应的物资数量就可减少,反之,则要增加物资供应量。

(3)确定物资采购量。工业企业的物资计划采购量的计算公式为:

物资采购量 = 物资的需用量 + 期末储备量 − 期初库存量 − 企业内部可利用的资源

企业内部可利用的资源是指企业进行改制、回收、代用和修旧利废的物资数量,这是一部分不可忽视的资源。

(4)物资供应计划的组织实施。

物资供应计划的编制是计划工作的重要组成部分,是生产计划得以实现的物资保证。企业为了实现物资供应计划的各项内容,就必须认真组织订货和采购工作,落实各类物资的来源和供应渠道。

第五节　物资消耗定额与限额发料

限额发料(供料),可以说是从供应角度对生产物料进行控制,包括消耗定额的基本概念、限额发料等内容。

一、物资消耗定额

物资消耗定额是指在一定的时期内和在一定的生产技术组织条件下,为制造单位产品或完成某项任务所必须消耗的物资数量的标准。

物资消耗定额的制定和管理,是企业物资管理的一项基础工作。物资消耗定额,不仅是决定物资需要量的依据,而且是计算产品成本的依据。具体表现在以下几方面:

(1)物资消耗定额是企业编制物资供应计划和计算物资需要量的重要依据。

(2)物资消耗定额是企业进行物资供应计划、用料管理、定额供料,考核材料消耗指标和加强经济核算,确定产品计划成本等工作的重要基础。

(3)物资消耗定额是监督和促进企业内部开展增产节约的有力工具。

(4)物资消耗定额是提高企业生产技术水平和经营管理水平的重要手段。

二、物资消耗定额的制定

(一)材料消耗的构成

对于机械制造行业来说,物资的消耗主要是材料的消耗。材料消耗的构成包括以下三部分:

(1)产品或零件的净重。构成产品或零件净重的材料消耗,这是材料的有效消耗部分。

(2)工艺性消耗。指产品或零件在加工过程中因为加工所必须产生的消耗,如边角余料、切屑等。

(3)非工艺性消耗。包括由于供应条件的限制所造成的消耗和其他不正常的消耗。

(二)物资消耗定额的制定

物资消耗定额应该先进合理,先进合理的消耗定额是在保证产品质量的前提下,大多数职工经过努力可以达到的消耗定额。

物资消耗定额可以分为工艺定额和供应定额。工艺定额包括产品或零件的净重和工艺性损耗,工艺定额通常由工艺部门制定。供应定额是在工艺定额的基础上,加上一定比例的非工艺损耗构成,供应定额通常由供应部门制定。供应定额一般由工艺定额乘上一个比例系数来确定,比例系数同该种物资的供应条件有关,也和企业的管理水平有关。系数的确定一般是根据经验和当时的供应条件。工艺定额是物资消耗定额的基础,供应定额是核算材料需要量的依据。非工艺损耗应该尽量减少,但在一定的供应条件和管理水平下还是难以避免。

1. 制定物资消耗定额的基本方法

(1)技术计算法。对于机械加工企业,由设计人员按产品零件的形状、尺寸和材质计算出零件的净重。然后,由定额员按工艺文件确定工艺损耗部分,得出工艺定额。这种方法比较准确,但工作量大。对于产量较高或材料贵重的产品,通常采用这种方法。

(2)统计分析法。按以往同类产品物资消耗的统计资料,考虑到当前产品的特点和技术条件的变化,经过类比来制定物资消耗定额。这种方法较第一种方法简单,计算工作量不大,但容易重复过去的错误,准确性、可靠性差。在产品设计还未完成时,常常需要申报材料需要量,这时可以用这种方法作粗略估计。

(3)经验估计法。根据技术人员和工人的经验,经过分析来确定物资消耗定额。这种方法简便易行,但准确性差。经验估计法计算式为:

$$M = \frac{a + 4c + b}{6} \tag{9-6}$$

式中:a——乐观估计值;

b——保守估计值;

c——最可能估计值。

不同行业产品对象和工艺方法差别很大,制定物资消耗定额的方法也就不同。不仅如此,主要材料和辅助材料消耗定额制定的方法也不同。

2. 主要原材料(产品或零件)的消耗定额的制定

(1)主要原材料消耗构成。主要由基本消耗、工艺性损耗、非工艺性损耗三部分构成。

基本消耗是构成产品或零件的实体部分,即净重;工艺性损耗是加工过程中因工艺要求而损耗的,例如切削过程中产生的切屑,锻造过程中产生的飞边、氧化皮等;非工艺性损耗包括由于废品而产生的损耗,由于运输、保管、不合规格而产生的损耗。从理论上说,原材料消耗定额应该是材料工艺消耗定额。对非工艺性损耗,由于它不是生产过程中所必需的材料消耗,因而不应计入材料消耗定额之中,否则将影响定额对生产管理的促进作用,造成物资浪费。为确保供应,有必要在材料工艺消耗定额的基础上,按一定比例将非工艺性损耗计入材料供应定额。

(2)制定。

①工艺消耗定额 = 产品净重 + 工艺性损耗。

工艺消耗定额是发料和进行核算的依据。

②物资供应定额=工艺消耗定额×(1 + 物资供应系数)。

物资供应定额是计算物资总需要量和采购的依据。

3. 辅助材料消耗定额的制定

辅助材料,一般具有品种多、用途广的特点,在制定消耗定额时一般采用间接法。如按单位产品确定、按工作量确定、按设备开动时间确定、按工种确定、按与主要原材料消耗定额的比例确定。

4. 燃料消耗定额的确定

燃料按用途可分为工艺用燃料、动力用燃料和取暖用燃料,用途不同,燃料消耗的规律也不相同,因此,在制定燃料消耗定额时,须按不同用途确定。

5. 工具消耗定额

按工具的耐用期限和使用时间确定。

三、物资需要量的确定

确定物资需要量的方法,有直接计算法和间接计算法两种。

(1)直接计算法。又称定额计算法,用于生产计划规定的产量乘以某物资的消耗定额,便得到该种物资的需要量。

在计算时,先应将产品按 BOM 表分解为各个零件和物料,然后再分别计算各零件和物料的需求量。

计算公式为:

$$\text{某零件需求量} = \text{生产计划规定的产量} \times \text{该零件物资消耗定额} \tag{9-7}$$

这种方法比较准确,应尽可能采用。但是,在编制物资采购计划时,企业的生产任务往往还没有最后确定,就不能用直接计算法。

(2)间接计算法。又称比例计算法,是按一定的比例来估算某种物资的需要量。比如,每千元销售额的材料消耗量。

四、限额发料的作用与依据

限额发料制是一种科学的物资发放制度。这种发料制能及时掌握物资的库存情况和车间的用料情况,加强了计划性,既有利于生产,又降低了消耗,节约了物资。

(一)限额发料的含义和作用

限额发料(或称限额供料)是指按材料消耗工艺定额、生产计划资料以及企业生产过程中发生的消耗反馈数据组织供料。它的积极意义不仅仅是保障供给,更重要的是通过对物资投入量的控制实现供给的计划标准和效益标准。限额发料是企业物资供应管理的一个重要环节,是验证物资消耗定额是否先进合理的具体手段,是物资供应部门管供、管用、管节约的重要措施,其主要作用有如下几方面:

(1)有助于进行经济核算,促进用料单位精打细算,合理使用材料,降低消耗,减少浪费,节约物资;同时,能够克服用料无计划、管供不管用的偏向。

(2)有助于建立健全供料核算的原始记录,借以监督与控制合理用料及非工艺性材料消耗,提高材料利用率,并为及时正确地编制物资供应计划和编报物资统计报表提供科学依据。

(3)有助于及时掌握物资的库存情况、生产车间甩料情况和在制品情况,有效地做好生产前物资保障的准备工作,以利于及时满足生产的需要。

(4)实行限额发料,通过开展备(下)料核算,可以验证物资消耗定额的先进性、合理性和准确性,及时反映物资消耗定额制定上存在的问题,加强物资消耗定额的管理,促进生产工艺的改进和操作技术的提高。

(二)实行限额发料应具备的条件和限额发料的依据

1. 实行限额发料应具备的条件

限额发料制度的推行,与企业各项管理工作有着广泛而密切的联系。一般来讲,为了使限额发料不流于形式,实行限额发料应具备如下条件:

(1)具有先进、合理和齐全的物资消耗定额。因为物资消耗定额是限额发料核算供应量的单位产品原材料消耗标准,物资消耗定额的先进、合理和定额资料的齐全是实行限额发料制度的关键。因此要求在限额发料中不断对物资消耗定额进行考核和修改,使之达到先进、合理、齐全。

(2)实行集中下料。实行集中下料虽然不是实施限额发料的必不可少的条件,但结合集中下料能更有效地进行限额发料。集中下料有利于采用切实有效的毛坯发料方式进行限额发料,有利于开展下料核算,有利于开展科学套裁,有利于增产节约,促进文明生产。对企业的物资供应部门来讲,集中下料是一条通过管理手段改善物资使用效果的重要途径。

(3)建立必要的管理制度。必要的管理制度是实行限额发料的前提,是保证限额发料有效进行的关键。主要应建立相应的岗位责任制度、在制品管理制度、废品管理制度、材料代用审批制度、确定残料标准及残余料保管制度等。

2. 限额发料的主要依据

(1)材料消耗工艺定额资料。材料消耗工艺定额要先进、合理,资料要齐全、完整。开展限额发料对机械加工件来讲,主要的定额数据有净重、毛重、定额量、材料利用率以及其他有关的技术工艺标准;对钣金件来讲,主要的定额数据有毛坯尺寸、材料定额、材料利用率等;对铸造生产来讲,主要的定额数据有铸件毛重、可回收率、不可回收率、配料比等;对辅助材料来讲,主要是实物数量或相应折算的资金限额数量。

(2)生产计划资料。与限额发料直接相关的生产计划资料包括:综合生产计划和生产作业计划;生产部门制定前各种合理的期量标准,如生产批量、生产间隔期、生产周期、在制品定额以及投料系数(或称废品系数)。

(3)实际生产消耗资料。这主要包括产品完工动态表、在制品实际占有数量报表、废品报表、下料核算所取得的材料消耗分析报表、其他消耗报表等。

五、限额发料的组织方式

限额发料的范围很广,从物资的使用方向上看,不论是直接生产用料,还是间接生产用料;从物资的使用性质上看,不论是主要材料,还是辅助材料;从物资的自然属性上看,不论是金属,还是非金属,它们都不仅必要,而且也可能实现限额供料。

由于企业生产类型、生产消耗特点以及企业内部供应管理的组织机构形式不相一致,限额发料可以根据不同的情况,采用不同的组织方式。制造企业常用的限额发料组织方式可分为如下几类:

1. 毛坯发料方式

即根据投料计划直接向生产车间供应毛坯。这种限额发料的方式适合于企业物资供应部门一级管理的组织形式。采用这种方式必须具备的条件有两个:一是生产工序上有下料要求;二是企业物资供应部门有下料的手段。这种方式的好处是能够直接控制投入量,有利于掌握消耗情况和提高原材料利用率。

2. 定额拨料方式

虽然,有的企业在物资供应管理上是采用一级管理的组织形式,但是,由于不具备相应的条件,故而,也采用定额拨料的方式。

定额拨料就是根据消耗定额资料和生产作业计划资料、实际消耗资料核定材料拨给量,由生产用料单位办理相应的领料手续,将所需材料直接拨到车间使用。

六、材料领用程序

(1)生产车间根据生产计划和消耗定额,开出领料单(领料单一式四联),存根一联、车间一联、仓库一联、材料会计一联;

(2)供应主管根据生产计划和材料消耗定额在领料单备注栏审核签字;

(3)车间凭审签后的领料单领料;

(4)材料会计月末凭单据汇总审核。

七、限额发料执行情况的对比分析

原材料的使用是否合理、节约,有无问题,需对限额发料执行情况进行检查与对比分析才能发现,从而才能制订对策并加以改进,真正做到节约用料。

限额发料执行效果如何,超消耗或降低消耗的原因何在,主要是通过对单位产品原材料实际消耗量(即实际单耗)与原材料消耗工艺定额理论单耗的对比分析来得到,及时将信息反馈到有关职能部门,便于采取改进措施,使原材料消耗工艺定额始终保持先进、合理、准确的水平。当实际单耗与定额不符时可作如下分析:

1. 实际单耗大于定额时的原因分析

实际单耗大于定额时,如果制定的定额是准确的,就应从非工艺性损耗方面查找原因。可能的原因如下:

(1)生产过程中的各种试验加大了材料的消耗;

(2)供应条件不良增加了材料的损耗;

(3)生产过程中废品量增大增加了材料消耗。

2. 实际单耗小于定额时的原因分析。

实际单耗小于定额,一般有两种可能:一是材料定额偏大;二是在生产中有节约。定额偏大要及时进行修改,以加强管理,杜绝浪费。

若原定额是准确的,那就是由于采用某种能够节约物资的措施(采用新工艺、新技术,设计变动,管理水平提高等)而节约了原材料。为了巩固节约成果,要及时修改物资消耗定额,按新的消耗定额核算限额量,进行限额发料。

附录 某企业物资消耗定额管理制度

第一章 总 则

1. 物资消耗定额是国民经济计划中的一个重要技术经济指标,是正确确定物资需要量,编制物资供应计划的重要依据。是产品成本核算和经济核算的基础。实行限额供料是有计划地合理利用和节约原材料的有效手段。

2. 物资消耗定额应在保证产品质量的前提下,根据本厂生产的具体条件,结合产品结构和工艺要求,以理论计算和技术测定为主,以经验估计和统计分析为辅来制定最经济最合理的消耗定额。

第二章 物资消耗定额的内容

3. 物资消耗定额分工艺消耗定额和非工艺定额两部分。

工艺消耗定额:

主要原材料消耗定额——构成产品实体的材料消耗,如六角钢、氧化铝等。

工艺性辅助材料消耗——工艺需要耗用而又未构成产品实体的材料,如石蜡、功州土等。

非工艺消耗定额:

指废品消耗、材料代用损耗、设备调整中的损耗等。但不包括途耗、磅差、库耗等(此部分作仓库盘盈盘亏处理)。

第三章 物资消耗定额的制定和修改

4. 材料工艺消耗定额由工艺科负责制定,经供应科、车间会签,总工程师批准,由有关部门贯彻执行。非工艺消耗定额根据质量指标,由供应科参照实际情况制定供应定额。

5. 工艺消耗定额必须在保证产品质量的前提下本着节约的原则制定。

6. 物资消耗定额一般一年修改一次。由供应科提供实际消耗资料,工艺部门修订工艺消耗定额。由于管理不善而超耗者,不得提高定额。

7. 凡属下列情况之一者,应及时修改定额。

产品结构设计的变更;

加工工艺方式的变更,影响到消耗定额;

定额计算或编写中的错误和遗漏。

第四章 限额供料

8. 限额供料是执行消耗定额、验证定额和测定非工艺消耗量的重要手段,是分析定额差异和提出改进措施的依据。

9. 限额供料范围:

产品用料,包括本厂自制件和外协加工件;

大宗的辅料和能源。

10. 限额供料的依据:

工艺科提供的产品单件材料工艺消耗定额;

生产调度科和车间提供的月度生产作业计;

半成品库提供的半成品盘存表;

车间提供的在制品、生产余料盘存表和技术经济指标月报表。

思考与练习题

某机械制造公司计划 2013 年第四季度生产甲产品 600 台,根据工艺部门提供的资料,已知构成甲产品(零件)耗用各材料的净重及单位产品所必需的工艺损耗情况(表 9-7)。另据生产供应部门的统计报告,已知 2013 年前 3 季度制造单位甲产品各有关材料非工艺损耗情况(表 9-8)与 2013 年第三季度末甲产品所需材料库存情况(表 9-9),为保证 2014 年持续安全生产,公司物料仓储部门也计划甲产品所用各材料在年末保持适当的期末库存(表 9-10)。

单位甲产品(零件)耗用各材料的净重及单位产品所必需的工艺损耗　　表 9-7

物料种类	构成产品净重(kg/台)	加工切削损耗(kg/台)
大型钢	300	3
中型钢	200	3
小型钢	100	2
中厚板	700	5
优质钢	200	1
无缝钢	100	2

单位甲产品(零件)2013年1~3季度各有关材料非工艺损耗情况统计　　　　表 9-8

物 料 种 类	非工艺损耗(kg/台)
大型钢	0.5
中型钢	8
小型钢	1.5
中厚板	2
优质钢	2.5
无缝钢	5

2013年第三季度末甲产品所需材料现有库存情况　　　　表 9-9

物 料 种 类	数量(kg)
大型钢	2000
中型钢	3000
小型钢	1000
中厚板	2000
优质钢	2500
无缝钢	2000

甲产品所用各材料年末计划库存　　　　表 9-10

物 料 种 类	数量(kg)
大型钢	1000
中型钢	2000
小型钢	2000
中厚板	1000
优质钢	1500
无缝钢	1000

试计算：

(1)甲产品的所需物料工艺消耗定额；

(2)甲产品的所需物料供应系数；

(3)甲产品的所需物料供应定额；

(4)第四季度甲产品各物料的需要量；

(5)第四季度甲产品各物料的计划采购量；

(6)若无缝钢的每次订货费用为 300 元，单位保管费用为 0.03 元/(kg·月)，公司采购部门第四季度应采购多大的进货批量最经济？

实训项目：

以小组为单位，深入某一生产现场，了解某一物料的生产消耗规律，制定出该物料的消耗定额。

第十章 如何实施采购控制技术

引例

　　A公司是一家极具市场竞争力的企业,经过两年的迅速发展,已在该产品领域拥有极高的市场影响力,并拥有多家供应源,两年来他们之间合作都非常好。B公司是A公司供应商中非常重要的一家供应商,且产品和服务质量非常优异。B公司提出,如果A公司只从B公司采购其所需要的原材料,B公司愿意在现有的价格基础上降价20%,并委派专门的客服经理负责处理双方供应的事宜。A公司认为,通过双方两年多的合作,证明B公司是优秀的供应商,降价20%极具吸引力,于是便答应了B公司的要求,与B公司签订了所有原材料均从B公司采购为期一年的合作协议,并取消了同其他供应商的合作。合作第一年非常成功,B公司面对原材料不断涨价的情况下仍坚持履行双方之间的协议(尽管协议上有相关价格调整的条款),A公司也因为原材料价格的降低和B公司的优质的供应服务,大大降低了成本,获得了非常可观的收益,公司的市场占有率进一步提高。一年结束后,A公司主动要求继续与B公司签订长期的合作协议,进一步强化与B公司的合作,并不断扩大企业的生产规模,着手企业上市的相关事宜。正当企业蒸蒸日上的高速发展时,B公司在A公司接到一个大的订单时提出原材料涨价的要求,这让A公司措手不及,A公司一时陷入资金链断裂的困境。此时B公司提出以入股的方式向A公司注资,如果A公司不答应,就将面临破产的境地,如果答应,也将面临着被B公司控股的局面……

　　此案例告诉我们,采购风险控制十分重要,直接危及着企业的存亡。学习本章内容,可以帮助我们(但不仅仅局限于)在以下知识和技能方面得以提高:

◆识别采购风险;

◆了解采购制度的内容；
◆掌握交货期管理、进货管理和采购控制与监督等知识；
◆能合理运用控制方法和手段对采购风险进行控制。

第一节 采购风险控制

一、采购风险

采购风险，通常是指采购过程可能出现的一些意外情况，包括人为风险、经济风险和自然和社会风险。具体主要表现在以下几个方面：

（1）供应商合作风险：供应商群体产能下降导致供应不及时；供应商之间存在不诚实甚至违法行为。

（2）经济合同风险：企业在履行经济合同过程中，对方违反合同规定或遇到不可抗力影响，造成本企业的经济损失。

（3）技术进步风险：由于技术进步、产品设计的改变等原因，因只有极少数供应商造成对供应商依赖过大；原有采购物料积压，呆滞物料增加。

（4）采购质量风险：采购货物不符合订单要求；采购时间不能跟需求时间很好地衔接导致停工待料等。

（5）汇率风险：企业在经营进出口及其他对外经济活动时，因本国与外国汇率变动，使企业在兑换过程中遭受的损失。

（6）采购职业行为风险：采购人员行贿受贿、贪污腐败、以谋私利，以致损害采购企业或国家的经济利益。

（7）自然和社会风险：出现自然灾害、战争、政治动荡、罢工等因素导致采购物料无法正常获得。

这些情况都会影响采购预期目标的实现。针对这些风险，我们需要采取一定措施予以规避来减少损失。

二、规避采购风险的手段

任何事物都有风险，采购风险归根结底，也是可以通过一定手段和有效措施加以防范和规避的。主要的手段有：

（1）做好年度采购预算及策略规划。由于采购预算是基于物料成本及销售预测等数据推算出来的，以接单式生产为主的公司应注意一些关键器件能否在要求的时间发货，适当运用MRPⅡ系统以及现货结合的方法以减少风险。

（2）慎重选择供应商，重视供应商的筛选和评级。在项目开发前，充分与所有原材料供应商沟通，使供应商清楚配合的方向及要求。

（3）严格审查订货合同，尽量完善合同条款。关键是合同契约是否合法，对于有外包情况时，为保证合同的履行，应充分考察接包公司的资质。

（4）拓宽信息渠道，保持信息流畅顺。充分利用专业化的信息网站，有助于采购人员更方便、更准确地获取信息，为评判供应商和产品提供依据。同时公司对重要的供应商可派遣专职驻厂员，或经常对供应商进行质量检查。

（5）完善风险控制体系，充分运用供应链管理优化供应和需求。采购应减少对个别供应商大户的过分依赖，可采用备选方案及备选供应商，以分散采购风险。

（6）加强过程跟踪和控制，发现问题及时采取措施处理，以降低采购风险。可以将采购部门划分为货源开发（Sourcing）小组与采购（Buyer）小组。Sourcing 主要负责成本控制、风险防范、产品质量与供货商综合能力评估（包括供货商的物流状况、售后服务、公司财力、整体管理能力等）；Buyer 根据 Sourcing 提供的信息，结合公司的生产状况与需求量进行购买与跟踪订单。

三、降低采购风险的关键

企业要降低质量、交期、价格、售后服务、财务等方面的采购风险，最关键的是，与供应商建立并保持良好的合作关系。建立良好的合作关系需注意做好以下几个阶段的工作：

（1）供应商的初步考察阶段：在选择供应商时，应对供应商的品牌、信誉、规模、销售业绩、研发等进行详细调查，可以派人到对方公司进行现场了解，以做出整体评估。必要时需成立一个由采购、质管、技术部门组成的供应商评选小组，对供应商的质量水平、交货能力、价格水平、技术能力、服务等进行评选。在初步判断有必要进行开发后，建议将自己公司的情况告知供应商。

（2）产品认证及商务阶段：加强对所需的产品质量、产量、用户情况、价格、付款期、售后服务等进行逐一测试或交流。

（3）小批量认证阶段：加强对供应商的产品进行小批量的生产、交期方面的论证。

（4）大批量采购阶段：根据合作情况，对合作优秀的供应商逐步加大采购力度。

（5）对供应商进行年度评价：对合作很好的供应商，邀请他们到公司交流明年的工作打算。

第二节　交货期管理

一、延迟交货的原因

以制造业而言，物料采购的交货控制至为重要，因交货期太早，必会增加仓租管理费用及损耗，积压资金而负担利息。交货期迟误，会造成停工待料，机器及工人闲置，更会影响企业信誉或受合约限制，导致逾期罚款或赔偿损失。总之，交货迟延一旦发生，后续的一连串计划（生产计划、出货、输送、销售计划等）即会发生异常，而影响到公司内外的各种事务，甚至造成顾客抱怨；进而使生产成本增加、制程混乱、不断地丧失应得的利润。不能如期交货有买卖两方面的原因：

1. 供应商方面的原因

（1）制造能力不足。由于供应商存在担心部分订单被取消的心理，故其在接受订单时常会超过其生产设备的能量，而一旦顾客的订单未如预期取消，就造成产能不足以应付交货数量的情形。另外，供应商对顾客的需求状况及验收标准未详加分析，接受订单后才发现根本无法制造出合乎要求的产品。

（2）转包不善。供应商由于设备、技术、人力、成本等因素限制，可能将部分制造工作转包他人。由于承包商未能善尽职责，致产品无法组装完成，延误了交货的时间。

（3）缺乏责任感。有些供应商争取订单时，态度相当积极，可是一旦得到订单后，对如期交货缺乏应有的责任感，导致延期交货。

（4）制造过程或品质不良。有些厂商因为制造过程设计不良，以致产出率偏低或最终产品的合格率偏低，必须花费许多时间对不合格的制品加以改造，从而无法满足交货的数量和时间要求。

（5）材料欠缺。供应商也会因为物料管理不当或其他因素造成材料欠缺，以致浪费了制造时间，延误了交货日期。

（6）报价错误。若供应商因报价错误或承包的价格太低，以致尚未生产即已预知面临亏损或利润极其微薄，因此交货的意愿低落，或将其产能转移至其他获利较高的订单上，产生迟延交货状况。

2. 买方造成供应商延迟交货的原因

（1）购运时间不足。由于请购单位提出请购需求的时间小于供应商要求的正常前置期，使供应商措手不及；或由于采购单位在询价、议价、订购的过程中，花费太多时间，当供应商接到订单时，距离交货的日期已不足以让他有足够的购料、制造及装运的时间。

（2）规格临时变更。若因规格变更，供应商需另行订制或更换新的材料，也会导致迟延交货。

（3）生产计划不正确。由于买方产品销售预测不正确，导致列入生产计划者已缺乏需求，未列入生产计划者或生产日程排列在后期者，市场需求反而相当迫切，因此紧急变更生产计划，让供应商一时之间无法充分配合，产生供料迟延情形。

（4）紧急订购。由于人为或天然的因素而需向供应商提出紧急订购，但供应商可能没有多余的产能来吸收临时追加的订单，导致延迟交货。

（5）选错订购对象。买方可能因为贪图低价，选择没有制造能力或材料来源困难的供应商，加上此供应商没有如期交货的责任心，导致延迟交货或无法交货。

（6）催货不积极。在市场出现供不应求时，买方以为已经下了订单就万事大吉。而供应商可能谁催得紧逼得凶，或是谁价格出得高，材料就往那送。因此催货不积极的买主，自然就得不到货。

（7）未能及时供应材料或模具。有些物品是委托其他厂商加工，因此，买方必须供应足够的装配材料，或充填用的模具。但买方因采购不及，以致承包的厂商无法进行工作导致延迟交货。

（8）技术指导不周。外包的物品或工程，有时需要由买方提供制作的技术，买方因指导未尽周全，影响到供应商交货或完工的期限。

(9)低价订购。由于订购价格偏低,供应商缺乏交货意愿,甚至借迟延交货来要挟买方追加价格,甚至取消订单。

3. 其他因素

(1)供需单位缺乏协调配合。企业有关部门如生产或需求单位的使用计划与采购单位的采购计划未尽配合,生产或使用单位的日程计算过于保守,未设定正常延误时间,采购计划未考虑市场变动等影响交货的因素,致造成实际交货时间与计划交货时间不符,形成交期延误。

(2)采购方法运用欠妥。招标方式采购虽然较为公平及公正,但对供应商的承接能力及信用等,均难以事先作彻底了解,得标之后,也许无法进料生产,也许无法自行生产而予以转包,甚至以利润厚薄来安排优先顺序,故意延误。

(3)偶发因素。偶发因素多属事先无法预料或不可抗力因素,如战争、罢工或停工、自然灾害以及经济、政治和社会等因素,均可能随时发生使所需物料受到阻断而导致延迟交货。

二、交货管理的规划

采购人员要有效控制交期必须要做好交货管理之事前规划、事中执行与事后考核。首先,应树立"预防重于治疗"的观念,买方应事前慎选有交货意愿及责任感的供应商,并规划合理的购运时间;买方在订购或发包后,应主动跟踪供应商备料及生产速度,发现问题,及时跟供应商协商解决;一旦卖方发生交货迟延,若非短期内可以改善或解决,应立即寻求同业支持或其他来源;对表现优越的供应商,可签订长期合约或建立事业伙伴关系。其作业要点如表 10-1 所示。

交货管理作业要点　　　　　　　　　　　　表 10-1

事 前 规 划	事 中 执 行	事 后 考 核
(1)确定交货日数及数量; (2)了解供应商生产设备利用率; (3)准备替代来源表或交货日程表; (4)给予供应商合理的交货时间; (5)了解供应商物管及生管能力; (6)卖方提供生产计划	(1)了解供应商备料情形; (2)买方提供必要的材料、模具或技术支持; (3)买方尽量减少规格变更; (4)了解供应商的生产效率; (5)买方加强交货前的稽催工作; (6)交期及数量变更的通知	(1)对交货迟延的原因分析; (2)检讨是否必须订立长期合约; (3)执行供应商的奖惩办法; (4)完成交易后剩料、模具、图案等的回收; (5)选择优良供应商签订单(更换供应商)

三、交期管理的考核

交期考核主要通过以下常见绩效指标来进行:

1. 交货延迟率

$$交货延迟率(\%) = \frac{每月延迟批总数}{每月交货总批数} \times 100\% \quad (10\text{-}1)$$

该指标是个逆指标,交货延迟率越大,说明按期交货能力越差;按批来进行评价有其不合理之处,如一批货只有几个订购物品按期交货和只有几个物品未能按期交货对企业的影响是不同的。但按此指标进行考核时却不能加以区分。

2. 迟延件数率

$$迟延件数率(\%) = \frac{每月交期迟延件数}{每月订单件数} \times 100\% \quad (10\text{-}2)$$

此指标考虑了延迟交货的件数的影响,但却没有考虑延迟天数长短的情况。

3. 延迟天数率

$$延迟天数率(\%) = \frac{自订单日起至实际交货日止的天数}{自订购日起至契约交期止的天数} \times 100\% \qquad (10-3)$$

在JIT交货的模式下,供应商的绩效指标还需包括"每天的交货次数"。

第三节　采购进货管理

进货作业包括把货品做实体上的接收,从货车上将其货物卸下,并核对该货品的数量及状态(数量检查、品质检查、开箱等),然后将必要资讯给予书面化等。一般进货主要作业流程与内容如图10-1所示。

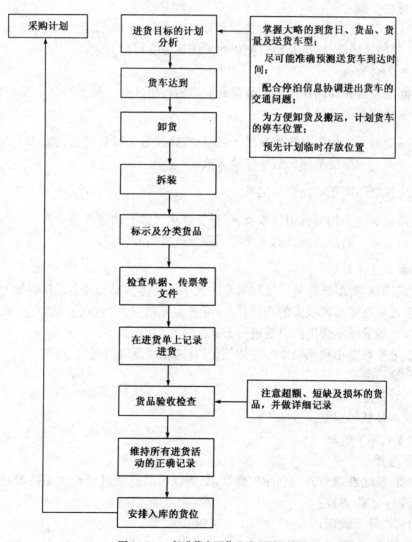

图10-1　一般进货主要作业流程图

一、进货的目标

根据公司的经营定位,一般应坚持"以销定进,择优采购,保证效益"的进货目标。

以销定进:销售决定购进,但不能机械的销什么就进什么,销多少就进多少。要预测市场的变化,做到进销适当,既不积压也不脱销。

择优采购:采购前要进行市场调查,货比三家,掌握各方面信息,以选择物品,保持合理库存。

保证效益:商品的购进,既要考虑商品资金、商品价格,又要考虑用支付;既要考虑资金占有,又要考虑商品库存时间等,以保证提高经济效益。

二、进货业务控制

1. 资金使用控制

为减少风险,在洽谈合同时,一般是以尽量延长付款时间,采用 30 天、45 天或 60 天结等方式;必须购买的紧销商品,且有绝对把握才采用现金支付的方式。

2. 进货时间的控制

进货时间应控制在商品存量等于最低商品定额存量之时。最低商品定额是商品脱销的警戒线。其计算公式为:

最低商品定额＝平均每日销售数量×(进货在途天数＋销售准备天数＋
商品陈列天数＋保险天数)　　　　　　　　　　　　(10-4)

同时也应控制不高于最高商品定额。

最高商品定额＝平均每日销售数量×(进货在途天数＋销售准备天数＋
商品陈列天数＋保险天数＋进货间隔天数)　　　　　(10-5)

3. 进货方式选择原则

进货方式选择,要根据进货难度和风险的大小的具体情况选择合适的进货方式。

(1)对于进货难度和风险大的进货任务,首选委托第三方物流公司进货方式,其次选供应商送货方式,一般最好不选用户自提进货方式。

(2)对于进货难度小和风险小的进货任务,首选供应商送货进货方式。

(3)安全第一原则。

(4)成本效益统一原则。

(5)总成本最低的原则。

4. 进货方式环节管理

(1)自提进货

自提进货,就是在供应商的仓库里交货,交货以后的进货过程全由采购者独家负责管理。次环节包括如下工作内容:

①货物清点环节管理;

②包装、装卸、搬运上车管理;

③运输环节管理；
④中转环节的管理；
⑤验收入库环节的管理。

(2)供应商送货

供应商送货对采购商来说，是一种最简单轻松的采购进货管理方式。它基本上省去了整个进货管理环节，把整个进货管理的任务以及进货途中的风险都转移给了供应商。只剩下一个入库验收环节。而入库验收也主要是供应商和保管员之间的交接，进货员最多只提供一个简单的协助而已。

(3)委托和外包进货

委托外包，就是把进货管理的任务和进货途中的风险都转移给第三方物流公司。这时供应商和采购商都得到了解脱。因此这对采购商、供应商来说都是一种最好最轻松的进货方式。对第三方物流公司来说，也是一种最理想的进货方式。因为它有利于发挥第三方物流公司的自主处理、联合处理和系统化处理，提高了物流运作效率、降低了物流运作成本。

这种进货方式的管理主要要抓好二次三方的交接管理和合同签订管理控制工作。第一次交接是供应商和第三方物流公司的交接，第二次交接是第三方物流公司与采购商保管员之间的交接。交接工作主要是货物的清点检验，要保证货物数量质量无误。合同签订主要包括三方相互之间的合同，要分清权利、义务和责任。合同条款要详细、清楚，凭合同来规范、控制各方的行为。

交接过程，要检查各方履行合同的程度，根据合同来处理有关的事情或纠纷。

第四节　采购控制与监督

一、采购控制的基础工作

要搞好采购控制，首先要创造一个良好的采购控制基础条件，为以后的采购活动控制创造一个好的环境和条件。这些良好的基础条件，包括几个方面：

①采购人员的素质基础；
②健全的采购管理规章制度；
③对于采购市场行情的透彻掌握。

(一)采购人员基本素质要求

(1)采购人员不仅要懂产品的自身特性、生产过程、生产成本、采购渠道、运输保管特性、市场生产供应能力、市场价格行情、交易规则等，还要懂该产品在本企业的用途、用量、使用特性等。

(2)采购人员应具有正义感，品行正派，不贪图私利。

(3)采购人员应热爱企业、热爱集体，有敬业精神，能够抵制和反抗一些损害企业利益的违法行为。

(4)采购人员应当思维敏捷、口齿伶俐，表达能力强，注意外表形象。

(二)加强素质培训

(1)业务知识教育、业务知识竞赛等。

(2)职业道德教育,政治学习等。

(3)经常开业务总结会,表彰好人好事,抓住典型事例、典型人物进行分析,开展培养职业道德、向优秀人物学习的活动。批评不良行为,在企业管理中树正气、压邪气。

(4)不定期地开一些辩论会、演讲会等,让员工发表观点、增长知识、培养口才,树立正气等。

(三)适当提高采购人员的工资待遇

在企业中,采购人员的工作十分重要。采购工作做得好,就可以大幅度降低企业的生产成本,创造较大的经济效益。所以,根据多劳多得的原则,可以适当提高他们的工资待遇,培养他们的职业荣誉感,珍惜自己的工作岗位,调动他们的积极性。提高工资待遇,应根据个人的业绩情况区别对待,使真正有才干、有贡献的人具有较高的工资待遇,消除他们的后顾之忧,从而激励他们在工作中不为金钱利诱而丧失原则立场。

(四)建立采购控制制度

为做好采购控制工作,应当建立起一套完整的采购控制制度。这些制度包括:

1.建立采购预计划制度

预计划的过程实际上体现出采购员了解市场制订采购决策的思路过程,既体现采购员选择供应商、选择产品价格等的思想依据。要填好这个预计划表,采购员必须事先要对市场行情、供应商的情况有所调查了解掌握,促使采购员平常提高业务水平和业务能力。

做预计划的关键是要设计好采购预计划表。设计预计划表的原则,就是要简明扼要。但是项目内容一定要到位,重点是考察采购员的采购决策思路和计划进度。表10-2为采购预计划表示例。

采购预计划表　　　　　　　　　　　　　　表10-2

任　务　号:	品名:	规格:	数量:	使用单位:
	特别说明:			
供应商选择	单位名:			
	选择理由	☐ 产品质量好 ☐ 质量符合要求、价格最低 ☐ 最近 ☐ 老关系 ☐ 其他		
价格预计	选择理由	☐ 价格最低 ☐ 产品质量好 ☐ 老关系	市场最低价格:	

续上表

任　务　号：	品名：	规格：	数量：	使用单位：
	特别说明：			
进货方式选择	☐ 火车 ☐ 汽车 ☐ 自提 ☐ 供应商送货	进货 天数		进货费 预计
订货费用预计	总额：	其中， 差旅费： 通讯费： 手续费： 其他：		订货天数：

在采购任务分配给采购员时，采购员必须交出采购预计划书，才有资格获得采购任务。采购人员在采购预计划书经审批通过后才能实施采购工作。预计划书作为采购员个人业务的第一份正式文件，需要进行保存，作为对这次采购任务考核的参考。

2. 建立采购评价制度

建立评价制度的目的，是要评价业绩、总结经验、纠正缺点、改进工作，同时也是一种监督控制。

采购评价包括两部分：一是自我评价，每次任务要填一个任务完成情况自我评价表；二是采购管理部门对每个人的评价，并在此基础上对采购组织本身进行整体评价。一个月一次，一年还有一次总评。

采购任务完成以后，采购员本身要对该项采购任务有一个总结评价。自我评价，实际上就是填写自我评价表。表10-3为采购自我评价表示例。

采购自我评价表　　　　　　　　　　　　　　　　　　表10-3

姓名：　　　　　　　　　　　　　　　　　　　年　月　日

任　务　号：	品名：	规格：	数量：	使用单位：
	特别说明：			
实际供应商	计划单位：			
	实际单位：			
	变更理由	☐ 产品质量好 ☐ 质量符合要求、价格最低 ☐ 最近 ☐ 老关系 ☐ 其他		

续上表

任 务 号：	品名：		规格：	数量：	使用单位：	
	特别说明：					
实际价格			比计划价格	☐ 增加：元 ☐ 降低：元	市场最低价格：	
进货方式	☐ 火车 ☐ 汽车 ☐ 自提 ☐ 供应商送货		实际进货天数	比计划：天	实际进货费用	比计划：元
实际订货费用	比计划：元			其中， 差旅费： 通讯费： 手续费： 其他	订货天数 天 比计划多（少）天	

将自我评估表和预计划表进行对比评估，对采购员的一笔业务进行审核，看是否正常。如果不正常，应追查原因，进行监督控制。

月末评估，是把一个月内的所有自我评价表进行统计汇总，得出整个科室的业绩评估。年末评估是根据科室全年各月份的月末评估汇总得出整个科室的全年业绩汇总。

自我评估表，既是各个采购员业绩的定量化详细描述，作为采购员业绩考核等的详细资料依据；又是采购管理控制监督的重要资料，可以起到发现问题、了解情况、了解市场的作用，为采购监督控制提供信息支持。

3．实施标准化作业制度

制定采购作业流程标准，并按照标准的流程进行采购作业，有利于采购作业的操作和控制。

第一步，要建立一个标准化采购操作流程，需要把采购作业过程分成若干步骤，每个步骤应该怎样做，要达到什么要求，应该留下什么记录。每个操作步骤可能又要分成各种不同的情况，在每种情况下应当怎么处理，要达到什么要求，应该留下什么记录，都分别做出具体的规定。将上述内容编制成册，便成了一个详细的采购作业操作手册。这个操作手册，既是一个作业操作手册，也是一个作业控制监督手册。其中，为了监控的需要，要特别注意两点：一是要在各个步骤中设立作业控制点，例如时间、地点、作业指标、证明人等；二是要注意流程记录，可以是客观的，例如原始单据、合同、任务跟踪单等，也可以是主观的，例如采购员的工作记录、书面汇报或报表等。

第二步，就是要规定采购员的权限范围。采购员应当在一定范围内拥有决策权、主动权，这样有利于调动采购员的积极性和提高工作效率；但如果赋予采购员的权力过大或不加以限制，容易造成采购员滥用权力、给不正之风留下空子，也容易产生采购风险、给企业造成较大的损失。

第三步，保留所有的采购作业记录，以便方便有效地进行监控。

4. 建立请示汇报制度

作业过程中,可能出现一些超出采购员权限范围的事情,在这种情况下,采购人员必须向有关主管人员请示,不得擅作主张。

5. 资金使用制度

对资金的领取、审批、使用等都要建立起一套严格的规章制度。一般要规定具体的权限范围、审批制度、书面证据制度等。对于货款的支付,要根据对方的信用程度,具体的风险情况进行稳妥的处理。

6. 运输进货控制制度

进货这一采购工作环节是采购过程的重要环节。这一工作环节具有随机因素多、风险大的特点,必须加强控制。首先,要注意降低进货风险,在签合同时,要把进货风险责任人明确规定下来,并且要把风险赔付方法写清楚。一般可以采取让供应商或者运输部门来承担责任的办法以监督控制供应商。如果是自己自提货物或者自己承担运输货物,则必须要由承办人承担风险。

7. 采用公开招标制度

公开招标制度具有公开、公正和公平的特点,采购风险相对较小,采购监控也比较容易操作。对于采购总金额达到单位(公司)实施招标采购标准时,必须按照《招标法》的要求采用公开招标采购方法进行招标采购。

二、建立采购质量控制体系

采购质量可以理解为通过采购活动以达到采购目标、满足各方特别是采购使用方的要求的程度。采购质量控制包括事前、事中和事后的全过程质量控制。

采购质量控制体系如图10-2所示。

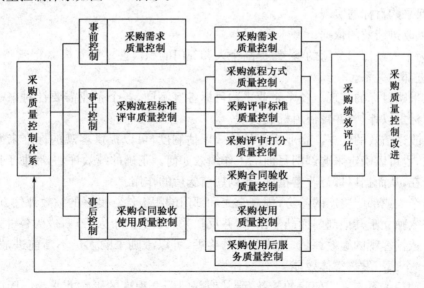

图 10-2 采购质量控制体系

第五节 采购绩效评估

一、采购绩效的概念

采购绩效,就是指从数量和质量上来评估采购职能部门和采购人员达到规定目标和具体目标的程度。

二、采购绩效评估的原因及作用

1. 采购绩效评估的原因

物品采购工作经过一系列的作业程序完成之后,是否达到了预期的目标,企业对采购的物品是否满意,需要经过考核评估,才能下结论。采购绩效评估就是建立一套科学的评估指标体系,用来全面反映和检查采购部门工作实绩、工作效率和效益。

对物品采购绩效的评估可以分为对整个采购部门的评估及对采购人员个人的评估。对采购部门绩效的评估可以由企业高层管理者来进行,也可以由内部客户来进行;而对采购人员的评估常由采购部门的负责人来操作。

对物品采购绩效的评估是围绕采购的基本功能进行的。采购的基本功能可以从两方面进行描述:

(1)把所需的物品及时买回来,保证销售或生产的持续进行;

(2)开发更优秀的供应源,降低采购成本,实现最佳采购。

2. 采购绩效评估的作用

(1)确保采购目标的实现;

(2)提供改进绩效的依据;

(3)作为个人或部门奖惩的参考,提高个人和部门的积极性;

(4)促进部门关系。

①确保采购目标的实现。各个企业采购目标各有不同,各个企业需要针对采购单位所追求的主要目标加以评估,并督促目标的实现。

②提供改进绩效的依据。企业实行的绩效评估制度,可以提供客观的标准来衡量采购目标是否达成,也可以确定采购部门目前的工作绩效如何。正确的绩效评估,有助于指出采购作业的缺陷所在,从而据以拟订改善措施,起到惩前毖后的作用。

③作为个人或部门奖惩的参考,提高个人和部门的积极性。良好的绩效评估方法,能将采购部门的绩效独立于其他部门而凸显出来,并反映采购人员的个人表现,成为各种人事考核的参考资料。依据客观的绩效评估,达成公正的奖惩,可以激励采购人员不断前进,发挥团队合作精神,使整个部门发挥整体效能。

④促进部门关系。采购部门的绩效,受其他部门配合程度的影响非常大。因此采购部门的职责是否明确,表单、流程是否简单、合理,付款条件及交货方式是否符合公司管理规章制度,各部门的目标是否一致等,都可以通过绩效评估予以判定,并可以改善部门之间的合作关

系，提高企业整体动作效率。

三、参与采购绩效评估的人员

（1）采购部门主管。采购主管对管辖的采购人员最为熟悉，且所有工作任务的指派，以及工作绩效的优良，都在其直接督促之下，可以注意到采购人员的个别和一贯表现，体现公平客观的原则。

（2）会计部门或财务部门。当采购金额占公司总支出的比例很高，采购成本的节约对于公司利润的贡献非常大。尤其在经济不景气时，采购成本节约对资金周转的影响也十分明显。会计部门或财务部门掌握公司产销成本数据，同时对资金的取得与付出也进行全盘管制。因此会计和财务部门也可以对采购部门的工作绩效进行评估。

（3）工程部门或生产管制部门。当采购项目的品质及数量对企业的最终产品质量与生产影响重大时，也可以由工程或生产主管人员评估采购部门绩效。

（4）供应商。有些企业通过正式或非正式渠道，向供应商探询其对本企业采购部门或人员的意见，以间接了解采购作业绩效和采购人员的素质。

（5）外界的专家或管理顾问。为避免公司各部门之间、人与人之间的"感情因素"的影响，可以特别聘请外部采购专家或管理顾问，针对企业全盘的采购制度、组织、人员及工作绩效，做客观的分析与建议。

四、采购绩效评估的分类

（1）定性和定量评估；
（2）总体评估和具体评估；
（3）外部评估和内部评估；
（4）个人评估和职能部门评估；
（5）定期评估和不定期评估。

五、采购绩效评估的方式

采购人员工作绩效的评估方式，可分为定期方式及不定期方式。定期的评估也可以通过配合公司年度人事考核制度进行。但一般是以"人"的工作态度、学习能力、协调精神、忠诚程度等为考核内容，从各种工作绩效指标当中，选择当年度重要性比较高的项目3～7个定为目标，年终按实际达成程度加以考核，以提升个人或部门的采购绩效；由于以"事"的具体成就为考核重点，摒除了"人"的抽象因素，所以相对比较客观、公正。

不定期的绩效评估是指以专案方式进行。如公司要求某项特定产品的采购成本降低10%。当设定期限一到，即评估实际的成果是否高于或低于10%，并就此成果给予采购人员适当的奖惩。此种评估方式对采购人员的士气有相当大的提升作用。此种不定期的绩效评估方式，特别使用于新产品开发计划、资本支出预算、成本降低专案等。

六、采购绩效评估的标准

有了绩效评估的指标之后，必须考虑依据何种标准，作为与目前实际绩效比较的基础。一般常见的标准如下：

(1) 以往绩效。选择公司以往的绩效，作为评估目前绩效的基础，比较容易操作，也比较易于比较分析。但此标准一般适合在公司的采购部门（无论组织、管理者或人员）均应没有重大变动的情况下，才适合使用此项标准。

(2) 预算或标准绩效。若过去的绩效难以取得或采购业务变化甚大，则可以预算或制定标准绩效作为衡量基础。标准绩效的设定，有以下三种原则：

① 固定的标准。标准一旦建立，则不再更动。这样有利于采购组织和个人掌握自己的努力方向，并长期为达到此目标而努力。

② 理想的标准。理想的标准是指在完美的工作条件下，应有的绩效。这是要达到的最高目标。

③ 可达到的标准。在现行情况下应该可以达到的水平。通常依据当前的绩效加以考量设定。

(3) 同业平均绩效。利用与本公司非常相似的公司的绩效作为标准，以判别本公司采购组织和人员在采购工作成效上的优劣。如果个别公司的绩效资料不可得，则可以整个同业绩效的平均水准来比较。

(4) 目标绩效。目标绩效，是在现行情况下，除非经过一番特别的努力，否则无法完成的较高境界。目标绩效代表公司管理当局，对工作人员追求最佳绩效的"期望值"。

七、采购绩效评估指标

采购人员在其工作职责上，必须达成适时、适量、适质、适价及适地等基本任务，因此，其绩效评估自应以此"五适"为中心，并以数量化的指标作为衡量绩效的尺度。

(1) 品质绩效。采购的品质绩效，可由验收记录及生产记录来判断。前者是指供应商交货时，为公司所接受（或拒收）的采购项目数量或百分比；后者则是交货后，在生产过程中发现品质不合的项目数量或百分比。

① 进料验收指标＝合格（或拒收）数量÷检验数量。

② 在制品验收指标＝可用（或拒用）数量÷使用数量。

若进料品质管制采用抽样检验的方式，则在制品品质管制发现品质不良的比率，将比进料品质管制采用全数检验的方式为高。如果未能找到理想的供应商，则拒收或拒用比率势必较高，显示采购人员的品质绩效越差。

(2) 数量绩效。当采购人员为争取数量折扣，以达到降低价格的目的时，却可能导致存货过多，甚至发生呆料、废料的情况。

① 费用指标。现有存货利息费用与正常存货水准利息费用的差额。超支越大，显示采购人员数量绩效越差。

② 呆料、废料处理损失指标。处理呆料、废料的收入与其取得成本的差额。

存货积压利息的费用越大，呆料、废料处理的损失越高，显示采购人员的数量绩效越差。对此项指标应做区别分析，有时是因为受到公司营业状况、物料管理绩效、生产技术变更或投机采购的影响所致，并不能完全归咎采购人员。

(3) 时间绩效。这项指标是用以衡量采购人员处理订单的效率，以及对于供应商交货时间的控制。延迟交货会形成缺货现象，但提早交货也可能导致买方负担不必要的存货成本或提前付款的利息费用。

（4）价格绩效。价格绩效是企业最重视及最常见的衡量标准。透过价格指标，可以衡量采购人员议价的能力以及供需双方势力的消长情形。

采购价差的指标通常有下列几种：

①实际价格与标准成本的差额。

②实际价格与过去移动平均价格的差额。

③比较使用时的价格和采购时的价格的差额。

④将当期采购价格与基期采购价格的比率与当期物价指数与基期物价指数的比率相互比较。

（5）采购效率（活动）指标。下列各项指标可衡量在达成采购目标的过程中，各项活动的水准或效率。

①采购金额；

②采购金额占销货收入的百分比；

③订购单的件数；

④采购人员的人数；

⑤采购部门的费用；

⑥新厂商开发个数；

⑦采购完成率；

⑧错误采购次数；

⑨订单处理的时间。

由采购活动水准上升或下降，我们不难了解采购人员工作的压力与能力；这对于改善或调整采购部门的组织与人员，将有很大的参考价值。

八、采购绩效评估的步骤

采购绩效评估的步骤为：

(1)确定需要评估的绩效类型；

(2)具体评估指标设定；

(3)建立绩效评估标准；

(4)选定评估人员；

(5)确定评估时间和评估频率；

(6)实施评估并将结果反馈。

第六节 采购制度

一、采购制度的认识

所谓采购制度，是指企业采购中使用的采购行为准则。在采购工作实践中，采购制度通常主要有三种方式：集中化采购、分散化采购和混合化采购。

1. 集中化采购

所谓集中化采购,是指由企业的采购部门全权负责企业采购工作。即企业生产中所需物资的采购任务,都有一个部门负责,其他部门(包括分厂、分公司)均无采购职权。

集中化采购的优点主要有:

(1)降低采购费用;

(2)实现批量采购,获得供应商的价格折扣;

(3)有利于实现采购作业及采购流程的规范化和标准化;

(4)有利于对采购工作实施有效控制;

(5)可以统一组织供应,合理配置资源,最大限度地降低库存。

当然,这种采购制度也存在不足,主要有:

(1)采购过程复杂,时效性差;

(2)非共享性物资集中采购,难以获得价格折扣;

(3)采购与使用分离,缺乏激励,采购绩效较差。

集中化采购的适用范围:

(1)企业物资需求规模小,集中采购能够解决企业的供应问题;

(2)企业供应与需要同处一地,便于集中组织供应;

(3)为了管理与控制,需进行集中采购。

2. 分散化采购

所谓分散化采购,是指按照需要各单位自行设立采购部门负责采购工作,以满足生产需要。这种采购制度适合于大型生产企业或大型流通企业,如实行事业部制的企业,每一事业部设有独立的采购供应部门。

分散化采购的优点:

(1)针对性强;

(2)决策效率高,权责明确;

(3)有较强的激励作用。

但这种采购制度,如果管理失控,将会造成供应中断,加大采购成本,影响生产活动的正常进行。

3. 混合化采购

所谓混合化采购,是指将集中化采购和分散化采购组合成一种新型的采购制度。依据采购物资的数量、品质要求、供货时间、价值大小等因素,需求量大且价值高,进口货物等可由总公司采购部集中采购;需要量小,价值低的物品,临时性需要采购的物资,由分公司和分厂的采购部门分散采购,但在采购中应向总公司反馈相关的采购信息。

二、标准采购作业程序

采购作业内容,是从收到"请购单"开始进行分发采购单,由采购经办人员先核对请购内容,查阅"厂商资料"、"采购记录"及其他有关资料后,开始办理询价、报价、整理报价资料,拟订议价方式及各种有利条件,进行议价,办妥后,依核决权限,呈核订购。

详细作业程序及要点示例如下:

(一)请购

第一条 请购部门的划分

各项材料的请购部门如下:

(1)常备材料:生产管理部门;

(2)预备材料:物料管理部门;

(3)非常备材料:对于生产用料的订购,由生产管理部门负责;对于其他用料的订购,由使用部门或物料管理部门负责。

第二条 请购单的开立、递送

(1)请购经办人员应依存量管理基准、用料预算,参考库存情况开立请购单,并注明材料的品名、规格、数量、需求日期及注意事项,经主管审核后,依请购核决权限呈核并编号(由各部门依事业部别编订),"请购单(内购)(外购)"附"请购案件寄送清单"送采购部门;

(2)需用日期相同且属同一供应厂商供应的统购材料,请购部门应以请购单附表、一单多品方式,提出请购;

(3)紧急请购时,由请购部门于"请购单""说明栏"注明原因,并加盖"紧急采购"章,以急件卷宗递送;

(4)材料检验须待试车方能实施者,请购部门应于"请购单"上注明"试车检验"及"预定试车期限";

(5)总务用品由物料管理部门按月依耗用状况,并考虑库存情况,填制"请购单",提出请购。

第三条 免开请购单部分

下列总务性物品免开请购单,并可以"总务用品申请单"委托总务部门办理,其核决权限另订。

总务性物品列举如下:

(1)贺奠用物品:花圈、花篮、礼物等;

(2)招待用品:饮料、香烟等;

(3)书报(含技术性书籍及定期刊物)、名片、文具等;

(4)打字、刻印、报表等;

(5)零星采购及小额零星采购材料项目。

第四条 请购核决权限

1.内购

(1)原物料

①请购金额预估在1万元以上者,由科长核决;

②请购金额预估在1万元至5万元者,由经理核决;

③请购金额预估在5万元以上者,由总经理核决。

(2)财产支出

①请购金额预估在2000元以下者,由科长核决;

②请购金额预估在2000元至2万元者,由经理核决;

③请购金额预估在2万元以上者,由总经理核决。

(3)总务性用品

①请购金额预估在 1000 元以下者,由科长核决;

②请购金额预估在 1000 元至 1 万元者,由经理核决;

③请购金额预估在 1 万元以上者,由总经理核决。

附注:凡列入固定资产管理的请购项目应以"财产支出"核决权限呈核。

2. 外购

①请购金额预估在 10 万(含)元以下者,由经理核决;

②请购金额预估在 10 万元以上者,由总经理核决。

第五条　请购案件的撤销

(1)请购案件的撤销,应立即由原请购部门通知采购部门停止采购,同时于"请购单(内购)"或"请购单(外购)"第一、二联加盖红色"撤销"的戳记及注明撤销原因。

(2)采购部门办妥撤销后,依下列规定办理:

①采购部门于原请购单加盖"撤销"章后,送回原请购部门;

②原"请购单"已送物料管理部门待办收料时,采购部门应通知撤销,并由物料管理部门据以将原请购单退回原请购部门;

③原请购单未能撤销时,采购部门应通知原请购部门。

(二)采购

1. 一般规定

第六条　采购部门的划分

(1)内购:由国内采购部门负责办理;

(2)外购:由国外采购部门负责办理,其进口庶务由业务部门办理;

(3)总经理或经理对于重要材料的采购,可直接与供应商或代理商议价。专案用料,必要时由经理或总经理指派专人或指定部门协助办理采购作业。

第七条　采购作业方式

除一般采购作业方式外,采购部门可依材料使用及采购特性,选择下列一种最有利的方式进行采购:

(1)集中计划采购:凡具有共同性的材料,须以集中计划办理采购较为有利者,可核定材料项目,通知各请购部门依计划提出请购,采购部门定期集中办理采购;

(2)长期报价采购:凡经常性使用,且使用量较大宗的材料,采购部门应事先选定厂商,议定长期供应价格,呈准后通知各请购部门依需要提出请购。

第八条　采购作业处理期限

采购部门应依采购地区、材料特性及市场供需,分类制订材料采购作业处理期限,通知各有关部门以便参考,遇有变更时,应立即修正。

2. 国内采购作业处理

第九条　询价、比价、议价

(1)采购经办人员接获"请购单(内购)"后应依请购案件的缓急,并参考市场行情及过去采购记录或厂商提供的资料,除经核准得以电话询价之外,另需精选 3 家以上的供应商办理比价或经分析后议价;

(2)若厂商报价的规格与请购材料规格略有不同或属代用品者,采购经办人员应检附资料并于"请购单"上予以证明,经主管核发后,先经使用部门或请购部门签注意见后呈核;

(3)属于买卖惯例超交者(如最低采购量超过请购量),采购经办人员于议价后,应于请购单"询价记录栏"中注明,经主管签认后呈核;

(4)对于厂商的报价资料经整理后,经办人员应深入分析后,以电话等联络方式向厂商议价;

(5)采购部门接到请购部门以电话联络的紧急采购案件,主管应立即指定经办人员先行询价、议价,待接到请购单后,按一般采购程序优先办理;

(6)"试车检验"的采购条件,采购经办人员应于"请购单"注明与厂商议定的付款条件呈核。

第十条 呈核及核决

(1)采购经办人员询价完成后,于"请购单"详填询价或议价结果及拟订"订购厂商""交货期限"与"报价有效期限"经主管审核,并依请购核决权限呈核;

(2)采购核决权限见第四条。

第十一条 订购

(1)采购经办人员接到经核决的"请购单"后,应以"订购单"向厂商订购,并以电话或传真确定交货(到货)日期,同时要求供应商于"送货单"上注明"请购单编号"及"包装方式";

(2)若属分批交货者,采购经办人员应于"请购单"上加盖"分批交货"章以资识别;

(3)采购经办人员使用暂借款采购时,应于"请购单"加盖"暂借款采购"章,以资识别。

第十二条 进度控制及事务联系

(1)国内采购部门应分询价、订购、交货三个阶段,以"采购进度控制表"控制采购作业进度;

(2)采购经办人员未能按既定进度完成作业时,应填制"进度异常反应单",并注明"异常原因"及"预定完成日期",经呈主管核示后转送请购部门,依请购部门意见拟订对策处理。

第十三条 整理付款

(1)物料管理部门,应按照已办妥收料的"请购单",连同"材料检验报告表"(其免填"材料检验报告表"部分,应于收料单加盖"免填材料检验报告表"章)送采购部门,经与发票核对无误,于翌日前由主管核章后送会计部门。会计部门应于结账前,办妥付款手续。如为分批收料者,"请购单(内购)"的会计联于第一批收料后送会计部门;

(2)内购材料须待试车检验者,其订立合同部分,依合同规定办理付款,未订合同部分,依采购部门呈准的付款条件整理付款;

(3)短交应补足者,请购部门应依照实收数量,进行整理付款;

(4)超交应经主管核实,始得依照实收数量进行整理付款,否则仅依订货数付款。

3.境外采购作业处理(含进口事务、关务)

第十四条 询价、比价、议价

(1)外购部门依"请购单(外购)"的需求日及急缓件加以整理,并依据供应厂商资料,并参考市场行情及过去询价记录,以电话或传真方式进行询价作业,但因特殊情况(独家制造或代理等原因),应于"请购单(外购)"注明外,原则上应向3家以上供应厂商询价、比价或经分析后议价；

(2)请购的材料规范较复杂时，外购部门应附上各厂商所报材料的重要规范并签注意见后，会请购部门确认。

第十五条　呈核及核决

(1)比价、议价完成后，外购部门应填制"请购单(外购)"，拟订"订购厂商""预定装船日期"等，连同厂商报价资料，送请购部门依采购核决权限核决；

(2)核决权限：

①采购金额以 CIF 美元总价折合在×××元(含)以下者由经理核决；

②采购金额以 CIF 美元总价折合超过×××元以上者由总经理核决。

采购案件经核决后，如发生采购数量、金额的变更，请购部门应依更改后的采购金额所需的核决权限重新呈核；但若更改后的核决权限低于原核决权限，仍应由原核决主管核决。

第十六条　订购与合同

(1)"请购单(外购)"经核决送回外购部门后，即向厂商订购并办理各项手续；

(2)需与供应厂商签订长期合同者，外购部门应以签呈及拟妥的长期合同书，依采购核决权限呈核后办理。

第十七条　进度控制及异常处理

(1)外购部门应以"请购单(外购)"及"采购控制表"控制外购作业进度；

(2)外购部门于每一作业进度延迟时，应主动开立"进度异常及反应单"，记明异常原因及处理对策，据此修订进度并通知请购部门；

(3)外购部门于外购案件"装船日期"有延误时，应主动与供应厂商联系催交，并开立"进度异常反应单"记明异常原因及处理对策，通知请购部门，并依请购部门意见处理。

第十八条　进口签证前["请购单(外购)"核准后]的专案申请

(1)专案进口机器设备的申请。专案进口机器设备时，外购部门应准备全部文件申请核发"输入许可证"，申请函中并应请求"国贸局"在"输入许可证"加盖"国内尚无产制"的戳记及核准章，以便进口单位凭以向海关申请专案进口及分期缴税；

(2)进口度量衡器及管理物品时，外购部门应于申请"输入许可证"之前准备"报价单"及其他有关资料，送进口单位向政府机关申请核准进口。

第十九条　进口签证

外购材料订购后，外购部门应即检具"请购单(外购)"及有关申请文件，以"申请外汇处理单"(需在一星期内办妥结汇时，加填"紧急外购案件联络单")送进口单位办理签证。进口单位应依预定日期向"国贸局"办理签证，并于"输入许可证"核准时通知外购部门。

第二十条　进口保险

(1)FOB、FAS、C&F 条件的进口案件，进口单位应依"请购单(外购)"外购部门指示的保险范围办理进口保险；

(2)进口单位应将承保公司指定的公证行在"请购单(外购)"上标示，以便货品进口必须公证时，进口单位凭以联络该指定的公证行办理公证。

第二十一条　进口船务

(1)FOB、FAS 的进口案件，进口单位(船务经办人员)于接获"请购单(外购)"时，应视其

"装运口岸"及"装船期限"并参照航运资料,原则上选定3家以上船公司或承揽商,以便进口货品可机动选择船只装运;

(2)进口单位(船务经办人员)应将所选定的船公司或承揽商品名称,提供进口结汇经办人员,于"信用状开发申请书"列明,作为信用状条款,向发货人指示装船;

(3)如因输出口岸偏僻或因使用部门急需,为避免到货延误,外购部门应于"请购单(外购)"上注明,避免在信用状指定船公司而委由发货人代为安排装船。

第二十二条 进口结汇

进口单位应依"请购单(外购)"标示的"间发信用状日期"办理结汇,并于信用状(L/C)开出后以"开发L/C快报"通知外购部门联络供应厂商。

第二十三条 税务

免货物税及"工业用证明"的申请。

进口的货品可申请免货物税者,外购部门应于"输入许可证"核准后,检具必需文件,向税捐处申请,经取得核准函后向海关申请免货物税;

除"免凭经济部工业局证明办理具结免税进口"的项目外,其他合于免税规定的人造树脂类材料,外购部门应于开发"信用状"后检具必需文件向经济部工业局申请"非供塑胶用"证明,以便于报关时据此向海关申请依工业用物品税率缴纳进口关税;

专案进口税则预估及分期缴税的申请及办理外购部门应于进口前,检具有关文件,凭以向海关申请税则预估,等核准后并办理分期缴税及保证手续。

第二十四条 输入许可证、信用状的修改

供应商成本公司要求修改"输入许可证"或"信用状"时,外购部门应开立"信用状、输入许可证修改申请书"经呈核后,检具修改申请文件送进口事务科办理。

第二十五条 装船通知及提货文件的提供

(1)外购部门接到供应商通知有关船名及装船日期时,应立即填制"装船通知单"分别通知请购部门、物料管理部门及有关部门;

(2)外购部门收到供应商的装船及提货文件时,应检具"输入许可证"及有关文件,以"装运文件处理单"先送进口单位办理提货背书;

(3)提货背书办妥后,外购部门应检具"输入许可证"及提货等有关文件,以"装运文件处理单"办理报关提货;

(4)管理进口物品放行证的申请:进口管理物品时,外购部门应于收到装运文件后,检具必需文件送政府主管机关申请"进口放行证"或"进口护照",以便据此报关提货。

第二十六条 进口报关

(1)关务部门收到"请购单(外购)"及报关文件时,应视买卖、保险及税率等条件填制"进口报关处理单"连同报关文件,委托报关行办理报关手续,同时开立"外购到货通知单"(含外购收料单)送材料库办理收料。

(2)不结汇进口物品,进口单位(邮寄包裹则为总务部门)应于接获到货通知时,查明品名、数量等资料,并经外购部门确认需要提货者再行办埋报关提货。如系无价进口的材料、补运赔偿及退货换料等,报关时关务部门应开立"外购到货通知单(含外购收料单)",通知收货部门办理收料,而属其他材料及物品则由收件部门于联络单签收后,送处理部门处理。

(3) 关税缴纳前，进口单位应确实核对税则、税率后申请暂借款缴纳。

(4) 海关估税的税率如与进口单位估列者不符时，进口单位应立即通知外购部门提供有关资料，于海关核税后14天内以书面向海关提出异议，申请复查，并申请暂借款办理押款提货。押款提货的案件，进口单位应于"进口报关追踪表"记录，以便督促销案。

(5) 税捐记账的进口案件，进口单位应依"请购单（外购）"，于报关时检具必需文件办理具结记账，并将记账情况记入"税捐记账额度记录表"及"税捐记账额度控制表"。

(6) 船边提货的进口材料，进口单位应于货物抵港前办妥缴税或记账手续，以便船只抵港时，即时办理提货。

第二十七条　报关进度控制

关务部门应分报关、验关、估税、缴税、放行五阶段，以"进口报关追踪表"控制通关进度。

第二十八条　公证

(1) 各公司事业部应依材料进口索赔记录及材料特性等因素，研判材料项目（如外购散装材料），通知进口单位于材料进港时，会同公证行前往公证；

(2) 外购材料于验关或到厂后发现短损而合于索赔条件者，进口单位应于接获报关行或材料库通知时，联络公证行办理公证；

(3) 进口货品办理公证时，进口单位应于公证后配合索赔经办时效，索取公证报告分送有关部门。

第二十九条　退汇

(1) 外购部门依进口材料的装运情况，判断信用状剩余金额已无装船的可能时，应于提供报关文件时提示进口单位，并于进口材料放行及"输入许可证"收回后，开立"信用状退汇通知单"，连同"输入许可证"送进口事务科办理退汇；

(2) 退汇金额较大，但信用状未逾有效期限者，外购部门应向供应厂商索回信用状正本，送进口单位办理退汇。

第三十条　索赔

(1) 外购部门接到收货异常报告（"材料检验报告表"或"公证报告"等）时，应立即填制"索赔记录单"，连同索赔资料交索赔经办部门办理；

(2) 以船公司或保险公司为索赔对象者，由进口单位办理索赔；以供应厂商为索赔对象时，由外购部门办理索赔；

(3) 索赔案件办妥后，"索赔记录单"应依原采购核决权限呈核后归档。

第三十一条　退货或退换

(1) 外购材料须予退货或退换时，外购部门应适时通知进口单位依政府规定期限向海关申请；

(2) 复运出口、进口的有关事务，外购部门应负责办理，其出口进口签证、船务、保险报关等事务则委托出口单位及进口单位配合办理；

(3) 退换的材料进口时依本节有关规则办理。

(三) 价格及质量的复核

第三十二条　价格复核与市场行情资料提供

(1) 采购部门应调查主要材料的市场与行情，并建立厂商资料，作为采购及价格审核的参考；

(2)采购部门应就企业内各公司事业部所提重要材料的项目,提供市场行情资料,作为材料存量管理及核决价格的参考。

第三十三条 质量复核

采购单位应就企业内所使用的材料质量予以复核(如材料选用、质量检验)等。

第三十四条 异常处理

审查作业中,若发现异常情况,采购单位审查部门应即填制"采购事务意见反映处理表"(或附报告资料),通知有关部门处理。

(四)附则

第三十五条 本办法呈总经理核准后实施,增设修订亦同。

思考与练习题

A 公司是一家生产电器和电子仪器的公司,由于采购负担过重,通常从订货到发货需要 3 个月,远不能满足生产的需要。由于库存严重不足,拖延了到货时间,顾客对 A 公司进行投诉,造成了公司信誉下降。

请你为 A 公司拟定一个解决方案。

[案例分析]

A 图片服务公司的麻烦

A 图片服务有限公司(以下简称 A 公司)是一家创立于 1947 年的家族企业,在周边 200 英里的范围内,该公司的产品和服务以高质量、准时交付和较高的价格著称,在激烈的竞争中,其市场份额居于领先地位。

B 印刷公司(以下简称 B 公司)是 A 公司的一家关键客户,其全部的业务流程通过了 ISO 9000 认证。B 公司希望和 A 公司联系得更紧密一些,采用把外部图片来源业务交给单一供应商的策略。A 公司通过申请并获得成为 B 公司的单一供应商。

在双方的合同中,B 公司以"不一致"率指标评价 A 公司,而不是传统的缺陷率指标。缺陷率衡量的只是最终交付产品的错误率,而"不一致"率则是所有与订单约定要求有关的错误(如发票错误、订货前台出错、设计未获首肯、返回重做等)的综合比率。

在之后的业务中,A 公司向 B 公司交付了一份有缺陷的图版,B 公司没有检查,结果生产了 13000 件废品,而且 B 公司对 A 公司进行评价时,发现"不一致"率一直高居不下,超过 5%,就进行了投诉。但之后还是因为 A 公司的图版问题,致使 B 公司又生产出了 10000 只有缺陷的纸箱,损失达 15000 美元。在对问题进行调查的过程中,A 公司发现:当 A 公司的职员向 B 公司询问图片订单传真件中没有的信息时,对方雇员总是产生误解,做出不正确的回应或者找不到能够提供正确信息的人,A 公司只好根据自己的理解来设计图样。但客户认为是 A 公司犯的错误,应该对 15000 美元的损失负责。由于 A 公司传统的责任政策仅限于退款和更换图片,并由客户负责为试运行结果进行质量测试,因此不愿赔偿。

由于上述已出现的问题,加上居高不下的"不一致"率,B 公司的高层已经开始怀疑 A 公司的执行能力,要求采购和合同管理部门将下一月份的"不一致"率减少 50%,否则将被迫取消与 A 公司的合同。

你作为 B 公司的合同经理,现在面临的问题是:
(1) 如何评估合同继续执行下去的风险?
(2) 如何设法监督和管理供应商的表现?

实训项目:

结合某企业采购的具体情况,设计一个企业采购绩效评估体系。

参考文献

[1] 国际贸易中心.采购与供应链管理国际资格认证系列教材[M].中国物流与采购联合会,译.北京:中国物资出版社,2005.

[2] 米歇尔·R.利恩德斯,哈罗德·E.费伦.采购与供应管理[M].张杰,张群,译.北京:机械工业出版社,2001.

[3] 约瑟夫·L.卡维纳托,拉尔夫·G.考夫曼.采购手册——专业采购与供应人员指南[M].吕一林,闫鸿雁,雷利华,等,译.北京:机械工业出版社,2001.

[4] 王槐林.采购管理与库存控制[M].中国物资出版社,2002.

[5] 鞠颂东,徐杰.采购管理[M].北京:机械工业出版社,2005.

[6] 赵启兰,刘宏志.库存管理[M].北京:高等教育出版社,2005.

[7] 朱水兴.工业企业的采购与采购管理[M].北京:中国经济出版社,2001.

[8] 王忠宗.采购管理实务[M].广东:广东台经出版社,2001.

[9] 俞仲文,陈代芬.物流配送技术与实务[M].北京:人民交通出版社,2002.

[10] 周琼,吴再芳.商务谈判与推销技术[M].北京:机械工业出版社,2008.

[11] 中国商业技师协会,市场营销专业委员会,职业教育专业委员会.现代物流管理基础与实务[M].北京:中国商业技师协会,2003.

[12] 罗纳德.H·巴罗.企业物流管理——供应链的规划、组织和控制[M].王晓东,胡瑞娟,等,译.北京:机械工业出版社,2002.

[13] 计国君,蔡远游.采购管理[M].厦门:厦门大学出版社,2012.

[14] 李严锋,罗霞.物流采购管理[M].北京:科学出版社,2011.